東京のハーケンクロイツ

東アジアに生きたドイツ人の軌跡

中村綾乃

白水社

東京のハーケンクロイツ

東アジアに生きたドイツ人の軌跡

東京のハーケンクロイツ　東アジアに生きたドイツ人の軌跡　◆目次◆

プロローグ……7

第一章　ドイツ商人と東アジア……25
ハンザ商人の活躍
商業ネットワーク
「遅れてきた国民」と後発の開港都市
クラブ・コンコルディア
近代化のショーウィンドウ
祖国防衛
「ドイツらしさ」の追求

第二章　東アジアのドイツ人学校……53
ビスマルクの誕生日に合わせた開校
本国に先んじた「宗派平等」
上海カイザー・ヴィルヘルム・シューレ
サラエヴォの銃声
ヴァイマルの息吹
故郷の時間
東アジア随一の進学校

ドイツ人ではない子供たち
「ドイツらしさ」の継承

第三章 東アジアのドイツ人社会とナチズム……85
ヒトラーの「第五列」
在外ドイツ人の入党
中国の古参党員
煽動と懐疑
ドイツ人社会の亀裂
伝統ある社交界
ハンブルク・上海・東京
宣伝工作と情報統制
ナチ党員の心構え
「民族共同体」構成員の射程
ナチ・シンボルの導入
メディアの共有
本国との「時空の共有」
ドイツ人社会の摩擦

第四章 ナチ的な統制と地域性……135
ドイツ労働戦線
歓喜力行団
余暇と国民大衆車
冬期救済事業

ヒトラー・ユーゲント
学校の統制
疎開と分校
教師の裁量
校長会合
卒業試験
ナチズムへのアンチ・テーゼ

第五章 **日本のドイツ人社会とナチズム**……179
統制された社会の表層と実態
オット大使と日独の軍国化
監視網の強化
ドイツ人社会のなかのユダヤ人
表面的な同調

第六章 **GHQ占領下の「ナチズムの清算」**……211
不平不満、告発、消極的な抵抗
大使へのボイコット宣言
ナチズムの元凶
ドイツ資産の凍結、没収
本国送還
引揚げ

エピローグ……241
あとがき……255
◆◆◆
註……18
図版出典一覧……16
史料・参考文献……6
人名索引……1

装幀　大久保友博＋島津デザイン事務所

【凡例と外国語表記について】

註は、各章ごとに通し番号を付す。引用文献は執筆者(監修者)、書名、出版年、該当ページを示す。本文中に引用した史料が文書館および図書館の所蔵史料である場合、文書名、日付、資料分類番号、所蔵先の順に表記する。なお外国の文書館および図書館については、略称を用いる。略称については、巻末の史料・参考文献に記す。

ドイツ語および英語のカタカナ表記は、ドゥーデンの『発音辞典』(Duden. Bd.6)と『固有名詞英語発音辞典』(三省堂)に依拠するが、一般的に用いられている名称や呼称は慣用を尊重する。本文中の地名は、同時代の呼称を用いる。また、「混血」「アーリア人」「帝国ドイツ人」「満洲国」などの名称は、歴史的用語として使用するものである。

プロローグ

一九四五年五月八日午前零時、シュトゥンデ・ヌル（ゼロ・アワー）。このとき、ドイツの時計は針がゼロに戻ったといわれる。首都ベルリンの陥落と総統アドルフ・ヒトラーの自殺、廃墟と化した町々、おびただしい数の犠牲者と瓦礫の山。名実ともに崩壊した第三帝国を目の当たりにしたドイツ人にとって、戦後は文字どおり「ゼロからの出発」であった。しかし零時の時報は、すべてのドイツ人に届いたわけではなかった。

一九四五年五月　東京

日本本土への空襲が本格化し、「本土決戦」が叫ばれ始めていた一九四五年五月、「ベルリン陥落」「ヒトラー自決」の見出しが連日新聞の紙面を飾った。駐日ドイツ大使のハインリッヒ・ゲオルク・シュターマーは、日本の新聞社各社に「総統の死」を伝えるとともに、次のような声明を寄せた。

ヒットラー総統はつひに逝いた　しかし故総統の事業はドイツの青少年およびドイツの凡ゆる誠実な男子および女子の心に生きてゐる、故総統の英雄的な死はドイツ國民に対し降伏することなく更に故総統が示した道を進むべき神聖なる業務遂行を意味してゐる、故ヒットラー総統は日本國民に対して誠実な友であり、常に日本國民の英雄的素質を賞讃してゐた、日本國民もまたこの偉大なる人物を追懐するであらうことを信じて疑はない

『朝日新聞』（東京版）一九四五年五月四日

この声明文が発表された五日後、五月八日にナチ・ドイツは連合国に無条件降伏した。ドイツの降伏とともに、五年八か月にわたったヨーロッパの戦火は最終的な終熄をみた。

一九四五年五月一〇日付の『朝日新聞』は、日本軍の南洋諸島と沖縄における奮闘、猛反撃を大々的に報じる一方、東京・永田町のドイツ大使館において、駐日大使シュターマーを喪主として「ヒ総統の告別式」が催されたことを伝えている。この日、大使館に掲げられたハーケンクロイツは半旗であった。参列者には、東京や横浜に住むドイツ人はもとより、日本の外務省および陸海軍の代表者、「満洲国」、ビルマ、タイ、フィリピンの各国大使、自由インド仮政府の代表者などの姿が見受けられた。いずれも日本の傀儡政権が置かれていた枢軸国の代表者であった。この記事によれば、告別式は「感慨無量の気がみなぎる盛儀」であったという。

なお日本の新聞社各社は告別式としているが、正確には「ドイツの戦いのために倒れた総統アドルフ・ヒトラーを偲ぶ時間」であり、追悼式と呼ぶのが相応しい。当時、ドイツ大使館に勤務していた

図1　東京・永田町のドイツ大使館

エルヴィン・ヴィッケルトは、この追悼式に参列していた。ヴィッケルトは、一九三九年九月に外務省に入省し、翌四〇年に上海に派遣された。当地において、ナチ党のプロパガンダのためのラジオ放送局を創設し、一九四一年に東京のドイツ大使館に赴任している。そして一九四七年に強制送還されるまで家族とともに日本に滞在した。ヴィッケルトの回想録『勇気と無謀』には、この追悼式の式次第が引用されている。この式次第によれば、日本フィルハーモニー管弦楽団により、ヒトラーが信奉したリヒャルト・ヴァーグナーが作曲の『ジークフリート牧歌』が演奏された。

ヴィッケルトは、ドイツ降伏が報じられた後に催された「世界で唯一のヒトラーの追悼式」であったとしている。[1] しかしこの追悼式は、唯一無二のものではなかった。

天津

ときを同じくして、中国の天津においてもヒトラーの追悼式と呼ぶべき集会が開かれていた。主宰者は、天津のドイツ総領事のフリッツ・ヴィーデマンである。ヴィーデマンは、一九三四年にナチ党に入党し、翌三五年一月にヒトラーの副官に任命された。第一次世界大戦時にバイエルンの歩兵部隊に配属された際、当時伝令兵であったヒトラーと知り合っており、ヒトラーとは旧知の間柄であった。追悼式に先立ち、ヴィーデマンは、まずヒトラーの死とドイツの敗戦を列席者に伝えた。そしてヒトラーが党で頭角を現わすようになるまでの経歴を述べたうえで、彼の夢見た千年王国の結末を語った。[2]

一九一八年の崩壊の後、この無名の一兵卒は、松明《たいまつ》を片手に国民を煽動しました。そして彼は、愛国主義に裏づけられた狂気が渦巻くなかで、党とともに長年の闘争によってドイツを再び急上昇させたのです。しかしそれは、ドイツの愛国主義者たちの無謀な夢に過ぎませんでした。ヒトラーは意図的に、支持者たちに崇拝の念を抱かせました。その崇拝は、ときには信仰心に近いものでした。一九三〇年代の半ばのことでした。名のあるドイツ人の医者が私に言ったのです。実に多くの患者が、「ハイル・ヒトラー」と口にしながら、この世に別れを告げていったと。……ヒトラーの名前は、第一次大戦の困窮から生まれ出たドイツ民族の総統として、ほぼ全ヨーロッパを支配した時代の主として、歴史書の中に刻みこまれることとなりました。しかし結局、ドイツの若者たちを待ち受けていたのは、ヒトラーが夢想した輝かしい未来ではなく、砂漠のような廃墟でした。ヒトラーによる侵略戦争の現場には、数百万の若者たちの死骸が朽ちているのです。ヒトラーは、首都ベルリンを世界一美しい町にしようとしました。それが今や、ベルリンは瓦礫の山です。戦慄を覚えるような烽火は灰の山となり、その火が亡骸を燃やしているのです。この場所でも、総統アドルフ・ヒトラーへの敬礼をこれまで何度も行なってきました。彼の死によって、我々の帝国の崩壊が決定づけられたのです。この運命に、我々は心の奥底まで揺さぶられているのです。今日この場を借りて、最後にもう一度、ヒトラーの名前を口にしながら右手を挙げる敬礼をすることにしましょう。

ヴィーデマンの呼びかけで、集まった人々は「ハイル・ヒトラー（ヒトラー万歳）」という文言とともに右手を挙げ、「最後の敬礼」をした。

図2　フリッツ・ヴィーデマン（1891–1970年）

一同が敬礼を終えると、ヴィーデマンはヒトラーの政治指導と侵略戦争、ナチ体制下の言論、思想統制を糾弾する演説を行なった。その中でハーケンクロイツについて、「多くのドイツ人にとってはドイツの輝かしい未来を導く聖戦のシンボルであったが、そのほかの人々にとっては嫌悪すべき独裁政治の象徴であり、ナチ体制下の一二年間に起こったすべての悪事と不幸とを結びつけるもの」と言い切った。

一九三八年五月二八日、ヒトラーが外務省と国防軍の高官を集めて演説を行なっており、その場にはヴィーデマンも居合わせていた。ヒトラーが口にした言葉は、来たるべき戦争の侵略性を決定づけるものであった。

私の揺るぎなき意志、それはチェコスロヴァキアという国をこの地図から抹消することだ。

ドイツ系住民の割合が高いことを口実として、ヒトラーがチェコスロヴァキア領のズデーテン地方の割譲を要求し、ミュンヘン会談が開かれるのはその後のことである。さらにヒトラーは国防軍の幹部の面々に、今後の戦争計画について語った。

今年中、少なくとも来年には東部戦線に着手する。君たちには、三年ないし四年の時間を見積もってもらおう。その後西部への攻撃を開始しよう。

西部への攻撃とは、イギリスとフランスを相手に戦うことを意味しており、東部戦線と時期が重なれば二正面戦争を強いられることになる。軍の専門家からしてみれば、勝算は皆無に等しいものであった。ヴィーデマンによれば、居合わせた軍人の多くは、ヒトラーの意見には耳を貸していなかったという。

ヒトラーとの面会を重ねるたびに、ヴィーデマンは、来たるべき戦争は全世界を巻き込み、ドイツを破滅に導くであろうことを確信するようになる。ヒトラーの口をついて出てきた言葉は、「戦争は万物の父」「どの世代も一度は戦争を行なわなければならない」というものであった。ヒトラーの政治指導と侵略戦争への批判をはばからなかったことから、一九三九年一月、ヴィーデマンはヒトラーの副官を罷免される。そのときにヒトラーから添えられた言葉は、「私の意に染まない側近は不要」というものであった。こうしてヴィーデマンはヒトラーの信頼を失い、サンフランシスコのドイツ総領事館に左遷された。「パールハーバー」前の一九四一年七月、在米ドイツ公館は業務の一部を停止し、中国に移転した。その移転に伴い、ヴィーデマンは同年一一月に天津のドイツ総領事に就任した。

先に記した追悼式での演説が終盤にさしかかった頃、ヴィーデマンはナチ体制の残虐性を象徴する犯罪として、ユダヤ人迫害について言及した。

公的な措置として、サディスティックな性向の凶悪犯罪が無防備な人々に襲いかかったのです。この身の毛もよだつような犯罪を世界に向けて婉曲に表現できたことは、誰もが理解に苦しむことです。真っ当なドイツ人であるならば、この事実に目をつぶってはなりません。一九三八年一一月、それ以前においても、この深刻な犯罪行為を告発し、必要があれば証拠を揃えようと私は手を尽くしてきました。公文書を手がかりとして、その事実の根拠を調べ、当事者の証言にも耳を傾けました。この犯罪に手を染めようとしなかった者にしてみれば、ドイツ人の手によってこのようなことが起こり得たということ自体、信じがたいことでしょう。この犯罪に言及するならば、我々や我々の子供たちには多大な苦難が降りかかることでしょう。我々すべてがこの重い罪を背負っていかなければならず、その心持ちで呵責に黙って耐えなければなりません。

さらにヴィーデマンは、ドイツの同盟国であった日本が連合国との戦争を継続しているなかで、中国のドイツ人の置かれた立場に言及している。

祖国の崩壊は、ここ中国にいる我々にも重くのしかかっています。我々は、これからどうなるのか、今の段階では何一つわかりません。しかし間もなく、思い知ることになるでしょう。もはや我々は強い帝国に支えられているわけではなく、その庇護のもとにあるわけでもないことを。東アジアの戦争はまだ終わったわけではないのですから、我々にはどんな運命が待ち受けているかは誰にもわかりません。中国と日本が、ドイツの公的代理をどの程度認めようとするか、処遇を待たねばなりません。私自身にしても、ドイツ総領事としての立場に留まり得るのかわからないのです。

本国では、占領軍によってナチ党は解散させられたため、海外支部は基盤を失ったことになります。

ドイツが降伏した今、ドイツ公館およびナチ党の海外支部は母体を失った出先機関となる。本国では、ナチ党の強制解散と政治指導者の逮捕といった、占領軍による非ナチ化政策が始まっていた。しかし連合国は、未だ交戦状態にある日本の占領地域のドイツ人に対して、同じ処遇を下すことはできなかった。ドイツ人は現地の中国人にとって敵国人となるのか、日独間の同盟が解消された今、日本人にとっても敵国人となるのか、抑留され、本国へ送還されるのか、誰も先行きが見通せない状況にあった。加えて、本国からの財政的援助や支援が途絶えたことにより、生活物資や食糧は不足し、生活は困窮の一途をたどっていた。焦眉の課題は、ドイツ人学校の運営の継続であった。学校には、学年末の進級試験や卒業試験を控えている生徒がいたのである。子供たちが引き続き学校に通える状況を作るためには、ドイツ人社会全体の協力が必要であった。ヴィーデマンは、現在のドイツ人社会を「高波に飲まれた船」になぞらえた。

我々は今や、高波に飲まれた船に乗り合わせているようなものです。それゆえ乗組員全員が力を合わせて嵐を乗り越えなくてはならないのです。このような状況下において、ナチ福祉団や共同の炊事場、ドイツ労働戦線、そのほか多くのコミュニティ組織を解体する、あるいは意味なく再組織化するというのも愚行でしょう。しかしながら、このような組織の名称を改めなければならないかもしれません。また悪習がはびこるような部分は除去することになるでしょう。しかしそのほかの点では、これらの既存組織が存続する限り、充実させていきましょう。人事異動についても、必要に迫られた事情がない限りは、反対です。

ヴィーデマンは、ドイツ人社会の結束力の強化をもって、この窮状を乗り越えなければならないとした。そのためには住民による自治組織の存在は必要不可欠であり、ナチ福祉団やドイツ労働戦線といったナチ党関連団体もまたその一翼を担うこととなった。これらの組織は、天津のドイツ人の生活に浸透していたのである。

それゆえ組織の解体は、ドイツ人社会にあった相互扶助、助け合いの機能の喪失につながった。これらのナチ党関連団体は、名称を変更し、イデオロギー的な宣伝を排除したうえで、その後も住民組織として機能していくことになる。

折りしもドイツ降伏後、東京と天津で催されたヒトラーの追悼式であるが、主催者の政治信条と意向から、その二つの式は異なる趣旨を持つものとなった。東京での追悼式は、依然としてヒトラー賛美の姿勢を崩さず、枢軸国との友好が強調された。しかし天津での追悼式では、主催者がヒトラーの政治指導、ナチ体制への批判と反省を述べ、ユダヤ人虐殺の実態までをも住民に明らかにした。

なぜ東京と天津でこのような追悼式が開かれたのか、その発端と経緯を探ろうという試みが、本書の糸口となる。

一九三九年五月　上海

ゲシュタポ（ナチ党の秘密警察）による逮捕と強制収容所の恐怖、悪化の一途をたどるユダヤ人への迫害。祖国を見限り、亡命を決意したユダヤ人をのせた客船は、イタリアのジェノヴァを出港した。この客船を「波の上のホテル」と、あるユダヤ人の少女は呼んだ。彼女の「波の上のホテル」は、スエズ運河を抜け、インド洋を経て、シンガポールに一旦碇泊。その後、マニラと香港を経由し、東シナ海から長江に入り、黄浦江を下っていく。[3]

目的地に着いたことを知らせる汽笛がなり、乗客たちは甲板に出た。その少女の父は、「戦争の反対側」に来たのだと言う。『上海日記』と題されたウルスラ・ベーコンの回想は、一〇歳の少女の目線と言葉で描かれており、随所に貴重な歴史の証言が含まれる。

母がはっと息を呑み、大きな石の建物を指さした。バルコニーに翻るのは、赤と白と黒の、ヒトラーが支配するドイツ帝国の不快な旗だった。憎悪に満ちた巨大な鉤十字が、中国の晴れ渡った空の下で風に吹かれ、人を嘲るかのようにはためいている。……「地球の半分を旅してきたのに」父はため息をついた。「あの正気をなくした男が世界を手中にするのをみることになるなんて」

（和田まゆ子訳）[4]

このユダヤ人の一家が甲板から目にしたものは、上海の表玄関である黄浦江岸にあったドイツ総領事館であった。ハーケンクロイツのもとで怯えて過ごした故郷、意を決した末の亡命。皮肉にも、到着地で彼らを出迎えたものは、故郷と同じ代物であった。

当時の上海は、ヴィザを持たないユダヤ人難民が入境できる唯一の都市であった。一九三八年一一月の「水晶の夜」事件以降、ユダヤ人難民の上海への流入は増え続け、人口は飽和状態にあった。あらたにやって来る難民の住居や生活の工面をしていた難民救援組織は、いよいよ財政的な困難に陥るようになる。

「水晶の夜」事件は、一一月九日夜から翌一〇日の夜にかけて、ナチ党政府の煽動によって起こされた反ユダヤ主義暴動である。ドイツ各地のシナゴーグ（ユダヤ教会）に火が放たれ、ユダヤ人が経営する商店や企業、ユダヤ人の住居が破壊された。破壊された建物の窓ガラスが水晶のように輝いたことから、「水晶の夜《クリスタルナハト》」と呼ばれた。住み慣れた家を手放し、故郷を離れることに躊躇していたユダヤ人も、もはや亡命が遅きに失したことを思い知らされることになる。

上海のユダヤ人難民の新たな受け入れ先として、候補の一つとなったのがアメリカ自治領のフィリピンであった。ユダヤ人難民がフィリピンへ入国するには、アメリカ側から高等弁務官のポール・マクナット、フィリピン側から独立準備政府大統領のマニュエル・ケソン、この二人の許可が必要であった。両者は、マニラの難民援助組織がユダヤ人難民の受け入れの手筈を整え、当座の生活を工面することを条件にフィリピン入国を許可する。

「水晶の夜」事件の後、フィリピンに亡命したフランク・エフライムは、著書『マニラへの亡命』において、当地のユダヤ人社会の諸相を描き出している。そのなかで上海からマニラへ向かったユダヤ人難民の回想が引用されている。

図 3　上海ドイツ総領事館の建物(右側)

図 4　1934 年 5 月 1 日, 上海のドイツ総領事館で催された「国民的労働の日」の様子

マニラへと向かうドイツ人とユダヤ系ドイツ人の団体、五〇名弱ほどであったが、彼らはバンドの桟橋のところに集合するように言われていた。集合場所は、黄浦江に面した波止場であった。突然、突撃隊員数名があらわれた。彼らは、ナチ党上海支部の突撃隊員であった。ユダヤ人難民の「エスコート役」として、グナイゼナウ号に乗船するまで護衛する役目を負っていたのである。[5]

フィリピン入国が許可された一行は、グナイゼナウ号で上海から黄浦江を上り、長江の合流点に達し、長江から東シナ海へと抜けた。そして神戸港で一旦碇泊し、そこからマニラへと向かうこととなっていた。

グナイゼナウ号が神戸港に碇泊すると、当地のドイツ総領事館から果物の入ったバスケットがユダヤ人難民の各客室に届けられた。バスケットは、黒白赤の三色のリボンで飾り立てられていた。この三色は、第三帝国の国旗およびハーケンクロイツの旗に使われていた、ナチズムのシンボル・カラーである。さらに「ハイル・ヒトラー」と書かれたカードまで添えられていたのである。この不快な「贈り物」に憤慨したユダヤ人難民は、すぐさまバスケットを甲板から投げ捨てたという。

ドイツ国籍のユダヤ人が国籍剥奪の宣告を受け、パスポートにユダヤ人をあらわす「J(=Juden)」の文字が刻印されるのは一九三八年一〇月以降であった。それ以前に出国した者は、ドイツのパスポートを持ち、名目上はドイツ人として扱われた。そのため亡命先では、ドイツ大使館および領事館の管轄下に置かれることになる。これらの公館は、事実上「ナチ領」だったのである。上海にいたユダヤ人難民は、まず当地の「ナチ領」に足を運び、次の移住先を相談することになった。上海出港からマニラ入港まで当地のドイツ総領事館が移動の一切を請け負っていたのである。上海から、新たなる移住先マニラへ向かう一行を「エスコート」していたのがナチ党上海支部の突撃隊員であった。

第二次世界大戦期の上海、マニラ、神戸には、二つのドイツ人社会、すなわち商人や貿易商とその家族をおもな構成員とする旧来からのドイツ人社会と、ドイツおよびその被占領地域における迫害から逃れてきたユダヤ人社会が形成されていた。上海の場合、前者のドイツ人社会が二〇〇〇人弱の人口規模であったのに対し、ユダヤ人社会は一万八〇〇〇人ほどであった。一九三八年一〇月以降、ユダヤ人は国籍および市民権を喪失したために、「無国籍難民」として扱われた。上海を占領した日本軍は、このユダヤ人難民を「無国籍難民」というグループで括り、指定地域に収監し、ゲットーを作り上げた。このヒトラーの魔の手を逃れてきたユダヤ人難民は、ヒトラーと手を組んだ国の監視下に置かれることになったのである。


日本占領下、共同租界の一角に設置されたユダヤ人ゲットーについては、当事者の回顧録や日記なども広く公開され、多くの人の知るところとなった。またナチ・ドイツによるポーランド侵略後、リトアニアに逃れたユダヤ人が、カウナスの日本領事館で手渡された「杉原ヴィザ」によって、神戸を経由して第三国に渡ったことも語り継がれている。しかしこれらの難民と隣り合わせにあった、上海や神戸のドイツ人社会がナチズム運動の一翼を担っていたことはあまり知られていない。

ヒトラーの魔の手の側にあり、アジア諸国を占領下に置いた日本と手を結んでいたドイツ人社会が本書のテーマとなる。このドイツ人社会を構成したのは、おもに貿易業に携わる者とその家族であった。これらのドイツ人は、家族も含めてドイツ国籍を持っており、そもそも現地社会への帰化は想定されていなかった。そのためドイツ国籍を保持していた彼らは、第三帝国の構成員たる資格を有していた。また商売目的の滞在であるゆえ、ドイツ本国との組織的、あるいは心理的な結び付きが、現地社会へのそれよりも強かった。

アストリート・フライアイゼンの『上海と第三帝国の政策』は、上海のドイツ人社会とナチズムの関係について、外交史料のみならず、私的書簡や聞き取り調査をもとに論じている。同書には、蔣介石の軍事顧問であったマックス・ノインツェルトが親衛隊を率いていたハインリッヒ・ヒムラーに宛てた書簡が引用されている。書簡の日付は、一九三〇年九月一七日となっている。ノインツェルトは、次の二つの理由から中国に住むドイツ人はナチ・イデオロギーに馴染まないため、入党させるべきではないと進言していた。その理由の一つとして、中国のドイツ商人が高い生活水準を維持していることが挙げられている。この書簡のなかでは、上海に暮らすドイツ商人の生活水準や生活環境が詳細に述べられている。それによればドイツ商人は、共同租界の南西部やフランス租界の高級住宅区域に居を構え、多くの使用人を雇っているという。

二つ目の理由として、多文化共存という生活環境を挙げている。上海に暮らすドイツ商人は、週末や休暇を社交クラブでほかの外国人と過ごすことが多く、日常生活においても英語を話し、また中国人とのビジネスでは英語と中国語の混合語であるピジン語を使っていた。当地のドイツ人学校においては、在校生の約三分の一が「ドイツ人ではない子供」や混合婚による子供、当時でいうところの「混血児」で占められているという。ノインツェルトはヒムラーに、このような高い生活水準と多文化共存の生活環境は、ナチ・イデオロギーとは相容れない、それゆえ中国に暮らすドイツ人の入党は拒むべきであると伝えていたのである。[6]

多文化共存の生活環境は、上海租界に顕著なかたちであらわれるが、広州や香港、横浜や神戸など東アジアの主要な国際貿易港を抱える都市においても同様であった。このような生活環境は、そこに暮らす人々の思想に影響を与えるため、これらのドイツ人社会の構成員はナチズム運動にはそぐわないとされた。

本国から「距離」を隔てたドイツ人社会において、ナチズムがどのように浸透していったのだろうか。本書はその過程を、史料に即して繙《ひもと》こうとするものである。

一九三三年一月のヒトラーの「権力掌握」は、ヨーロッパ全土の不穏な時代の幕開けを告げるものであった。そして一九四五年五月八日、午前零時（シュトゥンデ・ヌル）の時報によって、その幕が下ろされる。「権力掌握」と「シュトゥンデ・ヌル」がナチズム運動の転換点となったことは間違いないが、本書ではこの転換点を考察の出発点とはしない。東アジアのドイツ人社会の構造とその歴史的変遷、ナチ体制以前と以後との連続性をみるために、考察対象を一八五〇年代から第二次世界大戦終結後の占領期までという長いスパンを設定してみたい。

まず第一章および第二章では、ナチズムが浸透していく前提として、東アジアのドイツ人社会を検討する。東アジアに暮らしたドイツ人は、どのような言語や文化、信仰、政治信条を持ち、どのような社会を構成していたのだろうか。本国から距離を隔てたなかで、ドイツ・アイデンティティが形成される過程に焦点をあてる。また東アジアで最初のドイツ人学校として開校し、近隣諸国や各都市のドイツ人学校の雛形となった上海ドイツ学校（上海カイザー・ヴィルヘルム・シューレ）の変遷を追いながら、ドイツ人社会における学校の創設と運営の社会史的側面を映し出していく。

続く第三章では、ドイツ人社会におけるナチズムの浸透の過程を明らかにする。ここでは東アジアという枠組みを念頭に置き、ドイツ人社会の人や情報の流通網、その有機的な連関を示していく。第四章ではナチ党支部の傘下に置かれた関連団体の活動、学校教育に目を向け、当地におけるナチズム運動の特徴から、ナチ的な統制（グライヒシャルトゥング）と地域との関係を考えていく。

グライヒシャルトゥングは、元来乱れのない流れに整えるという意味の電気工学用語であるが、ナチ時代を語る言葉としては、統制、画一化、あるいは均質化とも訳される。これまで民主的に統治されていた政治、経済、社会領域においてナチ党が支配を確立し、ナチズムを浸透させることを意味する。社会を「均質的な流れに整える」この統制は、地域性や伝統を失わせるものなのか、あるいは統制によって、地域性が再構築されていくのだろうか。後者であるならばその主体は誰であり、どのような行動原理に基づくのかという問題がさらに提起されよう。

第五章以降では、日本のドイツ人社会に焦点を絞り、ドイツ人社会とナチズムの関係を考えていく。ここでは、ドイツ人社会を外から監視していた官憲と内部にいた者の証言とを突き合わせながら、さまざまな立場や視点からドイツ人とナチズムの関係を考える。なお第六章では、日本のドイツ人社会における反ナチ的動向、終戦後のドイツ資産の管理、身元調査、本国送還にいたる経緯をたどり、日本占領軍による「ナチズムの清算」の過程を検討していく。

第一章　ドイツ商人と東アジア

一九世紀中葉、「世界の工場」としての地位を確固たるものとしたイギリスは、工業生産のみならず、貿易や海外投資、金融、そして植民地領有においても覇権を握った。三角貿易に象徴されるように、東アジア市場もまた、イギリスを主軸とした世界貿易のシステムに組み込まれていた。イギリス以外では、古くはオランダ、新興勢力ではアメリカが東アジア地域の市場獲得にしのぎを削っていたが、ドイツはいまだ統一国家を形成していなかった。それゆえ、東アジアにおけるドイツの存在も控えめなものであり、むしろイギリスやオランダ、アメリカの国旗の下に見え隠れする程度であった。

本国から距離を隔てた場所に暮らしていたドイツ人にとって、国民性や民族性、言語や風習などの「ドイツらしさ」というものは、どのように維持されていったのだろうか。本章では、ドイツ商人と東アジアの商業的接触の端緒をたどるとともに、欧米列強との角逐のなかでの経済活動、租界や居留地、租借地におけるドイツ人社会の形成過程をみてみよう。

ハンザ商人の活躍

一七五七年以降、清朝第六代の皇帝にあたる乾隆帝は、広州を中国唯一の対欧米貿易港と限定してきた。乾隆帝時代の中国市場をほぼ独占してきたのが、イギリスの東インド会社である。この時期、イギリスでは喫茶の風習が広まり、茶の国内需要が著しく高まった。そのため東インド会社では、大量の中国産の茶を輸入していた。その決済として、イギリス産の綿製品がインドへ、インド産のアヘンが清に密輸入され、三角貿易が確立していく。

一八三二年の一年間に、広州に入港した外国商船は、イギリス船九〇隻、アメリカ船六二隻に対して、ハンブルク船はわずか一隻であり、三角貿易が中国市場を独占していたことをうかがわせる。[1] 一八三三年、イギリス議会は産業資本家の要求により、東インド会社の中国貿易独占権を廃止した。この決定には、中国市場への進出に乗り出していたアメリカへの対抗策として、自由貿易を促進する意図があった。依然イギリスの独占状態は否めなかったが、新興勢力のアメリカがイギリスの覇権に挑むかたちで勢力を伸ばしつつあった。

同時期、ハンザ同盟都市の商人(以下、ハンザ商人と略す)によって、バタヴィア、フィリピン、シンガポール経由で中国への市場進出が開始された。広州で最初に貿易活動に従事したドイツ商人は、ハンブルク出身のヴィルヘルム・フォン・プスタウであり、彼が中国で最初のドイツ商館を同地に設置した。この商館は、ハンブルクに代理店を置いていたブレッケルマン商会に引き継がれる。

イギリス、アメリカとの角逐のなかで、ドイツはハンザ同盟都市、プロイセン、ドイツ関税同盟、メクレンブルク公国などの同盟や領邦単位の通商に留まっていた。これらの領邦のうち、ハンザ商人の活躍が目を引く。ブレーメンで発行されていた『ヴェーザー新聞』によれば、ヨーロッパ圏外にあるドイツ人居留地の数は、一八四六年時点で大小合わせて三九三を数えた。そのなかでハンザ商人が構成したものが二七七を占め、それ以外の領邦出身者のものは一一六を数えた。また北米には一三七名、メキシコには四八名、インドには二八名、南米には六七名のドイツ商人がいた。北米ではハンザ商人の割合が五割、南米においても七割程度であったが、その他の地域では九割方を占めていた。全アジアでみると、ドイツ系商社が六四社あり、そのなかでハンザ系商社は五七社を占めており、ハンザ商人の市場進出が抜きん出ていたといえる。[2]

南京条約による上海開港後、東アジアの貿易拠点として、上海の重要性が高まり、欧米系商人の人口、経済的比重が広州から上海に移動していく。プロイセン政府は、上海に使節団を派遣し、同地の市場調査を行なわせていた。この使節団を率いたのが、デュッセルドルフ出身のフリードリッヒ・グルーベである。派遣の目的は、試供品の販売を兼ねた市場調査であった。

グルーベ一行は、一八四四年二月にマカオに到着した後、寧波、上海で市場調査を実施した。グルーベは、寧波と上海では「広州のように、住民が外国人に対して敵意を示すことがない」とプロイセン政府に報告していた。[3]ドイツからの輸出品の候補として、毛織物、綿織物、亜麻布、金属製品、金、銀製品、琥珀、ガラスが挙がっていた。しかし、いずれもイギリス製品がすでに出回っており、イギリス商人の独占状況にあった。そのためグルーベは、プロイセンという領邦単位よりも、ハンザ都市、メクレンブルク公国、ザクセンとの連合結成を提案していた。

イギリス、フランス、アメリカに比して、ドイツは国家としての政治的統一が遅れたために、国家事業としての東アジア進出にも出遅れる結果となった。すでにイギリスを主軸とする世界貿易のシステムが確立しており、そこからすれば、ドイツ商人の商業活動は傍流に位置付けられた。しかしイギリスの独占的な状況がかえって、出遅れたドイツ商人を新たな市場開拓へと駆り立てたともいえる。ドイツは化学工業分野での市場進出が著しく、合成染料や染料技術、アスピリンに代表される医薬品などの輸出品目でイギリスを圧倒していく。

商業ネットワーク

一八四五年二月、上海にブレーメンの商船旗を掲げた船が入港した。そこから数人のドイツ人が降り立った。この一行を率いていたのが、ドレスデン出身の商人リヒャルト・フォン・カルロヴィッツであった。カルロヴィッツは翌四六年、広州と上海でドイツ商館を設置した。同商館が後のカルロヴィッツ商会の前身となる。[4] 同時期、ゲオルク・ジームセンが広州でジームセン商会を創立した。すでに同商会は、一八四一年から四五年までバタヴィア（現在のインドネシア・ジャカルタ）で開業していた。広州、バタヴィアに続いて、一八五五年に香港、翌五六年には上海でジームセン商会が創業された。

一八五〇年代に入ると、ハンブルク・上海間の商船の定期運行が開始される。一八五二年には、ウィリアム・ホッグがハンブルクの領事館を設置した。ホッグはドイツ人であるが、イギリスの商社に勤務しており、イギリス国籍を取得して商業活動に従事していた。ホッグもその一例となるが、ドイツ商人にはイギリスやオランダの庇護下で貿易活動に従事していた者が多かった。

ハンブルクからバタヴィア経由で長崎に進出し、その後横浜、神戸へと事業を拡大していったクニフラー商会(現イリス商会)などもこの例に属する。クニフラー商会の前身は、オランダ領のバタヴィアにあったパンテル・シュティーハウス商会である。同商会の支配人であったデュッセルドルフ出身のルイス・クニフラーは、日本の開港のニュースを聞きつけ、いちはやく長崎に進出した。クニフラーはヘルマン・ギルデマイスターとともに、一八五九年に日本で最初のドイツ商社としてクニフラー商会を創設する。一八六一年に同商会の横浜支店が開設され、その後中国に代理店や特約店が設けられた。一八八〇年、横浜事業所の支配人カール・イリスが事業の独立をはかり、経営権と商標はクニフラー商会からイリス商会に譲渡される。[5] ジームセンやイリス商会がその好例であるように、通商条約締結以前、ドイツによる東アジア市場への進出は、オランダやイギリスのもと、香港やシンガポール、バタヴィア経由で開始された。その一部が広州や上海、長崎で創業することになる。

一八六〇年以降、プロイセンは日本、清、シャム(タイ)との政府間交渉に乗り出す。同年九月、プロイセンからフリードリッヒ・オイレンブルク率いる使節団が来日し、翌六一年一月二四日に日本との通商条約の調印に成功した。清とは、同じ年の九月二日、翌六二年二月七日にはシャムとの通商条約の調印にいたり、オイレンブルクは任務を果たした。

清とシャムとの条約は、プロイセン王だけではなく、北ドイツ関税同盟加盟国、メクレンブルク公国、ハンザ同盟都市の名において結ばれた。一八六八年には、プロイセンから再び使節が来日し、オイレンブルク使節団による締結条約の改正にこぎつけた。この条約改正により、北ドイツ関税同盟の全加盟国に船舶の入港と通商が認められた。[6]

東アジアに滞在していた間、オイレンブルクは日記をつけていた。そのなかで、オイレンブルクはシャムのドイツ商人との交流、商習慣、市場拡大の可能性を分析している。中国貿易同様、シャム市場もイギリス商人の独占状態であった。というのも、当地のハンザ商人はイギリス領事館に登録し、その庇護下で活動していたのである。これらのハンザ商人の多くは、シンガポールや香港を拠点とした中継貿易に従事していた。一八四八年以降、バンコクに入港するドイツ船の数および取引量は飛躍的に増加してはいたが、ドイツ船の多くは本国から直接来航したものではなかった。シャム市場の潜在的な価値が高まっていただけに、独占状態にあるイギリス商人の活動と差異化を図る必要があったのである[7]。

商業販路の拡張は海運と密接に関係している。ヴィルヘルム二世の掲げた「ドイツの将来は海運にあり」というスローガンに象徴されるように、ヴィルヘルム期のドイツは、イギリスに対抗しうる海運国となることを目指していた。

一八五〇年以降、イギリスを中心に新しい航路の開設が進んだ。まず一八五〇年、イギリスのP&O汽船が上海―香港航路を開設した。さらに一八六四年、上海―横浜航路も開設される。フランス帝国郵船は、一八六三年に香港―上海航路、六五年に上海―横浜航路を開設した。さらにアメリカの太平洋郵船が、六七年にサンフランシスコ―横浜―香港航路および横浜―上海航路を開設した。アメリカはいちはやく上海に汽船会社を設立し、一方でイギリスは長江の港を相次いで開港していった。また「交通革命」を象徴するスエズ運河開通によって、ヨーロッパ―アジア間の航路は大幅に短縮され、イギリス、アメリカに続いてフランス、ロシア、オーストリア、ハンガリー、ドイツが上海までの航路を開設していく。

欧米列強に次いで、日本も外洋航路の開設に乗り出していた。まず一八七五年二月、三菱商会によって横浜と上海を結ぶ航路が開かれた。そして一八七九年、同商会は神戸―香港間の定期貨物輸送を開始した。そして一九〇一年、北ドイツ汽船会社とハンブルク・アメリカ汽船会社は共同で、ハンブルクとブレーメンから上海と青島を経由して横浜にいたる航路を開設した。[8]

この航路の関係から、ヨーロッパから東アジアに来訪するには、まずはスエズ運河を通り地中海から紅海、インド洋に抜ける。そしてシンガポールを経由して、香港に達し、香港から上海経由で横浜、神戸にいたる。一九〇〇年前後のドイツ商人の商業販路拡張においても、まず香港、上海に足がかりを設け、横浜や神戸に支店や代理店を設置する例が多かった。[9]

一九〇〇年に設立された東アジア協会は、ドイツ企業のオーストラリアを含むアジア太平洋地域での事業援助を目的とした経済同盟である。同協会は、ハンブルクに拠点を設置し、東アジアで事業展開するドイツ企業の顧問や役員、貿易商などを会員としていた。ハンブルクで開催されていた定例会は、事業相談、先物取引や為替などの情報交換の場として機能していた。また支店や代理店の設置、駐在員の派遣、通訳や秘書、見習いの現地採用に際しても、同協会が仲介を請け負った。東アジア協会の設立は、ドイツ企業の本店と支店、支店間の提携関係の強化、情報や流通の円滑化に寄与していた。

ハンザ商人による商業的接触と海運、そして東アジア協会の設立により、ハンブルク・香港・上海間を主軸とした支社間のネットワークが確立し、これを通じた「ヒト、モノ、カネ、情報」の流通網ができあがっていく。このネットワークは、一九三〇年代に東アジア諸都市で創設されたナチ党支部の組織体系と密接に関係することになる。

上海に設置された外国人居留地は、後に上海租界と呼ばれ、フランス租界、イギリス租界、アメリカ租界というように、住み分けがなされた。さらに太平天国の乱により、中国人の避難民が大量に租界に流入したために、租界では外国人と中国人の「雑居」が認められた。「雑居」が認められたために、租界は拡大され、中国人の数が圧倒的にまさるようになる。租界では、治外法権が強く働いたことから、密貿易、革命家や諜報機関の活動場所、あるいは中国国内の内乱、官憲の目を逃れるための逃避地ともなり、中国の主権を著しく侵害した。

一八五四年から、イギリス領事を中心とする自治行政委員会が置かれ、外国人の土地賃貸規則が取り決められた。自治行政委員会は、国籍の異なる九人の評議員によって組織されていた。評議員は、毎年一月の住民による選挙によって選出された。一八六三年にイギリス租界とアメリカ租界は合併され、共同租界と呼ばれる。フランス租界では一八六八年に自治行政委員会が組織され、フランス人の評議員四名、フランス以外の国籍を持つ評議員四名がそれぞれ任命され、任期は二年とされた。自治行政委員会は防衛、財政、警備、労働の四部門に分かれ、それぞれの部門に評議員が一名ずつ配置された[10]。

一八八〇年に行なわれた調査によれば、虹口と浦東を含む共同租界の外国人の人口統計は次のとおりであった。国籍別では、イギリス人一〇四四名、ポルトガル人二八五名、アメリカ人二三〇名、ドイツ人一九〇名、スペイン人七六名、フランス人四一名、オランダ人三二名、そしてほかのヨーロッパ諸国の国籍を持つ者が五七名、アジア地域では日本人一六八名、ほかのアジア諸国の国籍を持つ者が七四名であった。共同租界ではイギリス人が欧米人人口の約半分を占め、ポルトガル、アメリカ、そしてドイツがイギリスに次ぐ。フランス人の人口は、フランス租界に集中していたため、共同租界での人口比は低くなっている。一八八〇年以降、ポルトガル人やオランダ人の人口が減少した一方で、アメリカ人とドイツ人の人口は増え続けていた。また一八七〇年には七名であった共同租界の日本人人口は、一八八五年には六〇〇名近くとなっている。そして日露戦争以降は二〇〇〇名近くとなり、共同租界では大所帯の外国人集団となった[11]。

上海租界は「国のなかの外国」と呼称されるように、治外法権によって外国人の自治行政が顕著に発展した例である。不平等条約で規定された領事裁判権は拡張され、条約締結国ではない国民をも保護範囲内におさめられた。

一八八〇年時点での共同租界の男女比は、欧米系住民二一九七名のうち一一七一名が男性、五〇二名が女性、子供が五二四名であった。この人口の割合を一〇年前の一八七〇年の調査と比較すると、男性人口は一〇〇名近く減少し、女性と子供の人口は三倍近くにまで増加している。ここから一八七〇年から八〇年にかけて、本国から家族を呼び寄せた者、あるいは結婚した男性が多かったと推測される[12]。

条約締結時期がずれるため、上海開港から一七年後の一八五九年、日本では箱館、長崎、神奈川(横浜)が開港した。この三港のうち、いちはやく開港した横浜が一大国際貿易港として名乗りをあげた。横浜居留地は上海租界をモデルとしたが、幕府を地主とした土地規則ゆえに日本当局の管理、統制下に置かれていた。また「雑居」ではなく、大通りを境界として日本人街と外国人居住区に分類されていた。イギリス領事を中心として、自治組織の定着をはかる動きはあったが、失敗に終わっている。

一八六七年、兵庫（神戸）と新潟が開港し、同様に外国人自治区として居留地が設置された。神戸居留地の土地取得方法は競売方式であり、この点で上海租界、横浜や長崎、箱館とは異なる。神戸居留地での競売は、一八六八年から一八七三年の間、四回にわたって実施され、ドイツ商人は全一二六区画のうち二三区画を占有し、イギリス商人の六四区画に次ぐ。ちなみに、横浜居留地における地所占有順位は、イギリス、アメリカ、フランス、オランダ、ドイツの順であった。

また第一回競売の一八六八年に創刊された『兵庫ニュース』では、神戸居留地におけるドイツ人の影響力を強調している。なお同紙によれば、アメリカ国籍を取得していたドイツ人二名がそれぞれ二区画を占有したため、ドイツ人の区画占有数は公式発表の二三区画ではなく、二五区画であるとしている。

神戸居留地が誕生した当初から、ドイツ人の影響力は突出していた。海岸沿い（いわゆる「バンド」）の一二区画のうち三区画がドイツ系商社で占められ、居留地全体では二五区画をドイツ人が占有した。海岸通りには最初の「プロイセン領事館」もあって、同時に北ドイツ連邦をも代表していた。（田中美津子訳[13]）

海沿いの区画は、運輸業を営むには都合がよいため、競売では人気が集まった。最も立地条件がよく、価格の高い区画を落札したことからも、ドイツ商人が神戸での市場進出に積極的であったことがうかがえよう。[14]なお正確には、一八六八年に三宮神社前にできたものが最初のプロイセン領事館となり、その後海岸通り六番地に移転している。[15]

神戸に居住するドイツ人人口は、神戸開港から四年目の一八七一年までに三六名に増加し、この数は神戸の欧米系住民のなかで二番目であった。一八八四年以降、ドイツ人の数は著しく増加し、二年後の八六年には一八七名となった。[16]

上海開港から二五年、横浜開港から遅れること八年、一八六七年に開港した神戸では、ドイツ商人の進出が活発であった。中国貿易や横浜貿易でイギリスに先を越されたドイツ商人は、後発の開港都市での市場進出に乗り出していたのである。

神戸の異人館を代表する建物「風見鶏の館」は、一九〇九年に建てられている。別名「旧トーマス邸」ということからもわかるように、かつてはトーマス一家が暮らしていた。この家主ゴットフリート・トーマスの歩みから、この時期に神戸で活躍したドイツ商人の生活の一端をのぞいてみよう。

ドイツ南西部の都市コーブレンツ出身のトーマスは、一八九一年に二〇歳の若さで横浜のドイツ系商社の取締役に抜擢された。その後一〇年間、取締役を務め、一九〇一年に事業の独立をはかる。神戸で貿易会社を設立したトーマスは、ドイツから家族を呼び寄せた。トーマス夫人は、神戸においては一五番目のドイツ人女性にあたる。神戸へ移住したトーマス一家は、北野町に自邸を構える。その邸宅は、ドイツ人建築家ゲオルク・デ・ラランデが設計および建築を担当したものである。外壁はレンガ造り、室内はアール・ヌーヴォー調で統一されており、屋根の尖塔の風見鶏が特徴的である。トーマス邸には、日本人の使用人が常時八人雇われていた。一八九九年に横浜で生まれた一人娘のエルザは、第一期生として神戸ドイツ学院に入学している。第一次世界大戦勃発直前の一九一四年、初等教育を終えたエルザを本国の学校に入学させるため、トーマス一家は帰国した。[17]

北野町界隈に欧風の邸宅を構え、日本人家政婦や小間使い、子守を雇い入れ、子供をドイツ人学校に通わせ、ドイツ人の社交界に加わる、これがドイツ商人や貿易商のステータスであった。あくまで自国の生活様式や文化を維持しようという姿と彼らの植民地的な感覚がうかがえる。

クラブ・コンコルディア

東アジアのなかで、ドイツ商人の市場進出が著しかった神戸を例に挙げ、ドイツ人社会の形成の核となった社交クラブの変遷をたどってみよう。居留地造成から一年後の一八六八年七月、クラブ・ユニオンが創設され、神戸における外国人クラブ第一号となった。創設メンバーには、二一名のドイツ人が含まれ、スイス人やオランダ人も会員に名を連ねていた。[18]

このクラブの初代会長には、北ドイツ連邦の名誉領事職にあったアウグスト・エヴァースが就任した。ハンブルク出身のエヴァースは一八六二年に来日し、長崎と横浜のクニフラー商会(現イリス商会)で事務員として働いていた。その後、神戸居留地の第一回競売で海岸沿いの区画を落札し、神戸にクニフラー商会の拠点を設けた。[19]

『東アジア・ルントシャウ』誌(一九三三年一月号)には、エヴァースが創始したシモン・エヴァース商会の社史が特集記事として掲載されており、エヴァースの経歴が紹介されている。[20] またアルトゥール・ヴェーバーが実話をもとに描いた小説『商館の上着と領事の帽子』のなかで、エヴァースはモーアという名前の人物として描かれている。[21] なお同書の著者であるヴェーバーは、ハンブルクで徒弟として商業を学び、日本の開港直後に来日し、五〇年以上日本で貿易業に携わっており、エヴァースと親交があった。

このクラブは、スポーツ、遠足、演劇、コンサートや演奏会の実施などを主たる活動内容としていた。またイギリス商人が中心となり一九七〇年に創設されたインターナショナル・クラブとの交流も盛んであり、競技大会などが共催された。インターナショナル・クラブに出入りするドイツ人がいた一方で、クラブ・ユニオンの会員に名を連ねるイギリス人もいたことから、両クラブの関係は良好であったとうかがえる。しかし一八七〇年の普仏戦争勃発、ドイツ帝国の成立を期に非ドイツ人会員集団でクラブ・ユニオンを脱会するにいたった。非ドイツ人会員の脱退により、クラブ・ユニオンは経営難に陥り、インターナショナル・クラブに買収され、神戸クラブと改称された[22]。

一八七九年一〇月一日、旧クラブ・ユニオンのドイツ人会員二一名とオランダ人会員七名によって、クラブ・コンコルディアが創設された。創設者のなかには、先述のエヴァースやイリス、さらにドイツ総領事ヨハン・フォッケなどが含まれている。そして一八八二年、クラブ・コンコルディアの会長にエヴァースが就任する。このクラブは創設から一七年目の一八九六年に火事により建物が全焼し、再建まで神戸クラブの建物の一部を間借りすることとなった。その後クラブ・コンコルディアは、東町に土地を購入し、再建されている[23]。

日露戦争中の一九〇五年に来日し、ドイツ書籍や美術品を商う貿易業の傍ら、クラブ・コンコルディアや神戸のドイツ人学校の運営に携わってきたオットー・レファルトは、クラブ・コンコルディアについて、「神戸ドイツ人にとって『故郷』も同然」、また「ドイツ人とその友好国の者にとっての『拠点』となった」と回想している[24]。この「故郷」や「拠点」という表現に象徴されるように、ドイツ人にとっての社交クラブは、気兼ねなくドイツ語が話せ、本国と同様のレクリエーション、スポーツ、読書を楽しむ場であった。

クラブ・コンコルディアは、神戸ドイツ人社会に文化的な生活の基盤を提供したが、住民の精神的拠りどころとなるべき教会や礼拝所に関しては、レファルトはほとんど言及していない。というのも、神戸にはドイツ人によって建てられた教会がなかったためである。神戸の居留地設置当初、プロテスタント系の信徒会が結成され、アメリカ系のユニオン教会を週に一回借りきり、ドイツ人牧師による礼拝が行なわれていた。東京においては、ドイツ系住民の要望を受け、いちはやくドイツ人によって教会が建てられたが、神戸では社交クラブ、ドイツ人学校の設立が教会の創設に先行した。

社交クラブを核としたコミュニティの形成は、ドイツ人に限られたものではなく、欧米系の住民に共通するものである。他方スイスやオランダ、ベルギー、北欧諸国の出身者は自前のクラブや学術団体を持たず、イギリス人やドイツ人、フランス人の運営するクラブの会員となった。しかし戦争や政治情勢の変化は、外国人社会におけるナショナリズムを助長させ、そのたびに閉鎖性や排他性が強まった。

一八七三年には、東アジアに暮らしていた七一名のドイツ人によって、ドイツ東洋文化研究協会(OAG)が東京で創設された。この創設メンバーのうち、東京と横浜のドイツ人が五五名、神戸のドイツ人が七名、長崎のドイツ人が三名、北京とシンガポールのドイツ人が各二名、上海、福建のドイツ人が各一名ずつであった。この創設メンバーの約三分の二が商人である。この協会は、定期的に会報を発行し、講演会や研修旅行を催すなど、国境を越えた交流の母体となっていった。[25]

ドイツ東洋文化研究協会の創設メンバーは、すべて男性であった。同協会に限らず、租界や居留地における文化活動の担い手は男性であった。東アジア諸都市の居留地や租界では、住民の圧倒的多数を独身男性が占めていたのである。

先のレファルトの回想録『神戸のドイツ人』においても、ドイツ人社会の男女の人口格差に言及しており、その要因として、大半の外国商社は従業員を雇い入れるときに結婚を禁止していたことを挙げている。


神戸のドイツ人にとって致命的であったことは、ドイツ人女性の数が格段に少ないことであった。普段は横浜に住んでいる社長だけが既婚者であり、神戸で働いていたのはその息子、あるいは番頭であったためである。それどころか、多くの商社が雇用契約において、従業員の結婚を禁止していた。それゆえ昔の神戸は独身男性社会といってもよかった。[26]

男女の人口が不均衡なことも手伝い、現地の女性やほかの外国人女性を伴侶としたドイツ人男性も多かったようである。というのも、上海、東京、神戸、香港で創設されたドイツ人学校では、現地の女性との混合婚による子供たちが毎年度ごとに入学するようになるからである。父親がドイツ人であったこの子供たちは、ドイツ国籍を取得しているケースが多い。

上海と神戸のドイツ人学校では、ドイツ語を母語としない入学希望者は、全生徒数の四分の一を超えない割合で受け入れる方針を示していた。イギリス統治下の香港では、在籍する生徒の約半分がドイツ以外の国籍を持っていた。「ドイツ人ではない子供」の受け入れは、現地社会やほかの外国人社会へのドイツ人社会の開放性、あるいは閉鎖性や排他性をはかるうえでの指標となるものである。

クラブ・コンコルディア創設時の会員は、ドイツ人会員三一名、オランダ人会員七名で、合計の会員数は三八名であった。クラブ創設から二〇年後、一九〇九年時の会員数は一四三名にまで増えた。[27]
この背景には、ドイツ系商社の事業拡大およびドイツ人貿易商の増加があるが、以前に増して既婚者や所帯を持つ者の割合が増えたことも見逃せない。所帯が増えるにともない、食料品や日用品を扱う商人、医師、タイピストや秘書、さらにはドイツ人家庭の家庭教師として働く者もあらわれてくる。かつての「男だけの宴会」、競馬や狩猟にかわって、舞踏会や演劇、演奏会などの催しも行なわれ、そのなかには女性の姿も見受けられるようになったのである。

もっとも、クラブの社交界を女性に開放することに異論を唱える声もあった。レファルトの『神戸のドイツ人』にはある騒動が伝えられている。一九〇九年に入り、新年を迎えての最初の舞踏会が開催されることとなった。しかし男性会員のなかから、女性の参加を拒む声があがっていた。賛否両論が飛び交うなか、主催者である会長は、クラブ内のバーに限って、女性の立ち入りを禁止することで妥協点を見出し、女性の舞踏会への参加を認めた。しかし舞踏会の当日、女性の参加を快く思わない男性会員の一団が、女性の立ち入りが禁止されていたバーに立てこもったのである。そればかりか、女性がバーの前を通り過ぎた瞬間をねらい、彼女らのイヴニング・ドレスの大きく開いた背中を的として、力強く振った炭酸ソーダーの中身を浴びせたのであった。[28]

またレファルトは、テニス・サークルにおいても、独身男性の一団が女性の参加を拒み、男女混合での競技は実現しなかったことを付け加えている。男女混合での競技に反対した男性側の言い分は、「シャツ一枚でテニスが楽しめないから」というものであった。女性の前では、襟付きシャツにネクタイを締めるのが紳士のマナーとされていたのである。とはいうものの、ネクタイを着けてテニスをするというのも息苦しく、スポーツとしての楽しみを半減させるという意見が大勢を占めたのであっ

図5　クラブ・コンコルディアの舞踏会

た[29]。

居留地がつくられた当初は、独身男性が大勢を占めていたが、居留地の撤廃と対日貿易の拡大に伴い、本国から家族を呼び寄せる者や既婚者の割合が増えていった。そして女性人口の増加とともに、社交の形態が変わっていく。その一方で、あくまで伝統に固執していたことも見逃せない。クラブの社交界に加わることは、ドイツ商人や貿易商の特権であった。この社交界は特定の職業身分、一定程度の収入を持った者に限定されてきた場であったため、それに見合わない者の参入は特権の失墜を意味したのである。なおクラブ・コンコルディアの一九三五年度の規約によれば、バーとビリヤード場への女性の立ち入りは禁じられており、依然としてジェンダー規範に固執する傾向があった[30]。

近代化のショーウィンドウ

ドイツの東アジア市場への進出が国家事業として着手されるのは、ビスマルクの失脚後、ヴィルヘルム二世が掲げた「世界政策」を待たねばならない。対外的な行動に自制を働かせたビスマルクに代わって、ヴィルヘルム二世は植民地の獲得、艦隊の建造など欧米列強との対抗を強めていく。ドイツ帝国から世界帝国への飛躍が叫ばれた時代、その跳躍台の一つとされたのが中国であった。

一八九四年に起きた日清戦争がドイツに中国進出のきっかけを与えることになる。ドイツは遼東半島の中国への返還をめぐってロシアが提唱した対日交渉に便乗する。その後ドイツ人宣教師二名が殺害された事件を口実として、一八九七年に山東半島南西岸の膠州湾を占領した。そして膠州湾の九八か年の租借を約定させ、加えて山東半島の鉱山、鉄道敷設の権益を獲得した。さらに一九〇〇年の義和団の乱にも出兵し、東洋艦隊を置いていた青島を要塞化した。
青島にはドイツの国営企業が立ち上げられ、帝国海軍を運営母体とした総督府立ドイツ学校が創設された。青島の欧米系住民のおよそ九割がドイツ人で占められ、鉄道敷設や鉱山採掘、郵便事業、さらには食肉加工業、ホテル営業、そして商社においても九割方がドイツ系であった。[31] たとえば、世界的なブランドとなった青島ビールは、イギリスとドイツの合資会社であるが、株主の大多数はドイツ人である。青島では、上海や広州、横浜や神戸にみられる欧米列強の角逐はなかったのである。
膠州湾租借地はドイツ帝国海軍の宣伝材料となり、「模範的植民地」となることが要請された。[32] それゆえほかのドイツ植民地に比して、国庫支出金の額は突出しており、帝国議会では七年間で総額一六億ライヒスマルクの予算を通過させていた。この国庫支出の額に対して収入額は三億六〇〇〇万ライヒスマルクであった。つまり採算を度外視した植民地運営がなされていたのである。[33]
模範的植民地の中心都市である青島は、ドイツ近代化の達成度を宣伝するためのショーウィンドウとされた。ドイツ人子女の教育機関である総督府立ドイツ学校も、そのショーウィンドウの一端を担うことになる。
一九〇二年一月、青島の総督府から上海のドイツ総領事に宛てられた文書によれば、青島の総督府立ドイツ学校は「国家の要請を受け、教員陣を揃えた国立学校のモデル」とされている。[34] 生徒は、青島のみならず東アジア全域の学齢期の子供たちを対象とし、上海のドイツ総領事を通じて生徒募集が行なわれた。入学者の選考は、ドイツ総督府が最終的な決定を下すことになった。その際、入学者は両親ともドイツ国籍の保有者に限られ、父親の職業も選考基準の対象となる。[35]
青島の総督府は、総督府立ドイツ学校の生徒の入学基準について、次のような方針を示した。

総督府立ドイツ学校では、たとえドイツ人の父親を持っていたとしても、混血の子供は受け入れません。……ドイツ語を話さない子供については、四人のドイツ人に対して一人の入学を許可します。……このような外国語を話す子供たちによって、青島でどのような問題が起こりうるか、それに近いイメージを示すには、上海で昨年行なわれた、外国語を話す子供の受け入れの大幅な拡張に関する資料が必要になります。[36]

ただオーストリアとスイス国籍、ドイツ系アメリカ人の生徒には、外国人の枠外で入学資格を付与するとした。開校当初の入学者は青島の居住者のみであったが、上海総領事を通じての募集が行なわれた一九〇二年の翌年度から、近隣都市からの入学者が増えていった。また親元を離れて通学する生徒のために、青島市内のドイツ人家庭で下宿できる制度が整えられた。一八九五年に創設された上海のドイツ人学校では、一九〇二年度以降、全生徒数の四分の一を超えないという上限を設けたうえでドイツ語を母語としない生徒の受け入れが開始されるが、実際はそれ以前から、ドイツ語を母語としない生徒を受け入れていた。

青島の総督府立ドイツ学校の一九〇六年度の『年次報告』には、在校生六五名の氏名、出生地、生年月日、父親の職業、転入学前の学校名が記載されている。これによれば「ドイツ人ではない子供」は、六五名のうち三名在籍しており、それぞれイギリス国籍(カナダ出身)とアメリカ国籍、オーストリア国籍であった。これらの生徒の父親の職業は、医者、総領事、商人となっており、いずれも父親の社会的地位が考慮されたうえで、転入が許可されていた。[37]この三名以外は、両親ともドイツ人の生徒とされている。上海総領事を介して転入学した三名は父親が税官吏と行政顧問官であり、父親同様の官職を希望したために青島の総督府立ドイツ学校へ転入したと推測される。上海や香港、横浜、神戸のドイツ人学校では、商人の子女が九割近くを占めたが、青島では熟練の手工業者や技術者の割合が高かった。

生徒の出生地をみると、ドイツ生まれの子供が五一名、そのほかは上海三名、広州三名、寧波三名、天津、香港、ブカレスト、アメリカが各一名であった。父親の職業でみると、商人の父親をもつ子供は、ハンブルク、ブレーメン、香港、上海の出身者が大半を占め、政府、軍関係の職につく父親を持つ生徒にはベルリン出身者が多い[38]。

上海のドイツ人学校では、生徒たちのドイツ語力の低下を防ぐべく、課外授業を行なっていたが、青島では在校生の約九割がドイツで出生しており、両親ともドイツ人であった。それゆえ語学環境は本国での暮らしに近く、海外子女に想定されるドイツ語力の問題は少なかった。また同校の授業カリキュラムでは、ラテン語を必修としておらず、第一外国語としてフランス語ではなく、英語の運用能力の向上を推進していた。その理由として、本国で暮らすよりも英語の実用性と必要性は切実であることが挙げられている。また同校の卒業資格を得た者は、本国で一年間の志願兵役に就くことができた。このような兵役を前提としたカリキュラムもまた、ドイツ総督府の植民地政策と連動していたのである。

青島の総督府立ドイツ学校には、中国人や日本人の子供は在籍しておらず、学校規約においてドイツ人との混合婚による子供の入学も認めていなかった。その理由は、ドイツ的教育の維持やドイツ語教育の徹底をはかるためとされた。しかしアメリカ、イギリス国籍の生徒は在籍していたことから、欧米に開放的なナショナリズムといえよう。

ショーウィンドウとしての役割を担った青島では、ドイツ人子女教育におけるモデルケースであった。同地の総督府立ドイツ学校では、ドイツ植民地の「模範的な発展」を示すべく、現地社会の文化や影響を人為的に排除していた。その際、悪しき見本とされたのが、上海のドイツ人学校における「ドイツ人ではない子供」への門戸開放であった。上海では、欧米列強の自治組織や「雑居」を反映し、開放的な学校運営が行なわれていた。しかし青島では、この教育現場における現地社会への開放、それに伴う文化的に多様な生活環境は、国民意識の形成に支障を来たすという理由から、「模範的植民地」にはそぐわないとされたのである。

祖国防衛

「サラエヴォの銃声」が導火線となった第一次世界大戦の勃発は、東アジアに暮らすドイツ人の生活基盤も大きく揺るがすことになる。

『神戸新聞』では、皇帝ヴィルヘルム二世による対ロシア、フランスへの宣戦布告を受けて、神戸に暮らすドイツ人の「ナショナリズムの高揚」を伝えている。

> 欧洲の戰雲愈愈に氣の短い獨逸皇帝は例のカイテル髭を逆立て　茲に宣戰の布告を發し今にも露獨の間に血の雨を降らさそう意氣込み　それで獨逸人の激憤今や高潮に達したことは二日と三日の兩夜當地を出發した勇ましい光景に見ても判る[39]

ドイツの宣戦布告の報を受け、八月三日午後一時頃から神戸市内の各所で『神戸新聞』の号外が配られた。この号外は街じゅうを飛び交い、ドイツ人の手にも渡る。あるドイツ人は、神戸署の通訳を引き止め、号外の内容を訳すよう頼んだ。通訳が号外の内容を簡単に伝えると、そのドイツ人は礼を述べ立ち去った。その光景を目にしていた者によれば、そのドイツ人の顔には、「悲憤慷慨、熱烈なる元氣が漲っていた」という。[40]

また同日、義勇兵として青島に出兵するドイツ人のために壮行会が催された。『神戸新聞』では、「戦士西に向かふ、勇ましき獨逸兵の出發、三宮驛國歌三唱す」という見出しで、三宮駅で催された壮行会の様子を伝えている。同日に青島へ出征した神戸のドイツ人は一三名であった。出征する一三名のドイツ人を四五〇名余りの見送り客が囲み、そのなかには日本人の姿もあった。

送らるる人は國を思ふ獨民の誠心は顔に溢れて互に熱き握手を交しての語り草は敵を倒して我が戰勝の深き覺悟の言の葉のみなりざるが……車室前面のプラットホームよりは勇ましき門出を祝ふ獨逸國歌の歌ひ出されて靴の足拍子も凛々しく歌ひ了れば口々に「皇帝萬歳」を聲高に三唱し手にせる獨逸國旗に帽子半巾を高く打ち振れば列車は茲に汽笛を残して出發せり……戰地に臨まんとする將士の氣は將に第二故郷ともして住み馴れし神戸の地を離れんとして如何の感を載せてぞ行く[41]

皮肉にも、「送らるる人」であったドイツ人の「倒すべき敵」は、見送った日本人ということになる。ただ日本が日英同盟にもとづき、連合国側の一員としてドイツへ宣戦布告を表明するのは、八月二三日のことである。この壮行会が催された時点では、両国は交戦状態にはなかったのである。

このとき出征した神戸のドイツ人は、陸路で下関に直行し、下関から釜山行きの連絡船に乗った。そして釜山から京城、奉天、天津経由で、戦闘地の青島へ向かった。クルト・マイスナーの『日本のドイツ人』によれば、青島攻防戦に参戦するために、予備兵として青島に向かった日本のドイツ人は一一八名を数えた[42]。

一九一四年一〇月、青島攻防戦の幕が切って落とされたが、わずか一週間後には各砲台にドイツ軍の白旗が掲げられた[43]。日本側の記録によれば、ドイツ・オーストリア軍の総兵力は五九二〇名となっている。内訳は、青島および中国北部駐屯の現役のドイツ兵が三七一〇名、青島に集合した在郷軍人が一四二四名、国民軍が一〇五名、オーストリア軍を含む海兵隊六八一名であった[44]。日本軍に降伏した後、英国に引き渡された者と青島残留者を除いた、ドイツ兵四三九二名とオーストリア・ハンガリー兵三〇五名は捕虜として日本に送還され、全国各地の捕虜収容所に収容された[45]。

収容所ではドイツ人捕虜によるドイツ語新聞が刊行され、中国や日本の文献のドイツ語への翻訳活動も進められた。第一次世界大戦後、ドイツ東洋文化研究協会の会長を務めたマイスナーは、徳島県鳴門市の板東俘虜収容所に収容された。流暢な日本語を話すことができたため、マイスナーは収容所所長の日本語通訳を務めた。また収容者向けに日本語授業を提供し、日本語の教科書まで作成したのである。

広島県の物産陳列館(現原爆ドーム)では、ドイツ人捕虜の作品物産展示即売会が開催され、カール・ユーハイムが出品したバウムクーヘンは、当地でドイツ菓子ブームを巻き起こした。バームクーヘンとともに、ユーハイムの名は一躍有名となる。板東収容所のドイツ人捕虜は、日本で初めてベートーヴェンの『第九』を演奏し、地元鳴門の若者たちとともに管弦楽団を結成した。
捕虜のなかには、収容所から釈放された後、家族を中国から呼び寄せ、日本に移住した者もいた。日本に残ったドイツ人の総計は一四一名であり、このなかには、パンや菓子、食肉加工のマイスターの資格を持つ熟練職人が多かった。というのも、日本の食品業者がドイツパン、ソーセージやベーコンの製法を自社で伝授させるべく、これらの熟練職人を厚遇で雇い入れたからである。名の知れたところでは、ドイツパンのハインリッヒ・フロイントリープ、ドイツ・レストランのヘルムート・ケテル、先に挙げたカール・ユーハイムがいた。

青島市内でヨーロッパ喫茶を経営していたカール・ユーハイムは、ドイツ総督府の召集に応じ、青島ドイツ軍守備隊に加わった。青島陥落後、広島の俘虜収容所に収容されたユーハイムは、一九二二年に横浜でドイツ風喫茶E・ユーハイムを創業するが、関東大震災で被災したため、神戸に移住した。そして神戸で、ドイツ菓子「ユーハイム」を創業し現在にいたる。ユーハイムの捕虜仲間ハインリッヒ・フロイントリープは、愛知県半田町の敷島パンの主任ベーカーとして迎え入れられ、一九二五年に独立し神戸でベーカリー「フロイントリープ」を開業した。東京・銀座の「ラインゴールド」は、習志野収容所から釈放されたヘルムート・ケテルが一九二七年に銀座並木通りに開業したドイツ居酒屋である。ドイツ人ジャーナリストという肩書きを持ち、赤軍のスパイとして活動していたリヒャルト・ゾルゲが足繁く通い、諜報活動の拠点としていたのもこの「ラインゴールド」である。現在まで続いているドイツ菓子やパン、レストランの老舗は、これら青島からの捕虜たちによってその基礎がつくられたのである。[46]

第一次世界大戦を経て、神戸や横浜のドイツ人社会の顔ぶれに変化が生じていく。これまで商人や貿易商が中心であった社会のなかに、新たに職人や手工業者が加わることとなったのである。ただ横浜や神戸のドイツ商人が愛用していた社交クラブでは、手工業者には会員資格を与えていなかった。この「商人たちの社交界」から排除された者たちが、「職業、身分格差の克服」を謳ったナチズムに惹きつけられていく。

租界や居留地、租借地、そして収容所という隔離された場所での生活のなかで、彼らの「ドイツらしさ」は強調され、ドイツ的な生活環境が築き上げられた。このような自国の生活文化を誇りとし、それを重んじるという価値基準は、青島からの捕虜を例にとると、収容所での新聞の発行、音楽会や展覧会の実施などにあらわれている。またこの時点に限れば、収容所の管理にあたった日本当局、市井の日本人においても、捕虜への敵対感情や敵国感情は希薄であった。収容所に抑留されていたドイツ人は、捕虜としてというより、むしろ客や教師としての待遇を受けていたのである。そのため手工業や文化面でのさまざまな活動は奨励され、彼らの「ドイツらしさ」は促されていった。

「ドイツらしさ」の追求

一八五〇年代より、ハンザ商人がバタヴィアやシンガポール経由で東アジア市場へ進出していった。間もなくハンブルク、香港、上海間の定期運行が開始され、一八五二年にはハンブルクの領事館が上海に設置される。この時期から、イギリスを中心として新航路の開発が進んだ。最初の商業的接触と海運の関係から、上海ではハンブルク、リューベック、ブレーメンなどハンザ都市の出身者が多数派を形成した。そしてハンブルク、香港、上海を主軸とした流通網が確立し、青島、横浜、神戸へと事業拡大がはかられたのである。

居留地や租界という現地社会と隔絶された場所が提供されたことにより、同国人や同郷人、同じ文化的背景を持つ者同士の結びつきはそれまで以上に強くなる。そこでは教会による布教、社交クラブや学術団体の創設と運営が容認され、スポーツ、余暇、読書、出版や新聞の発行などといった文化活動の場の共有によってドイツ人社会が形成されていく。

社交クラブや学術団体を核としたドイツ人社会の形成は「ドイツらしさ」の追求とも言い換えることができる。この「ドイツらしさ」とは、衣食住、言語、社交、読書、出版など生活文化全般に関わるものであった。ここには、「本国で暮らすのと同様に」という願望が秘められており、現地社会への同化は想定されていなかった。その意味では、東アジアのドイツ人社会は北米におけるドイツ系移民の社会とは異なる「ドイツらしさ」を示している。ただ東アジアにおいては、現地社会に向けられた植民地的眼差しも否定できない。そして、彼らの「ドイツらしさ」の追求は、ノスタルジックなものに留まらず、すぐれて政治的道具ともなり得たのである。

ドイツ帝国の成立、第一次世界大戦の勃発など政治情勢の変化に呼応し、東アジアにおいてもドイツ・ナショナリズムの高揚がみられた。たとえば、第一次世界大戦の青島攻防戦に際しては、東アジアに暮らした民間人による義勇軍が結成された。ここでは祖国防衛という目的で住民が結束し、東アジアのドイツ人の連帯を示すこととなったのである。彼らの国民意識、そこから派生するナショナリズムは、現地社会から切り離されたかたちで展開していったのである。

第二章　東アジアのドイツ人学校

ドイツの帝国主義的膨張が開始され、愛国主義的な風潮が強まりつつあった一九〇〇年前後、アフリカや南米、東アジアでドイツ人学校の創設が相次ぐ。このなかで、一八九五年に創設された上海のドイツ人学校が東アジアでは最も古い歴史を持つ。

これまでみたきたように、「ドイツらしさ」の追求は、居留地や租界におけるドイツ人社会の形成、あるいは戦時動員というかたちで実践されてきた。ドイツ商人の滞在目的は、あくまで商売や事業であり、北米に渡った移民のように、永住や帰化を想定したものではなかった。また商人以外にも、手工業者や技術者、お雇い外国人など、大学や高等学校等で教鞭をとる者も増えていったが、彼らもやはり一定期間の職務を終えて帰国するため、現地社会に根を下ろし、同化していく存在にはならなかった。居留地や租界といった現地社会と切り離された場所に居住することを強いられたため、同じ文化的背景をもつ者同士の結びつきはそれまで以上に強まった。そして本国の文化や価値観を共有する社会が形成されたことにより、「ドイツらしさ」は保持され、それを促進する志向が育てられた。それゆえ彼らの子供たちも、ドイツ人らしくドイツ語を話し、ドイツ的な教育を受けることが望まれたのである。この「ドイツらしさ」への志向は、どのように教育現場に反映されたのだろうか。本章では、ほかの都市のドイツ人学校と比較しつつ、上海のドイツ人学校の特色と政治的背景に即した移り変わりをみてみよう。[1]

ビスマルクの誕生日に合わせた開校

上海におけるドイツ人学校の創設は、一八九四年の夏からドイツ福音教会の牧師であったハインリッヒ・ハックマンが自宅にドイツの子供たちを集め、ドイツ語の読み書きを教えていたのがきっかけとなった。当初一二名ほどの子供たちが牧師の個人授業に参加していたが、その輪が次第に広がり、参加希望者は二〇名を超えるようになった。[2] このような状況を受けて、子供たちの両親から上海のドイツ人子女のための学校設立の要望が持ちあがった。当時のドイツ総領事は、父母たちの要請に応えるべく、ドイツ外務省に学校創設のための申請を行なった。一方で、学齢期の子供を抱えた両親を会員とした学校協会が設立される。学校協会では、まず校舎を確保し、設備を整え、教材用具を揃えたうえで教員の募集を行なった。

一八九五年、ドイツ外務省から学校設置の許可が下り、そのための補助金が支給された。海外のドイツ人学校の管轄は、外務省の文化局である。学校協会では、オットー・フォン・ビスマルクの誕生日に合わせて開校する準備を進めていた。そしてビスマルクの名前を学校名とするべく、外務省を通じてビスマルクに許可を求めた。その後、ビスマルクから署名入りの肖像画が届けられ、校名をビス

図6　ドイツ福音教会に付属している上海ドイツ学校の校舎

図7　上海ドイツ学校の全校生徒(1898年撮影). 後列の中央が創設者であり, 学校長のハックマンである.

マルク・シューレとすることが承諾された。シューレとは、ドイツ語で「学校」を表わす。

ビスマルクの八〇歳の誕生日にあたる一八九五年四月一日、二三人の生徒を迎えて、東アジア最初のドイツ人学校が産声をあげることになる。この当時、ビスマルクは皇帝ヴィルヘルム二世と衝突し、政治の表舞台からは退いていたが、その人気は上海のドイツ人社会においても衰えてはいなかった。

しかしドイツ外務省の記録には、学校名は上海ドイツ学校(Deutsche Schule Shanghai)と明記されており、ビスマルク・シューレ案は外務省の意向で破棄されたようである。正式には上海ドイツ学校と登録され、ビスマルク・シューレという学校名が使われることはなかった。なお同校の中国語表記は、「上海徳国学校」とされている。

上海ドイツ学校の学校協会規約には、教育、運営方針として、①ドイツ語を母語とする子供を対象として、②高等教育の準備機関とすること、さらに③ギムナジウムのカリキュラムを導入すること、④すべての授業をドイツ語で行なうこと、⑤宗派的な属性は持たないこと、⑥男女共学などが打ち出されている。

ここでは宗派的な属性は持たないとしているが、牧師が事実上の創設者であり、学校協会会員においてもプロテスタントが多数派を形成していたために、福音教会とのつながりが強かった。ただ生徒のなかには、南ドイツ、オーストリア、スイスの出身者がおり、彼らはカトリック教会で洗礼を受けていた。生徒の父親の職業は、商人や貿易商が大勢を占めている。[3]

開校当初は、共同租界の黄浦江に面した借家を校舎として使用し、牧師と補助教員として採用された二名の父母が持ち回りで授業を担当した。授業科目は、ドイツ語の読み書きや簡単な算数、英語、フランス語の授業が主であり、中国語の授業は導入されていない。また図画や唱歌、体育、女子生徒を対象とした針仕事なども補習授業として行なわれた。ただ学年別の学級編成はできず、それぞれの習熟度や希望に応じて授業科目を選択させていた。牧師を含めた三名とも教員養成課程を修了しておらず、専門教育には限界があったといえる。[4]

上海ドイツ学校は、ドイツ人子女を対象として、本国の教育システムにのっとった学校であり、授業はすべてドイツ語で行なうものとしていた。しかし開校当初より、ドイツ人以外の入学希望者も絶えなかった。開校から六年目の一九〇一年度の生徒名簿をみると、全校生徒五二名のうち、ドイツ国籍の保有者が三六名、ドイツ以外の国籍の保有者が一六名となっている。同じ五二名を対象として、両親の母語を調べたところ、少なくとも片親はドイツ語を話すという生徒が四三名、残り九名が両親ともドイツ語を話さない家庭に育っていた。ドイツ国籍を持たずとも、ドイツ語を母語としている生徒は、スイス人やオーストリア人、シュレージエンやズデーテン地方の出身者である。[5]

翌一九〇二年度、上海ドイツ学校はドイツ語を母語としない生徒の割合について上限を設け、全校生徒の四分の一を上回らない限りにおいて、受け入れていく方針を打ち出した。上限を設けた理由は、ドイツ語による授業進行を妨げないようにするためおよび生徒のドイツ語力の低下を防ぐためであった。

上海ドイツ学校の学校運営のスタイルを受け継いだ神戸のドイツ人学校も、ドイツ語を母語としない子供を全校生徒の四分の一を上回らない限りにおいて、受け入れていく方針を示していた。[6] 香港のドイツ人学校では、母語の調査記録はないが、生徒の五五パーセントがドイツ人であり、残りはドイツ人以外の生徒で占められていたことがわかっている。[7]

同じ時期にドイツの租借地であった青島の総督府立ドイツ学校は、生徒全員に原則として両親ともドイツ国籍を保持していることを入学の条件としていた。同校では、英語圏の出身者を例外として、「ドイツ人ではない子供」に対して、転入学を認めていなかった。しかし租借地喪失後の一九三一年の統計では、全生徒数比で四分の一程度の割合で、「ドイツ人ではない子供」が在籍していた。総督府（ドイツ帝国海軍）から学校協会へと運営母体がかわり、かつての植民地政策と連動した学校運営から一転したのである。

イギリスの租借地であった香港、外国資本の東アジア貿易の拠点であった上海、神戸のように、欧米諸国の商人や貿易商が商売に従事していた都市では、そのコスモポリタン的な性格が学校運営にも反映されていた。

「ドイツ人ではない子供」の存在に加えて、地域共同体と密着した学校運営も、上海ドイツ学校の特色である。ここでは生徒の父母や地元企業が学校協会を設立し、学校運営に直接携わっていた。さらには父母による諮問委員会が結成され、学校運営、授業カリキュラム、教員人事などの決定権を行使した[8]。上海から、香港や横浜、神戸へとドイツ人学校の設立は枝葉のように広がっていくが、この地域共同体に密着した父母参加型の学校運営は、東京や神戸のドイツ人学校にもあてはまる。

上海に次いで、まず一八九九年に青島で総督府立ドイツ学校、一九〇〇年に香港で教会付属の中等学校、一九〇二年には再び青島でフランシスコ修道会付属の女子寄宿学校が創設された。横浜では、学校創設に先駆けて学校協会が設立され、一九〇四年に横浜ドイツ学園が創立する。同校は、一九二三年九月の関東大震災のため一時的に閉鎖となり、同年一一月に東京・大森に移転した。また神戸においても、ドイツ人家庭での個人授業が広がり、一九〇九年に神戸ドイツ学院が開校した[9]。

東アジアのドイツ人学校(1905年度)

青島総督府立ドイツ学校(実科ギムナジウム)
運営母体：ドイツ帝国海軍
1899年創立，学級数：7クラス，教員数＋補助職員：4＋4名
生徒数：52名，ドイツ人生徒の割合：100%
プロテスタント：88%，カトリック：12%

青島女子学校(女子寄宿学校)　運営母体：フランシスコ修道会
1902年創立，学級数：不明，教員数＋補助職員：11＋1名
生徒数：42名，ドイツ人生徒の割合：不明
プロテスタント：0%，カトリック：100%

香港ドイツ学校(小学校・中等学校)　運営母体：ドイツ教会・ドイツ学校協会
1900年創立，学級数：3クラス，教員数＋補助職員：4名
生徒数：22名，ドイツ人生徒の割合：55%
プロテスタント：90%，カトリック：10%

上海ドイツ学校(小学校・実科ギムナジウム)　運営母体：ドイツ学校協会
1895年創立，学級数：4クラス，教員数＋補助職員：5＋2名
生徒数：46名，ドイツ人生徒の割合：66%
プロテスタント：82%，カトリック：11%

横浜ドイツ学園(小学校・中等学校)　運営母体：ドイツ学校協会
1904年創立，学級数：2クラス，教員数＋補助職員：2名
生徒数：9名，ドイツ人生徒の割合：100%
プロテスタント：不明，カトリック：不明

(出典：Amrheim, Hans, *Die Deutsche Schule im Auslande*, Leipzig 1905, S.62f.)

これらの学校のなかで、青島の総督府立ドイツ学校は上海スタイルを引き継いでおらず、運営方針を異にしている。同校はドイツ帝国海軍が運営母体であり、入学者の選考、教員人事、カリキュラム等については、総督府が決定権を行使した。生徒の募集は、上海総領事を通じて行なわれ、東アジア全域を対象としていた。入学者の選考基準として、両親の国籍と職業が考慮に入れられ、中国人の子供はもとより、ドイツ人との混合婚による子供に対しても、入学を認めていなかった。模範的植民地の青島においては、現地社会への閉鎖性、排他性が学校運営にも反映されていたのである。

本国に先んじた「宗派平等」

学校教育は近代ドイツの社会階層の形成に密接に関わっており、学歴は社会階層を位置づける指標ともなる。高等教育機関であるギムナジウムに入学すれば、アビトゥア（大学入学資格試験）を受験した後、大学進学の道が開かれる。もう一つの進路は、国民学校から職業訓練を兼ねた実科学校へ進み、熟練職人や手工業者になることを目指す。現在にも引き継がれる複線型の学校体系は、第二帝政期に確立したものである。このような学校体系ゆえ、大学教育を受けた人と職人のふたつの進路が交差することはなく、職業とともに社会階層が固定化されていった。

ドイツ本国では、帝政期を通じて中等学校への進学者が同一年齢人口の一割にも満たず、さらにそのなかでアビトゥアを取得して大学に進学する者は一パーセント台で、二パーセントを越えるのは一九一〇年代に入ってからである。つまり当時のドイツでは、同一年齢人口のおよそ九割が高等教育とは無縁であり、教養市民層への登竜門とされたアビトゥアの受験は、厳選された者のみがくぐることのできる狭き門だったのである。たとえば商人や貿易商のような経済市民層の子女が、大学進学により教養市民層の仲間入りを果たせば、次の世代の社会上昇が約束されることになる[10]。

上海をはじめ、一九〇〇年前後に東アジア諸都市で創立されたドイツ人学校の多くは、ギムナジウム、あるいは実科ギムナジウムである。実科ギムナジウムは、プロイセンにおいて導入されていた学校体系である。実科ギムナジウムとギムナジウムは、九年間のカリキュラムが組まれており、最終学年では、大学入学資格に相当するアビトゥアを受験することができた。九年間の課程で、最初の五年間はギムナジウムも実科ギムナジウムも共通したカリキュラムが組まれており、第一学年では、第一外国語としてフランス語、第四学年からは第二外国語として古典語であるラテン語の授業を履修する。ギムナジウムが古典的な教養を重視し、大学進学後もその知識を前提とした専門研究を担うことになる者が対象であったのに対し、実科ギムナジウムは、古典語の専門知識を必要としない職種を希望する者に適していた[11]。

東アジアのドイツ人学校は、プロテスタントの家庭の生徒が多数を占めていた。しかし学校規約にある通り、宗派的な属性は持たず、カトリックやギリシア正教の生徒も一定程度は在籍していた。一方、同時期の本国では、その大半が宗派学校であり、教師も生徒もプロテスタントだけ、あるいはカトリックだけというように宗派によって分離されている。

文化闘争後のプロイセンでは、自由主義者を中心に宗派混合学校の普及が目指されていたが、宗派混合学校は、とりわけカトリック教会からの反対が強く、浸透することはなかった。一八八六年から一九〇六年の間、就学年齢に達するカトリックの子供の九割が同宗派の学校に通い、プロテスタントにおいては九割を越える子供たちが同宗派の学校に通っており、宗派混合学校の人気はいたって低かったのである。[12]

カトリック政党である中央党のお膝元のバイエルン州では、国民学校の七〇・六パーセントがカトリック、そして二六パーセントがプロテスタントの宗派学校、ユダヤ学校が一・二パーセント、残りの二・二パーセントが宗派混合学校であった。[13] すなわち本国の学校においては、在校生の宗派と母語、国籍がほぼ同一であったのに対して、東アジアにおいては、それらが画一的ではなく、さまざまな文化的背景を持つ子供が集うという状況にあった。上海や神戸、横浜、青島のドイツ人学校では、時代を先取りするかたちで、宗派平等の原則が学校運営において導入されていたことになる。

ここで上海、神戸という二つの開港都市におけるドイツ人学校の創設と運営を担ったドイツ人の典型を導いてみよう。まず職業でみると、商人や貿易商が圧倒的多数を占め、経済市民層に分類される。また宗派的には、ハンザ同盟都市の出身者が多数派を構成したため、プロテスタントが多数を占めた。ただ多数派といっても宗派的な属性は、学校運営には反映されないため、学校は他宗派の生徒も受け入れていた。あくまで高等教育の準備機関として機能すべく、ラテン語の習得が重要視され、学校制度や授業カリキュラムとその水準においては、次世代の社会上昇を望む多数派の意向が先行していたといえる。

一方、青島の総督府立ドイツ学校は、実科ギムナジウムのカリキュラムを導入していた。青島に暮らすドイツ人の職業は、商人社会を形成していた香港、上海、神戸に比べて手工業者や技術者の割合が高かった。これは国営事業による鉄道敷設や鉱山採掘、青島の都市開発、ビール醸造や食肉加工の技術導入等の殖産興業と関係している。また青島は東洋艦隊の拠点であったことから、ドイツ海軍関係者の子女も多く在籍していた。また決められた課程を修了した生徒は、本国で志願兵役に就くことのできる特典を設けるなど、植民地政策と連動した学校運営がなされていた。

上海カイザー・ヴィルヘルム・シューレ

一九〇一年一〇月、上海ドイツ学校の創設者である牧師のハックマンが帰国し、後任の牧師が教会と学校の職を兼任することになった。また専門科目を教えることのできる教員が必要となり、ウラジオストクに住んでいたドイツ人教員を一名、さらに本国から一名を招聘した。生徒数の増加に伴い、教室の確保と設備拡充の必要から、一九〇一年に新校舎に移転した。しかし校庭のスペースをとることができず、生徒たちは休み時間になると学校の前の道路や隣接していたホテルの中庭で遊んでいた。このような状況を憂慮した学校協会は、校庭設置のための土地を購入することを決議した。

一九〇五年七月、学校協会は現校舎から近い場所で、校庭と体育館が併設できる土地を確保した。しかし、土地購入にかかる資金繰りに頭を抱えることになる。折りしも、翌一九〇六年二月二七日、ドイツ皇帝のヴィルヘルム二世と皇后は銀婚式を迎え、ドイツ皇室からの寄付金により新校舎設立のための土地購入が可能となった。皇室から寄付金を受けたため、一九〇六年度より学校名をカイザー・ヴィルヘルム・シューレと改称した。一九〇六年四月二三日、ドイツ総領事館やドイツ人クラブ、ドイツ系商社の従業員が集い、新校舎の完成とカイザー・ヴィルヘルム・シューレへの改称を記して、盛大な式典が催された。[14]

学校名の変更に合わせ、上海カイザー・ヴィルヘルム・シューレは運営母体を同じくしていた教会から独立した。校舎内にあった牧師用の個室は取り払い、学校の近隣に牧師の住居を用意した。必須科目であった宗教の授業も課外授業とし、プロテスタントの生徒のみ任意で参加することになった。学校名を新たにした同校は、教会組織から離れ、教育の現場から宗教色が払拭されていく。

一九一一年一一月には就学前の幼児たち、とりわけドイツ語を母語としない子供を対象にドイツ語の会話力を身に付けさせる目的で幼稚園が併設された。開校当初の教員採用は現地採用という形式がとられたが、一九一〇年前後からドイツ外務省を通じて採用されるようになった。このような本国からの教員招聘は、授業の専門性と水準の向上を念頭に置いていたものと考えられる。一九一二年度には、同校で初めて中等教育の卒業試験が実施された[15]。

一九一三年度、上海カイザー・ヴィルヘルム・シューレの全校生徒数は幼稚園の園児も含めて一一二名に達し、この年初めて、幼稚園からギムナジウム課程最終学年までのすべてのクラスが揃った。教員は、学校長を含む常勤の教員が七名、教務補佐が二名、幼稚園専属の保母が一名勤務していた。一九一四年七月に同校で実施された中等教育修了試験には、北京のドイツ大使館から専門官も視察に訪れた。専門官の審査により、上海での卒業試験が本国のそれと劣らない水準に達していることが認められる[16]。

開校から二〇年、上海カイザー・ヴィルヘルム・シューレは生徒数の増大はもとより、学校制度を拡張、充実させていった。同校は、父母やドイツ企業の従業員、ドイツ人クラブの会員で結成された学校協会が学校運営の主体を担っていた。たとえば新校舎への移転、設備拡充、教員人事、指導要領、教会組織からの独立など学校運営の重要な事項は、すべて学校協会が決定権を有した。また地元のドイツ企業の従業員やドイツ人クラブの会員が学校協会の役員に名を連ね、多額の寄付をしており、彼らの発言も大きな影響力があったのである。

図 8　上海カイザー・ヴィルヘルム・シューレの新校舎（1926 年撮影）

サラエヴォの銃声

一九一四年六月、上海カイザー・ヴィルヘルム・シューレの教職員は、各々の休暇先で「サラエヴォの銃声」を聞きつける。学校長は教員一名を同伴して、ジャワ島で休暇を過ごしており、二名の常勤教員がドイツに帰省していた。学校長を含めた四名が休暇先で足止めとなってしまう。また男性教員のなかには、志願兵として青島に向かう者もいた。教員不在のため、冬学期からの授業再開の見通しはつかなくなった。学校では学校長を含む男性教員、学校協会役員、家庭においては家父長が不在となり、女性と子供のみが上海に残されたのである。

プロテスタント教会の牧師が一時的に校長職に就き、ドイツ人家庭の主婦のなかから、高等教育を受けた者や教職経験者が臨時教員として、教壇に立つことになった。教員不足が続いたなかで、生徒の数は倍増し二〇〇名を越える。というのも戦場となった青島から、ドイツ人の子供たちが上海に疎開してきており、その子供たちを上海カイザー・ヴィルヘルム・シューレで受け入れることになったのである。一学級の人数は二〇名から二五名に膨れ上がり、従来の校舎では教室不足となった。そのため、会員の多くが青島に出兵していたドイツ人クラブは、建物の一部を教室として上海カイザー・ヴィルヘルム・シューレに提供した。またドイツ語書籍を扱う書店が閉店したために、人数分の教科書を確保できなくなった。そこで地域のドイツ人家庭に呼びかけ、使い古しの教科書や古本を集めたり、教科書を年度末に上級生から下級生に譲渡する制度を導入した。そして通常授業に加えて、遠足やハイキング、工場見学や企業訪問などの社会学習も実施される。さらには、戦地に赴くドイツ兵のための壮行会などに参加することもあった[17]。

ドイツの無制限潜水艦宣言を受けて、アメリカがドイツに宣戦布告をしたのは一九一七年四月である。中国はアメリカよりも三か月遅れて、ドイツに宣戦布告し、連合国側に加わっている。親独派で知られていた孫文は、ドイツから活動資金の援助を受けており、ドイツの敵国へとまわることについては最後まで反対しており、国民党のなかには親独感情が依然強かったという[18]。

中国がドイツに宣戦布告し、国交が断絶した後も、上海カイザー・ヴィルヘルム・シューレは、引き続き通常授業を行なうことができた。国交断絶により、ドイツ総領事館は業務停止となり、ドイツ企業の商業活動も一時的に禁止されるが、学校は営利目的ではないという理由で、授業の続行が認められたのである。ドイツの対戦国となったイギリス、アメリカなどの国籍を持つ生徒についても、退学や転校などの措置はとられなかった[19]。一九一六年度の生徒名簿によれば、全校生徒二〇一名のうちドイツ国籍の生徒は一八六名、ドイツ以外の国籍の生徒が一五名となっている。母語で分類すると、ドイツ語を母語とする者が一九三名、それ以外が八名、また同年度の中等教育修了試験においては、ドイツ国籍の受験者が四名、アメリカ国籍一名、旧ロシア帝国領の出身者が一名と記録されている[20]。

一九一九年三月、共同租界の工部局は敗戦国となったドイツ人の商取引や業務の停止、学校の閉鎖を宣告した。またドイツ総領事をはじめ、外交官とドイツ人学校の教職員にも、強制退去の勧告が下される。上海カイザー・ヴィルヘルム・シューレの生徒の多くも、家族とともに引揚げていった。

ヴェルサイユ条約の規定によって、ドイツは膠州湾租借地を喪失したため、一九二〇年四月一日の引揚げ船で、青島にいたドイツ人の大部分が帰国した。当地の総督府立ドイツ学校は正式に閉校となり、校舎は日本当局により押収される[21]。

ただ日本の捕虜収容所に抑留されていた者が二〇〇〇名近くおり、その家族は中国に留まっていたために、就学年齢の子供が上海には七〇名ほど残っていた。しかし校舎および教室設備、教材は押収されたままであった。戦時期間中、臨時の校長代理を務めていたドイツ人牧師が中心となり、授業を再開すべく準備が進められた[22]。

一九二〇年一月には、日本に抑留されていたドイツ人およびオーストリア人捕虜が釈放され、上海に留まっていた家族とともに帰国した。学校協会のメンバーの多くも帰国し、上海カイザー・ヴィルヘルム・シューレの全生徒数は一八名にまで減少した。また幼児の数の減少を受け、付属の幼稚園も閉鎖となった。押収された校舎は、同済徳文医学堂に引き継がれ、さしあたり教会や個人の邸宅を間借りして個人授業が行なわれていたが、学校閉鎖もささやかれていた。

一九二一年五月二〇日、「平和状態回復のためのドイツ・中国条約」が北京で調印され、両国間の国交の正常化がはかられた。ドイツは、ほかの欧米諸国に先駆けて中国との不平等条約を改正し、中国のドイツ人の治外法権は撤廃されることになった。一九一九年四月の時点において、中華民国大総統であった徐世昌は、中国の主権回復を念頭に置き、新たな条約の締結においては、相手国の治外法権を認めない旨を宣言していた。ドイツは第一次世界大戦中に中国と国交断絶したために、中国にとって新たな条約締結国となったのである[23]。この不平等条約の改正は、独中間の経済的な緊密化を促進することとなったのである。

第一次世界大戦後、ドイツは爆発的なインフレに陥り、それが経済破綻を引き起こしたが、グスタフ・シュトレーゼマンによる経済再建と協調外交の推進により、一応の収束に向かう。戦後に引揚げた貿易商たちも、商売を再開するために上海に戻り始める。そして一九二七年には、上海のドイツ系商社の数は再び二〇〇を越えるようになった。

上海カイザー・ヴィルヘルム・シューレは、ドイツと中国の国交回復を盾に交渉を重ね、一九二二年一月、押収されていた敷地と校舎、設備などの返還を実現させる。[24] そして一九二二年二月一日より、元の校舎で授業が行なわれる運びとなった。一九二五年度以降、再び生徒数は一〇〇人を越えるようになり、付属の幼稚園も再開された。ドイツ経済の再建と独中間の通商再開とともに、上海のドイツ人社会もふたたび活気を取り戻していったのである。

この時期、日本からのドイツ人の引揚げが相次ぎ、神戸ドイツ学院は生徒数の減少を受けて、閉校寸前となった。同校付属のドイツ人幼稚園は開園から二年目で閉鎖となり、全校児童数は九名にまで減少した。校舎は売却され、学校長を除く教職員は解雇となった。授業は、差し当たり領事館の一室で行なわれていたが、やがて学校長の自宅に移った。一九二〇年九月三〇日に招集された同校の学校協会の会合では、学校閉鎖が議題とされていた。

しかし一九二三年九月の関東大震災が、神戸ドイツ学院の閉校の危機を乗り越える契機となった。東京や横浜で被災したドイツ人家族が神戸に移住し、ドイツ人の人口、経済的比重、そして子女教育の拠点も関西に傾いたのである。震災直後の一九二三年の時点で、神戸ドイツ学院の生徒数は、東京、横浜地域からの転校生一二名を迎え、二七名となった。またドイツ企業の関西への移転を受け、学校協会の会員数は正規会員、企業会員ともに増加した。[25] 一方、横浜ドイツ学園は震災によって校舎が倒壊したため、東京・大森に移転し、学校名を東京ドイツ学園と改称した。

総督府立ドイツ学校の閉校から四年後の一九二四年四月二八日、青島にドイツ人学校が開校した。同校は一八九九年に創設された総督府立ドイツ学校とは運営母体が異なり、父母と地元企業を会員とする学校協会による学校運営が行なわれた。植民地政策と連動していた学校運営とは一転し、この青島のドイツ人学校は、「ドイツ人ではない子供」に門戸を開いていく。奉天(現在の瀋陽)においても、一九二四年に個人授業の輪が広がり、翌二五年には生徒七名と教員一名を迎えて、奉天ドイツ学校が開校した。ハルビンには、ロシア革命以降に流入したドイツ系移民と「帝国ドイツ人」の居住区があり、双方からドイツ人学校創設の要望が出ていた。まず一九二七年一〇月に幼稚園、そして一九三〇年一二月に小学校が創設され、学校名を時の大統領パウル・フォン・ヒンデンブルクに因んでヒンデンブルク・シューレとした。

ヴァイマルの息吹

ヴァイマル期の教育改革は、ヴァイマル憲法の規定した教育の機会均等、学校と教会の分離を前提としていた。一九二〇年の全国教育会議において出された具体案に沿って、就学や進学、学校運営、制度的な改革がなされた。まず義務教育は基礎学校とそれに続く一八歳までの期間とし、国民学校の学費および教材を無償化した。また義務教育のうちの基礎学校の三年間は四年間へと延長された。この基礎学校の次にくるのが、大学進学を前提とするギムナジウムと実科ギムナジウム、職業訓練を前提とする実科学校、その混合型の高等学校であった。

機会均等に基づいた一連の改革は、両親の経済的、社会的地位ではなく、子供それぞれの能力や素質による進路選択を原則としたもので、教育を媒介とした次世代の社会上昇の可能性を切り開くこととなった。また国民学校においては、宗派平等の原則を打ち出し、宗教科目については、正規の科目

東アジアのドイツ人学校の在籍生徒調査(1931年度)

中国　漢口ドイツ学校(1913年創立)
生徒数34名:「帝国ドイツ人」31名，その他3名，
この地域のドイツ人人口*約200人
北京ドイツ学校(1914年創立)
生徒数34名:「帝国ドイツ人」23名，その他11名，
この地域のドイツ人人口約200人
上海カイザー・ヴィルヘルム・シューレ(1895年創立)
生徒数216名:「帝国ドイツ人」139名，その他77名，
この地域のドイツ人人口約1500人
天津ドイツ学校(1909年創立)
生徒数71名:「帝国ドイツ人」43名，その他28名，
この地域のドイツ人人口約500人
済南府ドイツ学校(1923年創立)
生徒数12名:「帝国ドイツ人」12名，その他0名，
この地域のドイツ人人口約50人
青島ドイツ学校(1924年創立)
生徒数37名:「帝国ドイツ人」27名，その他10名，
この地域のドイツ人人口約200人
満洲　ヒンデンブルク・シューレ(ハルビン，1927年創立)
生徒数56名:「帝国ドイツ人」12名，その他44名，
この地域のドイツ人人口約100人
奉天ドイツ学校(1925年創立)
生徒数20名:「帝国ドイツ人」15名，その他5名，
この地域のドイツ人人口約120人
日本　神戸ドイツ学院(1909年創立)
生徒数37名:「帝国ドイツ人」30名，その他7名，
この地域のドイツ人人口約300人
東京ドイツ学校**(1923年創立)
生徒数49名:「帝国ドイツ人」44名，その他5名，
この地域のドイツ人人口約500人

*ドイツ人人口は「帝国ドイツ人」の人口を指し，旧ソ連からのドイツ系難民や移民は含まない.
**東京ドイツ学園は，1904年に創設された横浜ドイツ学園の後身にあたる．同校は，関東大震災(1923年9月)により校舎が倒壊し，生徒及び教員を含む住民の多くが被災したため，東京・大森に移転した.
(*Ostasiatische Rundschau*, Jg. 15. Nr. 5. Hamburg 1. März 1934, S.93–113.)

としながらも、教師および生徒ともに強制されないものとしている。[26]

ドイツは地方行政の単位として州の独立性が強く、州ごとに政府と議会、裁判所を持ち、文部行政においても各州の文部省が大きな権限を有していた。一九二八年以降、各州の文部大臣と国の担当大臣は、学校制度に関して一定の統一性を持つことを定めた。[27]

教育改革において、社会的出自や宗派の対立が背後に退くと同時に、これらの対立を乗り越えた「ドイツ人」としての文化と教養、それを基盤とする国民意識が前面に打ち出されていく。この改革の構想は、中等教育のカリキュラム改革として具体化した。たとえばギムナジウムおよび実科ギムナジウムでは、古典文化教育の重視に対する批判が起こり、ラテン語の授業時間数が大幅に削減され、その代わりとしてドイツ語、地理・歴史の授業時間が増やされた。

ドイツ外務省の管轄下にあった海外のドイツ人学校では、一連の教育改革はどのように導入されていたのだろうか。学校運営における宗派平等の原則は、上海カイザー・ヴィルヘルム・シューレでは開校時より導入されており、教会との分離についても本国に先駆けて実現していた。基礎学校の期間の三年間から四年間への延長、古典語の授業時間数の削減、ドイツ語、地理・歴史科目の授業時間数の増加は、上海カイザー・ヴィルヘルム・シューレにおいても本国と並行して行なわれている。

このカリキュラム改変に加えて、上海カイザー・ヴィルヘルム・シューレではドイツ語を第一言語としない生徒のために、彼らを対象としたドイツ語の補習授業を設けていた。また一九二三年六月の父母会では、第一外国語としてフランス語ではなく、実用性の高い英語を導入すべきであるという提案がなされ、承認された。さらに一九三一年度より、中国人教員による中国語の授業がカリキュラムのなかに組み込まれた。

上海カイザー・ヴィルヘルム・シューレでは、本国の教育改革を反映しながらも、両親の希望や地域性を踏まえて、独自の授業カリキュラムを組んでいた。上海に拠点を置いて商業活動に従事していたドイツ商人は、日常的に英語を用いており、本国で暮らすよりも英語の実用性は高かった。上海のドイツ商人が子供の外国語科目の選択において実用性に重きを置いていたことも、彼らの社会階層を反映したものであった。また一九三〇年度以降、正規の授業カリキュラム以外に、フランス語と中国語の運用能力をつけるための課外授業が開講され、そのための外国人教員も採用された。

故郷の時間

上海カイザー・ヴィルヘルム・シューレでは、放課後を利用した特別授業と称して「故郷の時間」(Heimatstunde)が設けられた。「故郷の時間」は、外国で生まれ育ち、ドイツを訪れたことのない生徒を対象として、ドイツの地理や歴史、文化を学ぶ時間とされた。具体的には、ドイツの風景や建築物の写真映像、文学作品などを鑑賞するというものであった。この授業は、ドイツで過ごした経験のない生徒に故郷への理解と親しみを覚えさせることを目的としていた。[28] こういった風景や建築物、文学作品や歴史などの文化的背景を共有することが、国民意識やアイデンティティの形成に寄与すると考えられたのである。またドイツ人の子供に対して、教育課程の少なくとも一定期間を本国で過ごす、あるいは職業訓練を行なうことが奨励された。[29]

北京のドイツ人学校では、本国の学校と提携し、同年代の子供たちとの間での文通を奨励した。本国の学校に通う生徒たちから寄せられた手紙は、学校単位でまとめられて北京のドイツ人学校に届けられた。そして学校側が文通相手を照会し、本国の子供たちからの手紙に返事を書き、各々の手紙を再び学校が取りまとめて小包で郵送するというかたちがとられたが、一度に取りまとめられる手紙の数は二〇通を越えないものとされた。

一九三四年から三六年までの間、北京のドイツ人校の生徒は、フンリュック地方のメールシード国民学校とボーデン湖畔の町リンダウにある女子高等学校の生徒たちと定期的に文通を行なっていた。北京のドイツ人学校の生徒は、ドイツからの手紙に感激し、届けられた手紙の一通一通に丁寧な返信を書いたという。[30]

ドイツを離れて暮らしいる子供たちにしてみれば、本国で暮らす同年代の子供の生活環境や日常、学校生活、また彼らの興味関心の対象を知ることはこのうえない刺激となった。また逆に、本国の生徒たちにしてみても、異国の文化と社会、中国におけるドイツ評、同年代の子供たちの言葉で語られる「生の声」に好奇心を掻き立てられた。

この文通は、ドイツ人の子供が自らの「ドイツらしさ」に根ざした国民意識を強めること、また「ドイツ人ではない子供たち」がドイツ的な精神、文化に対しての理解を深めることを目的として、学校側が奨励したものであった。

東アジア随一の進学校

一九二八年三月一二日、上海カイザー・ヴィルヘルム・シューレはドイツ内務省の通達により、「お墨付き」を得ることになる。同校は、学校制度はもとより授業進度や水準、生徒の習熟度において、本国の中等教育機関と同じレベル、進度を持つ学校として正式に認定を受けたのである。この認定によって、外務省からの補助金も受けられるようになった。また学校長独自の裁量と判断によって、アビトゥアと中等教育修了試験を実施することが可能となった。

一九三三年一〇月に行なわれた、生徒全員の所属学年と年齢の調査によれば、同学年において最年少と最年長の生徒では平均して二年から三年ほどの開きがあるが、卒業時にその年齢差は縮まっている。低学年やそれに続く学年の在校生の年齢差は、留年や落第、早期入学が原因とされている。[31]ただ本国の一例と比較して、上海カイザー・ヴィルヘルム・シューレの生徒の平均年齢は低く、本国と比べると卒業時には二年近くの年齢差があった。すなわち上海カイザー・ヴィルヘルム・シューレの生徒の方が留年や落第が少なかったと考えられる。また就学年齢に達する満六歳前に入学させている例も多く、それが各学年の平均年齢を下げる要因ともなっていた。開校当初、授業進行に支障をきたすとされた、ドイツ語を母語としない子供の存在は、全体的なレベル低下や授業進度の遅れとは無関係だったのである。

漢口、上海、済南府、青島、奉天、神戸、東京の七校のドイツ人学校が実施した進路調査によれば、卒業後は進学準備を兼ねた休暇をとると回答している者が一二八名のうち四一名と最も多く、本国留学と東アジアのドイツ人学校に進学する者は同じ数であった。実科学校やギムナジウムに相当する教育機関が併設されていない小規模の学校では、イギリスやアメリカ、カナダ系のインターナショナル・スクールへ進学しているケースもあった。たとえば、一九三五年度の神戸のドイツ人学校の卒業生五名のうち三名がイギリス系の神戸ウィンザー・ハウス・スクールに、カナダ系の神戸カナディアン・アカデミーと東京のドイツ人学校に各一名が編入していた。[32]

そのほかにも初等教育をドイツ人学校で受けさせ、中等教育以降は英語による授業を実施するインターナショナル・スクールに編入させる例も見受けられた。上海カイザー・ヴィルヘルム・シューレは、青島、天津、北京、さらには日本からの入学、転入希望者も多く、知名度の高さをうかがわせる。またアビトゥアの受験に備え、子女のみを上海カイザー・ヴィルヘルム・シューレに単身留学させている家庭もあった。

極東協会がハンブルクで発行していた経済誌『東アジア・ルントシャウ』は、上海カイザー・ヴィルヘルム・シューレの教員の経歴についても言及している。それによれば、同校に勤務する常勤の教員一二名のうち五名が、大学を卒業し、学位を取得していた。上海カイザー・ヴィルヘルム・シューレ以外のドイツ人学校では、大学の学位取得者は多くて一、二名であり、一人もいない学校の方が多かった。アビトゥアの受験者向け授業カリキュラムが組まれていた上海カイザー・ヴィルヘルム・シューレでは、専門教育の必要性から教員の質は総じて高かった[33]。

また、上海カイザー・ヴィルヘルム・シューレには、地元のドイツ企業からは映画フィルムや実験器具などの視聴覚教材が毎年のように寄付されていた。個人単位でも、顕微鏡や解剖機器、楽器、スポーツ用品、書籍などが送られている[34]。教材や設備の拡充には、ドイツ企業やドイツ商人の後援も大きかったのである。また教科書や教材は、上海のドイツ書籍を扱うマックス・ネスラー商会で印刷され、北京、青島だけではなく、東京のドイツ人学校でも使用されていた。こうして上海カイザー・ヴィルヘルム・シューレはアビトゥアの受験校、東アジア随一の進学校としての名声を博するようになる。学校規模も東アジアで最大を誇り、制度や設備、授業の質も総じて高く、他都市のドイツ人学校を先導していた。また教員の会合や生徒の転入学によって、東アジアのドイツ人学校間の連携体制もとられた。上海は商業のみならず、東アジアのドイツ人子女教育の拠点ともなったのである。

ドイツ人ではない子供たち

開校当初、上海カイザー・ヴィルヘルム・シューレは、ドイツ人子女のための、ドイツ的な、ドイツ語による教育環境の維持を謳っていた。しかし保護者の要望に応え、「ドイツ人ではない子供」も受け入れることとした。ただこれらの子供の割合には上限を設けており、あくまで制限付きでの「開放」であった。

『東アジア・ルントシャウ』誌は、一九三四年三月号で「東アジアのドイツ人学校」と題した特集記事を組んでいる。[35] この記事によれば、上海、漢口、北京、天津、済南府、青島、ハルビン、奉天、東京、神戸の一〇校のドイツ人学校のなかで、「ドイツ語を母語としない子供」の割合が比較的高いのが、上海、済南府、漢口、東京と神戸のドイツ人学校である。上海と神戸では、これらの子供の数に上限を設けたうえで受け入れるとしていたが、ドイツ人との混合婚による子供を含めるとその方針は厳格には遵守されていなかった。

神戸と東京の学校では、ドイツ人との混合婚による子供の多くが日本人を母親としており、国籍は父親と同じドイツ国籍を取得している。また上海や済南府の学校では、中国人ばかりではなく、イギリス、フランス、北欧、ロシア系の母親を持つ子供も多かった。

東京と神戸の二校を例にみると、民族的系譜という枠組みでの調査では、「ドイツ人ではない子供」の割合が全校生徒の半数以上を占めていたが、母語という枠組みでの調査では、その多くがドイツ語を母語としていることがわかる。母語の定義が定かではないが、出生地や国籍の言語ではなく、両親の使用言語を母語としていると考えられる。そのため混合婚による子供は、複数の母語を持っていたことになる。

多文化、多言語という背景を持つ子供が多かったゆえに、彼らの宗派も一様ではなかった。全校ともプロテスタントの生徒が多数派を形成しているが、商人や貿易商がドイツ人社会の主たる構成員である上海や神戸の学校では、プロテスタントの子供の割合がより高い。神戸ドイツ学院には、ギリシア正教会の信者が八名在籍しており、全生徒数に比べていくぶん高い割合であった。なお正教会の生徒のうち一名は、菓子商モロゾフの子弟であった。

奉天とハルビンのドイツ人学校には、ソ連からの移住者の子女が多く在籍しており、ハルビンのヒンデンブルク・シューレにおいては、「帝国ドイツ人」の生徒が少数派であったほどである。「帝国ドイツ人」のグループに入るのは、ドイツ国籍を持つドイツ市民である。民族的系譜に即せばドイツ人であるが、ドイツ国籍を持たない者は「民族ドイツ人」として区別されていたのである。一九三三年の時点で、ハルビンのドイツ人人口は約一五〇〇人とされており、そのなかで「帝国ドイツ人」は約二〇〇名、ソ連に併合された地域からのドイツ系難民は三一七名であった。残りの一〇〇〇名は、ドイツ系ロシア人とされ、旧ロシア帝国領、ヴォルガ地方、ウクライナで暮らしていたドイツ人である。ヒンデンブルク・シューレの在校生のうち非ドイツ人に分類されている生徒の大半は、白ロシア（現ベラルーシ）、旧ロシア帝国領（現バルト三国）、ヴォルガ地方から移住した「民族ドイツ人」であった。白ロシアは、一九二二年に勃発したポーランド・ソ連戦争により、西半分がポーランドに割譲され、東半分がソ連に編入されていた。

在籍生徒の民族的系譜と宗派の調査(1933年度)

漢口ドイツ学校：生徒数47名
　系譜上の帰属：
　両親ともドイツ人27名，片親がドイツ人9名，両親とも外国人11名
　宗派：プロテスタント30名，カトリック6名，正教・その他は不明
北京ドイツ学校：生徒数23名　系譜上の帰属：調査記録なし
　宗派：プロテスタント18名，カトリック5名
上海カイザー・ヴィルヘルム・シューレ：生徒数212名*
　系譜上の帰属：
　両親ともドイツ人126名，片親がドイツ人53名，両親とも外国人33名
　宗派：プロテスタント188名，カトリック29名，正教22名，その他19名
天津ドイツ学校：生徒数86名　系譜上の帰属：調査記録なし
　宗派：プロテスタント68名，カトリック10名，正教3名，その他5名
済南府ドイツ学校：生徒数7名
　系譜上の帰属：
　両親ともドイツ人4名，片親がドイツ人3名
　宗派：プロテスタント6名，カトリック1名
青島ドイツ学校：生徒数43名　系譜上の帰属：調査記録なし
　宗派：プロテスタント29名，カトリック6名，正教7名，その他1名
ヒンデンブルク・シューレ(ハルビン)：生徒数46名
　系譜上の帰属：調査記録なし　　宗派：調査記録なし
奉天ドイツ学校：生徒数25名
　系譜上の帰属：
　両親ともドイツ人13名，片親がドイツ人4名，両親とも外国人8名
　宗派：プロテスタント16名，正教7名，その他2名
神戸ドイツ学院：生徒数58名
　系譜上の帰属：
　両親ともドイツ人36名，片親がドイツ人16名，両親とも外国人6名
　宗派：プロテスタント50名，正教8名
東京ドイツ学校：生徒数50名
　系譜上の帰属：
　両親ともドイツ人28名，片親がドイツ人14名，両親とも外国人8名
　宗派：プロテスタント29名，カトリック5名，正教0名，その他16名

*上海カイザー・ヴィルヘルム・シューレの1933年度の生徒数は212名だが，宗派調査には幼稚園の園児46名も含まれているため，系譜上の帰属とは総数が異なる．

(*Ostasiatische Rundschau*, Jg. 15. Nr. 5. Hamburg 1. März 1934, S.93–113.)

ソ連の共産主義勢力から逃れて、同地方に移住した白系ロシア人は、子供をドイツ人学校に通学させていた。ハルビンのヒンデンブルク・シューレでは、生徒の約半分がドイツ語以外の言語を母語としており、その多くはロシア語を母語としていた。同校の授業はすべてドイツ語で行なわれ、外国語の専任教員以外の教員はすべてドイツ人であったが、授業時間外は現地語を含めて、複数の言語が飛び交っていた。また学齢期の生徒以外にも、避難民にはドイツ語力の強化と基礎学力の必要性から、夜間学校の開校が要請された。夜間学校では一六歳から二二歳までの難民を対象として、ドイツ語と算数、地理の授業が無料で開講されていた。このような正規の授業以外の社会事業によって、「民族ドイツ人」や白系ロシア人の難民に対して、文化の「ドイツ化」が推進されていたのである。

一九三一年と一九三三年度の調査統計を比較すると、青島、ハルビン、済南府以外の全校でドイツ語以外を母語とする生徒の割合が高くなっている。つまり、ナチ体制以後も、ドイツ人以外の生徒が在籍しており、そればかりか難民流入によりその割合は増加傾向にあった。ただ南京のドイツ人学校の在校生の記録をみると、全校生徒一二名のうち一一名が「帝国ドイツ人」、一名がオーストリア国籍となっている。同校の運営母体である学校協会の会長は、ジーメンスの南京支社長であったジョン・ラーベである。なおラーベは、学校長とナチ党南京支部の幹部を兼任していた。

「ドイツらしさ」の継承

東アジアで最初のドイツ人学校として創立された上海カイザー・ヴィルヘルム・シューレ（上海ドイツ学校）は、ドイツ人牧師による個人授業の輪がその発端となった。そのため、教会と運営母体が

在籍生徒の母語調査(1931 年度, 1933 年度)

漢口ドイツ学校
　1931年度　34名：ドイツ語31名, 外国語3名(母語が外国語の生徒の割合9%)
　1933年度　47名：ドイツ語34名, 外国語13名(母語が外国語の生徒の割合28%)
北京ドイツ学校
　1931年度　34名：ドイツ語27名, 外国語7名(母語が外国語の生徒の割合21%)
　1933年度　23名：ドイツ語18名, 外国語5名(母語が外国語の生徒の割合21%)
上海カイザー・ヴィルヘルム・シューレ
　1931年度　216名：ドイツ語185名, 外国語31名(母語が外国語の生徒の割合14%)
　1933年度　258名：ドイツ語201名, 外国語57名(母語が外国語の生徒の割合22%)
天津ドイツ学校
　1931年度　71名：ドイツ語51名, 外国語20名(母語が外国語の生徒の割合28%)
　1933年度　86名：調査記録なし
済南府ドイツ学校
　1931年度　12名：ドイツ語12名, 外国語0名(母語が外国語の生徒の割合0%)
　1933年度　7名：ドイツ語7名, 外国語0名(母語が外国語の生徒の割合0%)
青島ドイツ学校
　1931年度　37名：ドイツ語31名, 外国語6名(母語が外国語の生徒の割合16%)
　1933年度　43名：ドイツ語37名, 外国語6名(母語が外国語の生徒の割合14%)
ヒンデンブルク・シューレ(ハルビン)
　1931年度　56名：ドイツ語27名, 外国語29名(母語が外国語の生徒の割合52%)
　1933年度　46名：ドイツ語23名, 外国語23名(母語が外国語の生徒の割合50%)
奉天ドイツ学校
　1931年度　20名：ドイツ語15名, 外国語5名(母語が外国語の生徒の割合25%)
　1933年度　25名：ドイツ語15名, 外国語10名(母語が外国語の生徒の割合40%)
神戸ドイツ学院
　1931年度　37名：ドイツ語37名, 外国語0名(母語が外国語の生徒の割合0%)
　1933年度　58名：ドイツ語43名, 外国語15名(母語が外国語の生徒の割合26%)
東京ドイツ学校
　1931年度　49名：ドイツ語48名, 外国語1名(母語が外国語の生徒の割合2%)
　1933年度　50名：ドイツ語46名, 外国語4名(母語が外国語の生徒の割合8%)

(*Ostasiatische Rundschau*, Jg. 15. Nr. 5. Hamburg 1. März 1934, S.93–113.)

同一であったが、やがて教会組織から独立し、父母や地元企業で結成された学校協会が運営母体となる。学校協会は授業カリキュラム、教材や施設、教員人事に対して決定権を行使し、諮問機関も兼ねていた。

前述のように、上海カイザー・ヴィルヘルム・シューレは、ドイツ外務省の管轄下、ドイツ人子女を対象として、本国の教育システムにのっとった機関として創設されたため、現地社会にはまったく依存、従属しない教育機関である。しかし、現地社会から隔絶されてはいなかった。中国人をはじめ、「ドイツ人ではない子供」の受け入れ、現地語の学校授業への導入、英語教育の重点化など独自の方針を導入し、ドイツ・アイデンティティの形成のみならず、地域性や住民の社会階層に合わせたバランスのとれた教育が目指されていたのである。

創設から三三年目の一九二八年、上海カイザー・ヴィルヘルム・シューレは、授業の進度や水準、生徒の習熟度において、本国の同制度の学校と同等であるとして、ドイツ内務省より正式な認定を受ける。学校規模は、東アジアのドイツ人学校のなかで最大規模を誇り、制度や設備、教員の質も総じて高く、他都市のドイツ人学校を先導するようになった。また同校では、ギムナジウム課程のカリキュラムを導入しており、アビトゥアの受験が可能であった。アビトゥアの受験を目的とした転入学希望者も多く、子供のみを上海へ単身留学させるケースもあった。生徒の転入学のみならず、教員会合の開催によって、東アジア地域間におけるドイツ人学校間の連携体制もとられた。

一方、ヴィルヘルム二世下の「世界政策」を背景に、ドイツ帝国の「模範的植民地」として発展した青島では、欧米列強との角逐はなかった。それは当地における学校運営にも反映されている。上海での学校創設から遅れること四年、一八九九年に青島で、ドイツ帝国海軍を運営母体とする総督府立ドイツ学校が創設された。学校運営においてはドイツ政府の意向が重視され、入学者を原則として両親ともドイツ国籍の者に限るなど、現地社会には閉鎖的であった。また職業訓練や兵役を前提としたカリキュラムも、住民の職業や社会階層に合わせたものといえる。植民地のモデルケースとされていた青島は、ドイツの近代化を宣伝するショーウィンドウというべき都市とされ、同校もその一端を担っていたのである。

ドイツ一国の植民地的な要素が強かった青島に比べて、上海カイザー・ヴィルヘルム・シューレは、「雑居」や共同租界に象徴されるコスモポリタンな環境のなかにあった。それゆえ現地社会に対して、開放的であった。ただこの「開放」は、現地社会への同化ではなく、「ドイツ人ではない子供」の「ドイツ化」を促すものだったのである。

ナチ党は政治思想、文化や教育ではなく、人種に立脚した「民族共同体」の形成を標榜した。その構成要員には、まず前提条件として純粋な「アーリア」的な属性が求められた。その属性を規定する要因は人種、つまり遺伝であり、先天的かつ矯正不可能なものである。矯正が不可能な要素を含む者は、差別の対象となった。本国では、非アーリア的要素を含む者を改宗や結婚、言語や文化によって「ドイツ化」することは否定されていた。つまり彼らは、宗派や母語といった文化的背景ではなく、人種的な要素によってのみ、その存在価値が評価されたのである。

その一方、東アジアのドイツ人学校は、ナチズムへのアンチ・テーゼであるかのように、多文化的、混合的な環境が作り上げられていた。このような環境のなかで、「均質的な流れ」に整えるナチ党の統制が行なわれることになる。

第三章　東アジアのドイツ人社会とナチズム

一九二九年、南米のパラグアイでナチ党支部が組織された。これがドイツ国外で結成された最初のナチ党組織となる。[1]

南米と北米では、一九三一年前後から入党者が増加し、主要都市でナチ党支部が創設された。[2]各支部の下には、ヒトラー・ユーゲントやドイツ労働戦線、ナチ教員同盟、ナチ婦人会などナチ党関連団体が組織された。これらの海外支部の司令塔となったのが、ハンブルクのナチ党外国組織部である。

一九三一年二月、中国の漢口でナチ党支部が発足し、その後バタヴィア、上海、香港においても支部が発足する。日本では、一九三三年一月のヒトラーの「権力掌握」以降、上海に設置された全東アジア支部の管轄下で京浜、阪神、九州支部が結成された。

「新しいイデオロギー」であるナチズムは、東アジアのドイツ人社会のなかではどのような影響をおよぼし、また住民はどのような反応を示したのだろうか。本章では、まず東アジアで発足したナチ党支部の活動を追いながら、ドイツ人社会におけるナチズムの浸透の過程をみてみよう。

ヒトラーの「第五列」

一九三一年五月、ナチ党全国指導部のグレゴール・シュトラッサーによって、海外のナチ党員の統括組織である外国部門が創設された。創設された当初は、ドイツ人の海外移住、永住や国籍問題、起業や事業破産などの相談窓口の役割を果たしており、ナチズム宣伝以外の業務が大半を占めていた。シュトラッサーの後任として、外国部門のリーダーとなったのがハンス・ニーラントである。ニーラントの右腕となり、やがて党組織のなかで頭角を現わすようになったのがエルンスト・ヴィルヘルム・ボーレであった。なお創設者のシュトラッサーは、突撃隊のエルンスト・レームやクルト・フォン・シュライヒャーとともに、のちに反逆分子としての烙印を押され、ヒトラーの命令によって粛清される。

一九三四年二月、ナチ党外国部門は外国組織部と改称され、ニーラントの後継者としてボーレがこの組織を率いていくことになる。ボーレは、ナチ党幹部のなかでは異色の経歴を持っていた。イギリスのヨークシャー地方ブラッドフォードで生まれ、幼少期から高校卒業までの間を南アフリカのケープタウンで過ごしている。彼の父親ヘルマン・ボーレは、ブラッドフォードとケープタウン大学で教鞭をとっており、ナチ党ケープタウン支部の創設者としても知られている。

もともとボーレは、イギリスとドイツの二重国籍の保有者であったが、外国組織部の幹部となった一九三七年にイギリス国籍を放棄する手続きをとっている。高校卒業までケープタウンにいたが、大学進学のためにドイツに帰国し、ケルン、ベルリンで政治学、経済学、経営学を学んだ後、一九二三

図9　外相ノイラートと会見するボーレ(右)

年から三三年まで、ハンブルクで商社員としての経歴を積んだ。このハンブルクの地で、ボーレはナチズム運動に惹き付けられるようになり、一九三二年三月にナチ党へ入党している。

ナチ党外国組織部は大管区の一つとして機能しており、副総統のルドルフ・ヘスの管轄下に置かれていた。なおヘスも、海外で生まれ育った帰国子女である。エジプトのアレクサンドリアで生まれたヘスは、幼少期を同地で過ごした。

外国組織部では、ヨーロッパ・レバノン地方、北米（カナダ、メキシコを含む）、アフリカ、南アフリカ、西インド、中央アフリカ、オーストラリア（ニュージーランドを含む）、インド、東アジアの九つの地域に世界を分けて、それぞれ担当の課を設置した。[3] 東アジアは、中国と日本、日本の傀儡政権が置かれた「満洲国」の地域である。この地域区分に従い、地域支部が置かれ、その下に各都市の支部および班があった。

ボーレは、海外支部および党員のスローガンとして「ヒトラーの第五列」を掲げ、外国組織部の要綱を定めた。なお「第五列」とは、ロシア革命で赤軍を創設したレフ・トロツキーの護衛隊が「第五列」と呼称されたのがその由来となる。

一九三七年一一月、ボーレは外務事務次官に昇格し、ボーレの昇格とともに外国組織部は外郭団体として外務省の組織に編入されたため、ハンブルクからベルリンに拠点を移す。[4]

①外国組織部はオーストリアとダンツィヒ、メーメル地方を除く、海外のナチ党員を管轄する唯一の党機関である。

②海外のナチ党組織および関連団体とナチ党機関との事務連絡は、ハンブルクの外国組織部を通して行なうものとする。

ナチ党外国組織部

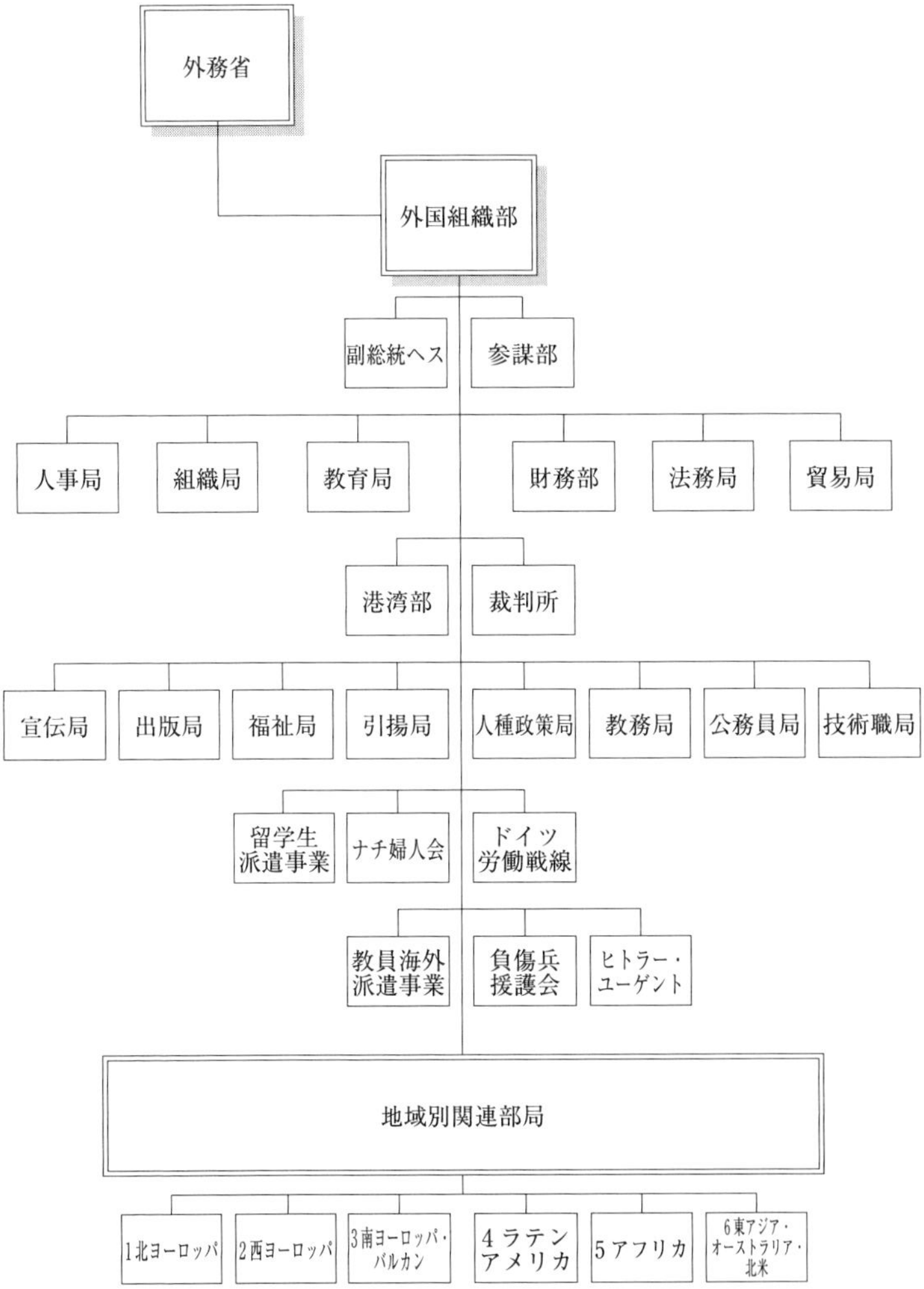
外務省
外国組織部
副総統ヘス
参謀部
人事局
組織局
教育局
財務部
法務局
貿易局
港湾部
裁判所
宣伝局
出版局
福祉局
引揚局
人種政策局
教務局
公務員局
技術職局
留学生派遣事業
ナチ婦人会
ドイツ労働戦線
教員海外派遣事業
負傷兵援護会
ヒトラー・ユーゲント
地域別関連部局
1北ヨーロッパ
2西ヨーロッパ
3南ヨーロッパ・バルカン
4ラテンアメリカ
5アフリカ
6東アジア・オーストラリア・北米

③ナチ党関連団体は、海外の帝国ドイツ人の動員を目的としており、外国組織部の監督下においてのみ活動できる。
④海外に継続的に滞在をしている党員、あるいは継続的に本国を離れている党員は、外国組織部ないし滞在先のナチ党支部の管轄下にあり、ドイツ国内の大管区には属することはできない。[5]

在外ドイツ人の入党

本国を離れて暮らしているドイツ人に対しては、ナチ体制以前より次のような呼称が用いられていた。まず在外ドイツ人(Auslandsdeutsche)という呼称があり、そのなかで「帝国ドイツ人」(Reichsdeutsche)、「民族ドイツ人」(Volksdeutsche)、ドイツ語話者(Deutschesprechende)に大別されていた。しかしその定義は統一されておらず、これ以外の呼称が用いられることもあり、しばしば混乱を招いていた。

ナチ党外国組織部では、在外ドイツ人の入党資格を次のように規定した。まず在外ドイツ人を「帝国ドイツ人」と「民族ドイツ人」とに分け、前者はドイツ国籍および市民権を持つドイツ市民、後者はドイツ国籍は持たないが血縁上の系譜でドイツ人である者とした。北米で出生地主義に基づきアメリカ国籍を取得した者や帰化した者、ドイツに併合される以前の南ティロルやズデーテン、シュレージエンのドイツ人は後者に含まれた。

在外ドイツ人のなかで、ナチ党に入党する資格を有するのは、ドイツ市民である「帝国ドイツ人」のみとされたが、「民族ドイツ人」や二重国籍の者が入党していた場合、党籍の剝奪という措置はとられなかった。また「民族ドイツ人」は、一九三八年以前に入党資格を持たなかったが、在外ドイツ人組織やナチ党関連団体へ加盟することは可能であった。[6]

おもな在外ドイツ人組織として、在外ドイツ人連盟やドイツ人在外協会、「民族ドイツ人」事業所が挙げられる。在外ドイツ人連盟は、一八八一年にベルリンで設立され、ドイツ人子女教育とドイツ語教育の海外普及に活動の重点を置いていた。[7] 一九三八年から四一年まで、同協会の会長を務めたのが地政学者のカール・ハウスフォーファーである。一九一七年にシュトゥットガルトで創設されたドイツ人在外協会は、海外のドイツ人学校およびドイツ語学校の創設をおもな活動としていた。一九三五年に設立された「民族ドイツ人」事業所は、ユーゴスラヴィア、ラトヴィア、リトアニア、メーメル地方、ポーランド、ルーマニア、チェコスロヴァキア、ハンガリー、カルパチア地方に暮らす「民族ドイツ人」の連盟組織である。「民族ドイツ人」事業所は、当初副総統ヘスの管轄下にあったが、一九三七年一月以降、親衛隊のリーダーの一人であるヴェルナー・ローレンツのもとに移った。

いずれの在外ドイツ人団体も、おもに東ヨーロッパ地域に暮らす「民族ドイツ人」の言語や教育、文化のドイツ化を目的としていた。在外ドイツ人連盟およびドイツ人在外協会は、ナチ体制以前から存続していた組織であり、その活動の趣旨からも、在外ドイツ人の「ドイツらしさ」の保持、再生産の志向は、ナチ体制以前から連続したものであったことがわかる。

ナチ体制下、これらの在外ドイツ人組織は、「民族回収」と東欧への「生存圏」の拡大政策とも連動する。しかし副総統のヘス、外国組織部のボーレ、外交問題全権のリッベントロープ、外務省、親衛隊の諸機関が乱立したため、党と外交組織の利害相違や内部抗争により、政策は一貫しなかった。

中国の古参党員

東アジアでは、一九三一年二月、中国の漢口でナチ党支部が創設された。漢口に続き、バタヴィア、上海、香港においても支部が創設されていく。どのような人物が中心となり、東アジアのナチズム運動の発端がつくられたのだろうか。三人の古参党員の足跡からたどってみよう。[8]

まず「中国で最初のナチ党員」と自称していたフランツ・クサヴァ・ハーゼネールである。ウィーン出身のハーゼネールは、第一次世界大戦時、オーストリア軍の兵士として前線にいた。その後、捕虜としてシベリアの収容所に抑留されたが、脱走をはかり、中国に亡命した。シベリア抑留時の経験から反共思想を抱くようになり、やがてナチズムに共感するようになったと後に語っている。

ハーゼネールは、一九二九年七月から一九三二年二月まで上海のジームセン商会の支配人を務めた。その傍らナチズム運動に携わり、ナチ党上海支部の創設メンバーの一人となる。またハーゼネールは、上海のドイツ商人の人脈を利用し、上海に拠点を置くドイツ企業・商社の支配人や役員、ドイツ人クラブの幹部会員をナチ党支部の幹部に登用した。たとえば上海支部の幹部には、会計士で、上海ドイツ人クラブの理事であったゲオルク・シンクが就任している。[9]

上海支部創設後の一九三二年六月、ハーゼネールは全東アジア支部の支部長に就任し、中国のナチ党支部を統括した。この時点では、日本には支部は創設されておらず、ハーゼネールの管括下にあったのは、上海、漢口、香港、広州支部のみであった。ハーゼネールは、一九三三年九月に帰国後、ハンブルクの外国組織部の指導員に抜擢され、翌三四年には宣伝省の課長に就任した。[10]独ソ戦勃発後は、ソ連の専門家として戦時経済顧問を務めた。なお『東アジア・ルントシャウ』誌の一九四三年九月号の死亡記事には、ハーゼネールがベルリンで病死した旨と彼の略歴が記されている。この記事によれば、葬儀には、ボーレをはじめとするナチ党の高官も参列していたという。[11]
なおハーゼネールは「中国で最初のナチ党員」を自称していたが、蔣介石の軍事顧問のなかには、彼よりも早い段階で党員となっている者がいた。そのなかの一人が、ヘルマン・クリーベルである。
中国国民党を率いた蔣介石は、第一次世界大戦の敗戦によって職務を解かれたドイツ人将校を私的契約にもとづき、軍事顧問として雇い入れていた。[12]軍事顧問として、一九二七年以来、五〇人規模のドイツ国防軍の退役将校が中国に派遣されている。一九三七年七月、盧溝橋事件が発端となって日中両軍の戦闘が開始された当初、この軍事顧問団は中国人の将校とともに前線で戦っていた。日独防共協定締結から一年後、日独親善、友好のムードが高まりをみせていた一方で、ドイツ人の援護を受け、ドイツ製の武器を持った中国軍が日本軍と戦闘を交えていたのである。さらにドイツ国防軍内部では、日本を仮想敵国とする独中同盟論まで持ち上がるようになる。
一九二九年五月、この軍事顧問団を率いていたマックス・バウアーが死亡した。バウアーは生前にクリーベルを後継とする遺言を残したために、クリーベルが団長を引き継ぐこととなった。クリーベルはエーリッヒ・ルーデンドルフとともに、ミュンヘン一揆にも参加しており、ヒトラーとランツベルクの監獄生活をともにした。ヒトラーは、「権力掌握」のあかつきにはクリーベルを外交関係の要職に就けると口約束していたのである。一九三三年一〇月、上海のドイツ総領事ヴァルター・フォックスはユダヤ系であるという理由で、外交職を罷免された。後任のリュト・フォン・コレンベルクも、就任から一年を経ずして更迭され、その後ヒトラーの確約をとり付けていたクリーベルが一九三四年四月に総領事に就任する。[13]

東アジアのナチズム運動の「火付け役」となったハーゼネールとクリーベルの二人の足跡を比較すると、ナチズム運動で果たした役割による出世の時期の差が浮かび上がる。ハーゼネールは、東アジアでの功績によって本国で党幹部の地位を手に入れた。他方クリーベルは、ヒトラーと投獄生活をともにしたという「名誉」によって、上海のドイツ総領事という要職を得たのである。

ハーゼネールの後任として先述のシンクが全東アジア支部長に就任した。なお一九三四年六月、全東アジア支部長はシンクからジークフリート・ラールマンに引き継がれる。[14] ラールマンはドイツ国有鉄道の上海支社長を兼任しており、終戦まで東アジアのナチ党組織を率いることになった。一八八五年一〇月、スイス・バーゼルでドイツ人の両親のもとに生まれたラールマンは、一一歳のとき、家族とともにハンブルクに生活拠点を移した。一九〇九年から一九一二年までをイギリス領であった西アフリカのシエラレオネで過ごし、その後香港に渡っている。

一九一四年六月、香港にいたラールマンは「サラエヴォの銃声」を聞きつけ、八月にはドイツ、ロシア、イギリス、フランス参戦の報に接した。香港はイギリス統治下にあったため、ラールマンは敵国人として抑留される。香港から一旦オーストラリアへ送られた後、南アフリカに送還される。そして終戦後の一九一九年、ドイツに引揚げた。

しかし経済不況にあえぐドイツでは、商人としての活路を見出せず、一九二三年に単身で中国の福州に向かう。福州へ発つ直前、ラールマンはルーデンドルフと接触した。父親の影響から、すでにナチズムに傾倒しており、政治運動にも携わるようになっていたのである。

中国での滞在が三年目に入った一九二六年、ラールマンは福州で入党手続きをとり、ナチ党員となっている。中国との貿易には将来性があると見込んだラールマンは、商売を拡大し、上海に拠点を

図10　ハーゼネールが東アジアへの出張に旅立つ前，ハンブルク・アルトナ駅でボーレと談話している様子(向かって右がハーゼネール，その左がボーレ).

図11　上海でのヒンデンブルクの追悼式において，上海総領事クリーベルが哀悼の意を捧げている.

移し、複数のドイツ系商社の役員を務めるようになる。そしてドイツ国有鉄道の上海支社長となった直後、ナチ党の全東アジア支部長に任命された。全東アジア支部および上海支部の会合では、ラールマンが代表を務めるドイツ国有鉄道の事務所が使われていた[15]。

ラールマンが統括した全東アジア支部は、中国と日本および「満洲国」のナチ党支部および党員を管轄していた。連絡はラジオと書簡を通して行なわれ、プロパガンダ雑誌や副読本なども全東アジア支部から党支部へ配布されていた。

日中戦争が長期化するにつれて、全東アジア支部およびその管轄下の支部活動について、本国からの監視は強化された。外国組織部は、現地社会の政治活動に党員が携わることを禁じており、日中間の戦局がどのように展開しようとも、ナチ党員は政治的な中立を保つように命じていた。つまり中国を拠点に活動していようとも、中国人あるいは日本人どちらかに加担することはあってはならなかったのである。それにもかかわらず一九三七年の上海攻防戦では、ドイツ製の武器が中国軍に提供され、軍事顧問団が前線で中国人とともに戦っていた。またナチ党南京支部のラーベは、日本軍の南京攻略戦の際、南京安全区国際委員会の代表となり、地元の民間人を日本軍による爆撃や強奪、虐殺から守るべく奔走した。さらにヒトラー直々に宛てた上申書のなかで、日本軍の残虐行為を告発していたのである。ラーベは、地元の民間人を保護するための中立区域の設置について、全東アジア支部長のラールマンを通じてヒトラーに願い出たこともあったのである[16]。蔣介石に雇われたドイツ人将校が日本軍と一戦を交える、あるいは南京のナチ党員が日本軍の残虐行為をヒトラーに告発するなど、中国のナチズム運動には、本国政府の親日政策に水をさすような動きもみられたのである。

シベリア抑留時から反共思想を抱き、ナチズムに傾倒したハーゼネール、ヒトラーの側近として上

図12　ナチ党上海支部の幹部役員．1934年4月20日(ヒトラー誕生日)に撮影されたものである．前方左からグリーフェンハーゲン，ハンニック夫人，ヴィントハーゲン，ハイスター．後方左からヘーリング，ハンニック，ペトリー，G・シンク，エックフーゼン，E・A・シュミット，ハスルマン，S・ラールマン．

海のドイツ総領事に登用されたクリーベル、上海を拠点として商売を広げていたラールマン。このラールマンが、ナチ党全東アジア支部長に就任し、中国と日本、「満洲国」の支部を統括し、上海を中核としたナチズム運動が展開していく。

煽動と懐疑

ハーゼネールらが創設した上海支部に先駆けて、一九三一年二月、漢口でナチ党支部が結成されている。この漢口支部が東アジア地域で最初のナチ党支部となる。同支部の支部長には漢口のドイツ人学校の女性教員が就任した。漢口に続き、バタヴィア、そして一九三一年一〇月三一日、上海で七名のナチ党員によって上海支部が結成された。この上海支部は東アジアのナチ党組織の中核となっていく[17]。ただし上海で刊行されていたナチ党機関誌は、漢口支部ではなく上海支部を東アジア最初のナチ党支部として宣伝していた[18]。

ヒトラーの「権力掌握」以前の一九三二年九月、ハンブルクの外国組織部は、海外支部の結成、入党者数、現地におけるナチズム運動、その反響などをミュンヘンの党本部に報告していた。この報告書によれば、一九三一年一〇月の時点で党員数は中国全体で一三名であった。この党員数は、一年後に飛躍的に増大する。翌三二年九月、党員数は香港を含めた中国全土で一〇二名を数えるようになり、中国における「ナチ党人気の沸騰」が伝えられていた[19]。

一九三二年九月の時点で、ナチ党支部は漢口、上海、天津、南京、香港、ハルビンで創設されていた。この間に入党した者のなかには中国貿易では名の知れた商人、貿易商がおり、さらにはクリーベルやノインツェルトを含む軍事顧問団のメンバーの名前も見受けられた。また、ドイツ船舶の水夫や船員のなかからも入党希望者が殺到していた。外国組織部によると、ナチ党の宣伝文句である「職業、社会階層の垣根を取り払ったドイツ民族共同体の思想」が、中国での「ナチ党人気の沸騰」につながっているという。

上海支部では、今後の宣伝活動として、ヒトラーやゲッベルスの演説を英字新聞へ掲載すること、さらに中国でラジオの放送権を取得し、中国で暮らすドイツ人に向けてラジオ番組を放送することなどが課題として挙げられた。その際、ナチ党上海支部長をアナウンサーとして起用することも検討されていた。

中国での「ナチ党人気の沸騰」が伝えられる一方、ジャワやスマトラ、日本に暮らすドイツ人は、この「新しいイデオロギー」には懐疑的な態度をみせていた。一九三二年九月一日の時点での入党者は、中国のドイツ人が一〇二名であったのに対して、ジャワ・スマトラで一五名、日本にいたってはわずか三名であった。なお入党資格を有した「帝国ドイツ人」の数は、「満洲国」を含む中国全土で約五〇〇〇名と推定されるのに対し、日本に暮らす「帝国ドイツ人」はその五分の一程度であった。[20]しかし母体となる「帝国ドイツ人」の人数の差を考慮に入れたとしても、日本のドイツ人の党員数は少なかった。

外国組織部によれば、ジャワとスマトラについては、オランダ領であるため、ドイツ人による政治運動の制約が大きく、入党を思い留まる者が多いとされている。日本については、次のような報告がされている。

日本に暮らしているドイツ人は、おもに商人と学者である。当地では、経済危機と戦争による混乱が、我々の運動に歯止めをかけている。また［日本に駐在している］ドイツの官公吏が、ナチズム運動に好意的ではない。加えて、古くから日本に暮らすドイツ人の多くがフリーメーソンであり、ドイツ人クラブでは指導的な立場にある。そのため日本のナチ党員が、公的な宣伝を行なうのは困難な状況にある。確かに、日本のドイツ人のなかでも我々の運動に親近感を示している者はいる。しかしこのような事情により、現段階ではナチズム運動に加わることを思いとどまっている。日本には、中国の租界にあるドイツ商社の支店、同系列の会社があるため、東アジア地域のナチ党支部を統括しているハーゼネールは、日本への出張と当地での効果的な宣伝方法を考案している。[21]

（［　］内は引用者）

日本のドイツ人社会では、外交官や古参組のドイツ商人がナチズム運動の防波堤となっていた。この報告がナチ党本部になされた当時のドイツ大使は、エルンスト・フォレッチュである。帝政期から外交職に携わってきたフォレッチュは、東京赴任時で奉職三五年目を迎えた外務省の生え抜きであった。[22]

ドイツ人社会の亀裂

日本でのナチ党支部創設後においても、ナチ党員と外務省職員、古参組のドイツ商人は折り合いが悪く、水面下で火花を散らすことになる。『神戸・大阪ドイツ総領事館一〇〇年史』に掲載された一九三三年の東京ドイツ大使館の文書は、神戸のドイツ商人とナチ党員の確執を裏付けるものである。

ナチズムは、神戸のドイツ人社会において激しい抵抗にあい、その為、とりわけ当地のナチ党グループとクラブ・コンコルディアのあいだには、「コンコルディア」(和合の女神)どころではない空気がみなぎっていた。[23]

元駐日大使のヴィルヘルム・ゾルフに宛てられた書簡のなかにも、ナチ党阪神支部の統制をめぐる住民間の不和を裏付ける記述がある。この書簡を綴ったのは、エレン・シュルツェであり、彼女の夫はドイツ大使館の事務局長であった。

神戸ドイツ人の間で起きた喧嘩騒動については、もうお聞きになったことと思います。この一件も、まだ片が付いたわけではないのです。[24]

一九三四年一一月二〇日付で、神戸のドイツ領事館員リヒャルト・クリューガーからゾルフに宛てられた書簡においても、ナチ体制以後の神戸のドイツ人社会について述べるうえで、次のように前置きをしている。

この二年間[一九三三年からの二年間]で私生活、あるいは外の世界において何がもたらされたか、それをどうやって説明できますでしょうか。言葉に詰まってしまいます。[25]　([　]内は引用者)

クリューガーは、ナチ党阪神支部の統制をめぐって起きたドイツ人社会の不和を世代間の問題と関連づけている。その不和を解決するために、クラブ・コンコルディアではハーケンクロイツの掲揚、会長人事について一工夫したことを付け加えている。

現状をお話しすれば、今のところ、神戸のドイツ人社会においては協調体制ができあがったといえるでしょう。阪神支部の幹部による改革［ナチ化］、それは私生活にいたるまで指示したものでしたが、多くの住民は彼らに協力するようになりました。喧嘩の種を巻くかわりに、模範的な態度によって信用を得て共感を得ることにしたのです。いずれにせよ我々のような年長者は協力し合いながら、血気盛んな、若い党員の狂った舵を平穏な状態に戻すべく、それぞれ手を尽くしているのです。先ほどのクラブの幹部であるドイツ染料会社のパウルとオットー・レファルト、この両紳士は品格があり冷静で、かつ前の時代から会長職を引き継いでいるので、今後も好意的な態度をもって、あらゆる会員間の不和の原因を取り除くよう骨を折ってくれるでしょう。祝日の際、クラブの屋根に右端にはハーケンクロイツの旗、左端に黒、白、赤の三色旗、その二つを挟むかたちで日本の旗［日の丸］を掲げています。そのためおよそ六〇名いた非ドイツ人会員は誰一人脱退することはありませんでした。（［　］内は引用者）

さらにクリューガーは、それまでクラブに足繁く通っていた、あるユダヤ系ドイツ人の会員資格をめぐって起きた騒動を報告している。

［その会員は］しばらくの間、クラブから遠ざからなければなりませんでした。かつての友人たちは、彼を裏切るようなことはなく、それどころか彼の家を訪ね、慰めていたのでした。彼は再び、クラブに通うようになりました。だんだんまわりに草が生えていくのでしょう。……忘却というマントで周辺を覆うだけです。

（［　］内は引用者）

当事者となったこのユダヤ系会員は、クラブ・コンコルディアの会長を務めたこともある人物であった。会長職を退いた後は、名誉会員としてクラブの運営に携わっており、ドイツ人社会の重鎮と目されていた。ユダヤ系であったこの人物に対して、名誉会員の資格を剝奪する圧力がかかっていたのである。そのような圧力をかけていたのは、ナチ党阪神支部の面々であった。しかしクラブの会員の大半は、この圧力に屈することなく、会員資格が剝奪されようとしていた友人を守った。結局、阪神支部はこの会員の資格を剝奪することはできず、彼のクラブへの復帰をもって、事態の収拾がつくこととなった。しかし、その後もこの騒動はクラブのなかでわだかまりを残すことになった。

伝統ある社交界

横浜のクラブ・ゲルマニアは一八六二年に、神戸のクラブ・コンコルディアは一八七九年に創設され、当地の貿易商や商社員に愛用されてきた。クラブ・コンコルディアの会員になるには、まず正規会員二名の推薦を要した。その後、クラブ幹部役員と一四名の会員による無記名投票を行ない、この投票で一二名以上の賛成票を得なければ入会資格は付与されなかった。無記名投票では、候補者の職業や経歴、日本滞在歴、さらに推薦者との関係などが賛成票を投じる基準となった。候補者は無記名投票後の審議を経て、初めて正規会員の資格が付与されるのであり、新規入会のハードルは高かった。[26]

一九三〇年度のクラブ・コンコルディアの幹部リストをみると、ドイツ染料合名会社、ヴィンクラー商会、ベルクマン商会の商社員、貿易商の名が連なっている。理事には、先に引用した『神戸のドイツ人』を記したレファルトの名も挙がっている。[27]神戸のドイツ人社会には、第一次世界大戦後に中国から移住した手工業者層や技術者も加わっていたが、彼らはクラブの正規会員には名を連ねていなかった。

ナチ党機関誌である『東アジア・ベオーバハター』誌（一九三四年四月号）では、ドイツ人クラブや協会で行なわれている入会者選抜の無記名投票について、批判的な見解が述べられている。

東アジアにあるドイツ人クラブや協会の大半では、依然として無記名投票が行なわれている。この無記名投票において過半数の賛成票を得た候補者のみ、クラブへの入会が認められる。このような排他的な制度は、新しいドイツの主義、思想には相応しくないものである。新しいドイツの主義、思想に沿えば、民族同胞すべてがその「社交的な能力」を問わず、ドイツ人の団体や組織への加入を認められるべきである。ここでいう「社交的な能力」とは、職業身分や収入を指すものである。[28]

さらに一九三四年には、クラブ・コンコルディアでの無記名投票によって、「品行方正、かつ誠実なナチ党員が小売店経営者であるという理由のみでクラブへの入会が拒まれた」ことが付け加えられている。クラブ・コンコルディア評議会は、無記名投票が公正に行なわれたことを主張し、幹部会員がこの候補者の入会拒否に圧力をかけた事実を隠匿しているというのである。この一件を受け、ナチ党全東アジア支部は管轄下の支部に対して、ドイツ人クラブにおける無記名投票制度の廃止に向けて対処するよう指示を下した。「新しいイデオロギー」をめぐる亀裂、その浸透の歯止めとなったのは、商人や貿易商が主役の「伝統ある社交界」だったのである。

神戸のクラブ・コンコルディアと似た騒動は、フィリピン・マニラのドイツ人社会でもみられた。一九三四年九月、マニラのドイツ人クラブの総会では、クラブの建物にハーケンクロイツを掲げることの是非が話し合われた。党旗掲揚に賛成した者が二九名であったのに対し、反対票を投じた者が五一名いた。党旗掲揚が否決された後、同クラブの会員のうちナチ党員のみが、集団脱退するにいたったのである。[29]

戦後、アメリカを主とする占領軍が作成した日本のナチ党員名簿には、党員番号と入党日、生年月日、出生地、住所、そして職業が記載されている。なおこの記録に記載されている入党日は、候補者が申請を行ない、各支部で党員証が交付された日付である。ここには、すでに本国で入党し、その後来日している者も含まれる。この名簿によれば、日本のドイツ人の入党は、一九三三年から三四年にかけて集中している。一九三三年一月のヒトラーの「権力掌握」以前に入党していた者の職業をみると、商人が二名いるが、そのほかは徒弟、織工見習い、事務員、主婦、学生、電気工見習い、技術者、肉屋であり、ドイツ人クラブの会員資格を有していなかった者が多い。[30]

ヒトラーの「権力掌握」以前の党員は、東アジアのドイツ人社会では少数派であり、「伝統ある社交界」から排除されてきた者だった。古くからクラブを愛用してきたドイツ商人たちは、ナチ党の標榜した「職業、身分格差の克服」ではなく、「伝統ある社交界」に固執していたのである。伝統と格式を誇る社交クラブにしてみれば、職業や社会層の垣根を取り払い、「ドイツ人であれば誰でもその輪に加われる」という風潮は受け入れ難かった。それゆえ上海の全東アジア支部を率いていたハーゼネールは、日本のドイツ人のうち職業別で圧倒的多数を占める商社員をナチズム運動に導き入れるべく、日中の同系列企業の支社間の人脈を活用した。

上海を中心として、ドイツ系商社の支店、代理店、駐在員間の人脈がナチズムの宣伝媒体として機能していくことになる。

たとえば、一九三三年六月に結成されたナチ党京浜支部の支部長には、ジーメンス商会の役員が就任していた。そのジーメンス商会の役員の京浜支部長就任後、イリス商会、アーレンス商会、バイエル薬品、ドイツ染料合名会社、ヴィンクラー商会の支店長や役員が京浜支部、阪神支部の幹部に登用された。一九三三年から三四年にかけて日本のドイツ人の入党が集中しているが、その大半が商社員およびその家族であった。

ハンブルク・上海・東京

一九三三年一〇月時点で、東アジア諸都市におけるナチ党支部は次のとおりであった。支部(Ortsgruppe)は、広州、香港、北京、上海、天津、京浜の六支部を数え、班(Stützpunkt)は、青島、漢口、ハルビン、南京、済南府、阪神、そしてマニラとシンガポールで組織された。東アジアで組織された六支部と八班のうち、遠隔地のマニラとシンガポール以外の組織は上海に設置された全東アジア支部が統括した。[31]なお班は、三〇人未満の党員で結成されている支部を指し、党員数が三〇人を越すと支部として登録された。[32]また一九三三年九月に集計された党員数は、上海二八五名、天津五五名、北京四七名、広州四四名、香港と東京・横浜で各三三名、班では、青島二三名、漢口二二名、ハルビンと南京が各一八名、神戸・大阪一五名、済南府九名、シンガポール七名、マニラ六名であった。[33]

右の数字は、一九三三年時点のものであるが、翌三四年には、長崎で創設された九州班が加わり、漢口の班が党員数の増加によって、正式に支部となった。[34]なおナチ党機関誌である『東アジア・ベオーバハター』誌(一九三四年八月号)によれば、日本と「満洲国」の支部および班は、上海の全東アジア支部の管轄から独立すべく、全日本支部と全「満洲国」支部の創設準備が進められていた。[35]

いずれの組織も支部長を筆頭に、副支部長、書記長、出納長、スポーツ部長、さらに装備部長が幹部として就任した。その下に出版部、書籍部、経済部、さらに調停委員会が設置された。

書記長は、おもに支部内での文書による通達、情報交換を管理する責任を負った。支部内では毎月二回、回覧板が作成され、党員間の連絡の円滑化がはかられた。出納長および経済部は、党員から会費や寄付金を収集し、支部の財政管理を請け負った。また経済部は、経済や産業に関する情報収集、新聞や雑誌からの関連記事の抜粋を担当し、これらの情報は上海からハンブルクの外国組織部へ送られた。会費は、党員一人につき毎月二ライヒスマルクであった。管轄地域のナチ党支部に毎月支払い、それを上海の全東アジア支部が一括してハンブルクの外国組織部に支払うことになっていた。[36]

スポーツ部門は、党員の身体を鍛錬する目的で、定期的に体操や遠泳、競技会を開催した。団体競技は連帯感や仲間意識を深めるもの、体操や行進は統一感や美意識が磨かれるものとされ、ナチ体制下では奨励された。

出版部は外国の新聞を含めた新聞や雑誌からナチ党関連の記事を収集し、党員への情報提供を任務としていた。また、ナチ党の宣伝を兼ねた講演会などの企画、運営も行なっていた。書籍部は、ナチ党関連書籍の新刊書や推薦書を選定し、党員からの注文に対応した。書籍販売や新刊の紹介を兼ねた展示会やナチ党の宣伝パンフレットの配布も書籍部の管轄として行なわれていたのである。

たとえば一九三三年、クリスマスのテーブルを飾るにふさわしいプレゼントとして書籍部から推薦された書籍には、ヒトラー『我が闘争』を筆頭として、アルフレート・ローゼンベルクの『二〇世紀の神話』、ゲッベルス『ドイツの革命』(図説付き)など党幹部の著作が並んだ。そのほかには人種論や北方人種の優越性を論じた書物、ナチ党のカレンダーや楽譜などもあった[37]。

宣伝工作と情報統制

ヒトラーの「権力掌握」から二週間後、一九三三年二月一四日付の『上海ドイツ日報』には、ある読者が編集責任者宛に綴った手紙が掲載されている。同紙は、中国で刊行されていたドイツ語新聞のなかではもっとも多い購読者を獲得しており、政治的には中立を標榜していた。その手紙には、上海におけるナチズム宣伝、それを主導するハーゼネールへの警告ともとれる批判が述べられている。またナチ党機関誌ではない同紙では、特定の政党、政治思想に肩入れするようなことは慎むよう提言が添えられていた。

図 13　上海支部スポーツ部門

ハーゼネール氏［ナチ党全東アジア支部長］は、ナチ党のようなやり方で歴史に造詣の深いドイツ人を引き寄せられると本気で信じているのだろうか。多くのドイツ人はナチズム宣伝など真に受けていない。先の大戦でドイツ人が負けたことを忘れてしまったようなハーゼネールのような面々だけが信じているというのがせいぜいであろう。ハーゼネールとその側近の党員たち、そしてフーゲンベルクのまわりにいる人々は、あたかも民主主義とマルクス主義が、祖国ドイツにおけるような悲惨な経済不況を引き起こしたとしている。[38]

（［　］内は引用者）

このような手紙が紹介されていたが、党員から寄せられるナチズム宣伝、反ユダヤ主義を煽動するような論考が、同紙に掲載されることはなかった。しかし、ナチ党とは距離を置いた報道をしていた『上海ドイツ日報』も、一九三六年一月、経営者の交替を契機として『東アジア・ロイト』と改称し、それ以降は親ナチ的な論調を強めていくことになる。[39]

上海には、東アジア方面はもとより南米方面からの各種情報が集中し、各国からの工作員が暗躍していた。ナチ党上海支部の活動の一端は、その宣伝工作からもうかがえる。上海のドイツ系ラジオ放送局XGRS（徳国遠東広播出電臺）では、中国人アナウンサーを起用し、英語放送によるアメリカに向けたナチズム宣伝を行なっていた。また同放送局では、英語、フランス語、ロシア語、イタリア語、中国語、ドイツ語の六か国語を用いたニュース放送、かつ英語、ドイツ語、中国語による時局解説放送、さらに一日一回ヒンディー語を用いたナチズム宣伝の放送を行なっていた。ちなみにXGRSの発信元は、北京のドイツ大使館内となっていた。また北京のドイツ大使館では、ドイツ宣伝記事を募り、その執筆者には補助金を出していた。

上海のナチズム宣伝は、白系ロシア人の住民も射程に入れていた。上海で刊行されていたロシア語新聞のなかにはナチ党機関誌に等しいものもあり、中立を標榜していた『ザリャー』(*ЗАРЯ*)紙にいたっても、ナチ党のプロパカンダや親ドイツ的傾向の強い記事を掲載していたため、当地のナチ党支部との関連が指摘される。なかでもナチ党賛美がきわだった『二〇世紀』と題される英文小冊子は、アメリカにまで出回っていた。宣伝印刷物の海外郵送に際しては、アメリカに留学経験のある中国人学生の名を用い、留学中に指導を受けた大学教授や交友関係のあった友人に送付するという方法をとっていた[40]。

上海では世界各国の新聞記者や特派員が活動していたために、各国のメディアの情報が飛び交っていた。しかし、ナチ党員は外国メディアの取材に応ずることを禁じられていた。そうはいっても、ナチ党上海支部の活動は、外国人記者たちの目を引いたようであり、頻繁に報道されていた。それらの報道に対して、上海支部では誇張や誤報が多いとして、しばしば抗議を行なっていた。たとえば上海支部が誤報として抗議したのは、次のような報道である。まず、「ドイツ総領事館で行なわれた党旗と国旗の掲揚式典において、制服を着用していた者が五〇人を数え、その式典の際、ナチ党の突撃隊員が領事館を取り囲んでいた」というものである。そのほかには、「ナチ党支部の幹部会において、武器が手渡され、指導者に対する宣誓が行なわれた」「党員による市民軍隊のような組織が結成されている」といったものであった。いずれも、アメリカ系の『上海イヴニング・ポスト』紙が報じたものである[41]。

上海のシオニスト系新聞『イスラエルズ・メッセンジャー』紙は、同じ上海で刊行されていたナチ党機関誌の記事を引用し、その政治体制とイデオロギーへの批判を行なっていた。

ヒトラーが支配する国で恐怖政治が持続する限り、ナチスのこの裏切り行為に対する批判が止むことはないだろう。あえて言うまでもないが、我々ユダヤ人は反ナチのドイツ人とは交流があり、このことは我々がドイツ国民全体に反感を持っているわけではないことを示している。ゲーテ、ハイネ、カント、シラーを生んだドイツは尊敬に値するが、ヒトラー、ゲーリング、ゲッベルスといった面々のドイツは憎悪の対象でしかない。我々は、この卑劣な暴力と闘い、凶悪犯罪を暴くため、文明化に尽力するのみである。[42]

さらに同記事では、第一次世界大戦時に多くのユダヤ系ドイツ人が「祖国」のために前線に赴いたことを引き合いに出し、ナチ体制下の反ユダヤ主義的政策が、ドイツ人として暮らし、ドイツ的教養を身に付け、ドイツ文化に貢献してきた同化ユダヤ人の名声をいかに傷つけているかを問うている。

一方で上海のナチ党支部は、このようなユダヤ人側からの批判や外国メディアによる報道は反ドイツのプロパカンダであるとして、情報の遮断をはかる。上海のドイツ人に対しては、ドイツ語の新聞や雑誌から情報を得るように呼びかけた。各支部の構成員となった党員は、本国政府への意見表明や提言は、管轄地域の支部長を通じて行なうものとされていた。党本部への書簡は、管轄地区の党支部長の署名を要した。すなわち党員であっても、党本部への直訴、または意見表明は禁じられたのである。

またナチ党支部では、管轄下の支部と班に対してナチ党機関誌や副読本、推薦図書の入手に努め、書籍部門ではナチ党関連書物の取り扱い書店を設置するよう指示した。本国からの書籍輸入の代理業を幅広く展開していたのが、上海のマックス・ネスラー商会であった。この商会は上海のドイツ人のみならず、ドイツ人学校やドイツ人クラブから受注を受けていた。このようにナチ党機関誌の定期刊行、専門書店の設置などによって、ナチ党本位の情報提供に努めたのである。

上海共同租界の工部局警察は、当初は党支部に懐疑的な態度をみせていたドイツ人も、宣伝活動と統制によって、親ナチに転向しつつあるとみていた。

ナチ党の動員に応じる者の数は、上海のドイツ人社会のおよそ四分の一におよんでいる。ナチ党を支持することで自らの利益を守ろうとするばかり、今やヒトラーの歯車としての固い団結が上海のドイツ人のなかでもできあがったようである。つい二か月前まではナチズムをひどく貶《けな》していたのとはうって変わり、上海のドイツ人の多くは親ナチ的となった[43]。

ナチ党支部では、まず外国メディアを遠ざけ情報を遮断した。そしてナチ党機関誌、体制の意向に沿った新聞や雑誌、書籍を普及させたのである。党員でない者は、党機関誌や支部経由での情報さえも遮断され、時の政権に不都合な意見表明や提言は葬られることになった。このような宣伝工作と情報統制を経て、ナチ党支部はドイツ人社会に、いわば情報的な鎖国状態を作り上げようとしたのである。

ナチ党員の心構え

上海の全東アジア支部で刊行されていたナチ党機関誌（一九三三年六月号）には、「民族同胞へ」という呼びかけで、ナチズム運動の歩みとその政治目標が述べられている。まず政権獲得にいたる過程において、三〇〇人以上の党員の命が犠牲になったことについての追悼の意が述べられた。さらに一九三三年三月五日の国会選挙におけるナチ党の躍進を引き合いに出し、ナチ党の政権獲得は合法的な手段によって実現したものであることを強調している[44]。

政治目標としては、軍備拡張や民族自決にのっとった反ヴェルサイユ体制が掲げられた。また一九三三年二月二七日に起きた国会議事堂放火事件は、共産主義者による残虐なテロであると強調し、ボルシェヴィズムに対する脅威を煽った。内政においては、既存の指導的勢力の排除により、階級間の闘争や社会格差の克服が約された。これらの確約は、本国における宣伝内容と大差はなく、「二五か条の綱領」やヒトラーの演説からの引用である。

それでは東アジアのナチ党員については、どのような心構えが示されていたのだろうか。まず中国におけるナチズム運動については、「無敵の躍進」を遂げつつあるとされ、その影響力は目にみえるかたちであらわれてきているとされた。たとえばヒトラーの「権力掌握」から半年間で、総統誕生日や「国民的労働の日」といったナチ党の式典や集会に参加したドイツ人の数は、四〇〇人から五〇〇人にのぼるという。この数は、それ以前の式典や集会では、達成しえなかった数であることが強調されている。

ナチ党支部では、管轄地区のドイツ人社会における職業と身分の格差、その意識の克服を重要な課題とするものとした。具体的には、手工業者は地元のドイツ人クラブへの入会を拒絶されてきたが、これを改善することが約された。事実、東アジア諸都市のドイツ人クラブでは、それまで入会資格を有していなかった手工業者や技師、自営業者に門戸を開いていくこととなった。

また党員の言動は、現地におけるナチズムに対する印象、評価を左右するため、一人一人が党員としてふさわしい振る舞いを心掛けるべきとされた。それに反する言動があった場合、規律を乱した者は即刻党籍を抹消すると勧告された。禁止事項としては、まず公的な場での制服着用、さらに外国の新聞などのメディア取材を受けること、そしてヒトラーの政治的意図に関する情報の流布が挙げられた。

さらに『東アジア・ベオーバハター』誌の巻末には、海外に暮らすドイツ人が心掛ける一〇か条が掲げられた。この一〇か条は、次号以降も裏表紙などに掲載されるようになる。

「在外ドイツ人の一〇か条」
一　ドイツ人であることを忘れるなかれ、ドイツ人であることに誇りを持て。
二　どこにあっても同胞を助けよ。
三　母語と父祖伝来の風俗と習慣を尊重せよ。
四　新しいドイツに信頼を置け、新しいドイツは君を必要とし、君を求めている。
五　新しい祖国に敬意を示すよう努めよ。
六　ドイツの製品を購入せよ、それは祖国を助け、いずれ祖国に助けられることになるだろう。
七　時代遅れの誤った言動を改めよ。そのような言動のために、君が不当な目にあったとしても、その責任は新しいドイツにはない。

八　ドイツに関するばかげた噂話、悪評には徹底的に反論せよ。これは先の世界大戦で敵国が行なったのと同じ策略である。

九　祖国に関する情報は反ドイツ的な新聞ではなく、ドイツの新聞から得るべく努めよ。

一〇　ドイツの輝かしい未来を信じよ。[45]

「民族共同体」構成員の射程

ヒトラーの「権力掌握」以降、ナチ党の認知度も高まり、入党希望者が各支部に列をなすようになる。ただしこの時点で、本国においては新規候補者に限り、暫定的に入党が禁止された。この入党禁止令を受けて、外国組織部は海外のドイツ人にも門戸を閉ざすことになる。またヒトラーは、海外支部に対して、現地での宣伝活動を差し控えるよう勧告していた。上海の全東アジア支部では、管轄下の各支部に対して党員が非ドイツ系の社交クラブや協会に所属すること、また非ドイツ人との政治討論までも禁じた。

上海で刊行されていた『ナチ党機関誌』（一九三三年一二月号）には、在外党員に課された任務が記されている。

ドイツを一歩出れば、宣伝と啓蒙の意味するところはまったく異なる。宣伝とは、外国において、ナチ体制の樹立を目指すこと、つまり現地の住民をナチ体制に向かわせるべく促すことになる。一方で啓蒙は、ドイツのナチ体制がどういうものであるかを外国人に教えることである。外国人が理解を示せば、ドイツとの関係を良好に保つことにもつながる。[46]

ここでは、党員に課せられた任務は外国人への啓蒙のみであり、宣伝をしてはならないことが強調される。事実、海外支部を統括したナチ党外国組織部では、折に触れて「ナチズムは輸出しない」という文言を打ち出していた。外国人に対してナチ党の主義、思想についての理解を求めることはあっても、それを文化圏の異なる社会で普及させることは阻止するべきとされたのである。それゆえ中国人や日本人の入党が認められることはなかった。

一九三三年四月二〇日、中国のナチ党員より、誕生日の祝辞と贈り物、祝い金がヒトラーに進呈された。贈り物は、総統と中国のドイツ人との「忠実な結び付き」をあらわす銀製の鉢であった。この鉢の内側には金メッキがほどこされており、中国の飾り文字で「崇拝する総統へ　中国のナチ党員一同より」と刻印されていた。贈り物の鉢と祝い金は、ドイツ汽船ザウアーラント号で一時帰国する女性党員パウラ・シンクに預けられた。四月二〇日のヒトラーの誕生日に際して、中国のナチ党員から祝い金が集められ、この祝い金はドイツ通貨に換算して総額一〇〇〇ライヒスマルクとなった。その小切手も、シンクがヒトラーに直接届けることになった。誕生日の贈り物と祝い金の小切手には、党員からのエールが添えられた。

尊敬すべき帝国宰相！
中国のナチ党支部は、永久不変の忠誠の誓約をもって、尊敬すべき総統に、ここに贈り物を進呈できることを光栄に存じます。進呈にあたりましては、ナチ党員のパウラ・シンクが我々の委任を受け、心から尊敬する帝国宰相に、心よりの祝辞と祝福を伝えます。我々は、この異国の地で前哨の最前線にいる者として、ナチズム思想の推進者であり、同時に宣伝者であることを最高の特権と思っております。[47]

このメッセージは、「ハイル・ヒトラー」という決まり文句で締めくくられている。ここでは自らをナチズムの推進者であり、宣伝者であるとしている。しかし外国での宣伝は、ヒトラーの意向ではなく、むしろ党員の暴走ともとらえられる行為であった。

ナチ・シンボルの導入

一九三三年三月五日から六日の夜にかけて、ナチ党上海支部の創設者であるハーゼネールが、短波ラジオ放送を通して東アジア全域のドイツ人に本国におけるナチ党の一党独裁体制の成立を宣言した。このラジオ放送が流れたのは、中国では早朝六時であったが、上海共同租界の一角はどよめきたったという。[48]その一角は、ドイツ人の居住区であった。

ハーゼネールのラジオ演説から一週間後、南京の党員マックス・レーヴァーが上海で出張講演を行なった。レーヴァーは南京での支部創設に携わり、一九三四年三月に帰国するまで支部長として当地のナチズム運動を先導してきた。[49]彼の講演は、同年一月三〇日に成立した新政権とその政治目標についてであった。講演会場には、約三〇〇人のドイツ人が集まり、会場全体が熱狂に包まれていたという。[50]

そして、ヒトラーの「権力掌握」から一か月半を経た三月一六日、党旗であるハーケンクロイツが上海ドイツ総領事館に初めて掲げられることとなり、党旗掲揚に際しての記念式典が開催された。翌日の『上海ドイツ日報』は、その様子を報じている。

まばゆいほどの陽射しが降り注いだ木曜日、上海ドイツ総領事館では厳粛な面持ちで国旗の掲揚が行なわれた。ドイツ人が数百人近く集まり、領事館の敷地は式典の参加者で埋め尽くされた。

列席者のリストにはドイツ人協会会長、ドイツ人学校の協会役員、商工会議所議長、そのほかジーメンスやバイエル薬品、ドイツ・アジア銀行などのドイツ企業の支店長や従業員の名前が連なった。さらには、黒シャツを纏ったイタリアのファシストも参加していた。平日の昼間にもかかわらず、ドイツ系商社や企業は休業とされ、ドイツ人学校も臨時休校とされた。

式典では、参加者たちがドイツ国歌を斉唱しはじめると、黒、白、赤の三色旗とハーケンクロイツの旗が並んで高く掲揚された。同時に、一同は旗に敬意を払うように右手を高く揚げ敬礼をした。国歌斉唱が終わると、「ホルスト・ヴェッセルの歌」が歌われた。この歌は、突撃隊員のホルスト・ヴェッセルによって作詞されたものである。党歌として、一九二九年頃より広まり、式典や祝賀会の席では、「第二の国歌」として歌われるようになった。ドイツ国歌が荘重な旋律を基調としている一方、「ホルスト・ヴェッセルの歌」は行進曲らしく、テンポよく流れる。歌詞においても、冒頭の「旗を高く掲げ」からはじまり、「整然とした隊列を組め」「道を開けろ、褐色の大隊が通る」「希望に満ちて、ハーケンクロイツを仰ぎ見る」といったように、一糸乱れず行進する隊列、勇ましさを表現したものであった。

歌が終わると、壇上にいたハーゼネールが立ち上がり、一歩前に出ると、参加者たちに「ドイツの同胞よ、ドイツの若者よ、同志たちよ」と呼びかけた。ハーゼネールは、ヒトラーとその側近たちによるナチズム運動の歩みを熱く語った。式典終了後、後にヒトラー・ユーゲントに移行した青少年組織であるボーイスカウトの行進が行なわれた。この青少年たちは、ナチ党のシンボル・カラーである褐色のシャツをまとい、一糸乱れぬ行進を披露した。そのまわりを見物人が取り囲み、興奮につつまれた人垣ができた。ドイツ総領事館のまわりでは、若者たちが「我らの故郷、我らの愛すべき祖国、我らのドイツ」と叫ぶ姿が見受けられた。

『上海ドイツ日報』は、新旧両旗の掲揚によって「『蘇ったドイツ』を多くの者が確信した」と伝えている。同記事によれば、党旗であるハーケンクロイツの掲揚は、敗戦と不況の時代が終わりを告げ、反ヴェルサイユ体制を掲げた「強いドイツ」の到来を象徴し、第二帝政期の国旗である三色旗は、伝統への回帰を意味する。第二帝政期とヒトラー政権成立の間にはヴァイマル共和国を挟むが、その間には、ドイツ国旗はドイツ総領事館には掲揚されなかった。ここで一三年ぶりに掲げられた黒、白、赤の三色旗は、帝政期のドイツを住民に思い起こさせたのである。

なお黒、白、赤の三色旗は、北ドイツ連邦の初代首相ビスマルクによって軍旗および商船旗として採用され、ドイツ帝国に引き継がれた。一九一九年に発足したヴァイマル共和国では、第一党の社会民主党が黒、赤、金の三色旗を国旗と制定したが、独立社会民主党は労働者革命の赤旗を掲げ、市民政党の圧倒的多数は、第二帝政期の黒、白、赤の三色旗の使用を主張するなど、国旗の色をめぐってしばしば論争が繰り広げられた。ヴァイマル体制下においては、黒、白、赤の三色旗は通商上の旗として採用されていたのである。

この式典以降、上海のドイツ総領事館には、ハーケンクロイツの党旗と三色旗のふたつの旗が掲げられるようになった。ヒトラー政権成立から一か月半後、はやくも上海で導入されたナチ・シンボルである。ハーケンクロイツの旗がドイツ国旗および商船旗として用いられるようになるのは、ニュルンベルク法に合わせて成立する帝国国旗法を待たねばならないが、上海での党旗掲揚式典の一件を例にとると、公的な場での党旗掲揚は、本国での法制化を待つまでもなく導入されていた。

一九三三年七月、ドイツ巡洋艦ケルンの青島入港に際して、天津で刊行されていた『ドイツ・中国ニュース』は特集号を組んだ。そのなかでは、青島ドイツ人の歓迎の様子が熱っぽく報じられている。巡洋艦ケルン号は一九三二年一二月にドイツを出発したために、三三年一月のナチ政権発足を航海中に聞き及ぶにいたった。船員たちは、この政治変革の反響をかつての植民地である青島で目の当たりにすることになった。

黒、白、赤の三色旗、この忘れがたい世界に冠たるシンボルを堂々とはためかせたケルン号は、七月二一日午前一〇時に入港した。ケルン号は、極東におけるドイツのパイオニアたちの所産である緑の装飾品のなかにお目見えしたのである。ドイツ人が文化的事業によって作り上げた街並みも建造物も森林も、そのすべてが今日までなお残っている。ドイツ人の居住区では、ケルン号を迎えるにあたって、たくさんの旗を飾り立てていた。ほとんどすべてのドイツ人の家に、黒、白、赤の三色の国旗とハーケンクロイツが一対となって風に舞っている。ハーケンクロイツは、ナチ革命による新しいドイツのシンボルである。ナチ革命によって、祖国はよみがえったのだ。ケルン号は、祖国の新しい魂を運んできたかのように、外に出ていたドイツ人からの歓声を浴びた。[51]

ここでドイツ的な建築物や街並みを装飾品にたとえているのは、しばしば青島が「黄海の真珠」と呼ばれていたためである。この青島湾と旧市街の描写からは、ドイツ人によって都市開発がなされ、ドイツ的な景観が作り上げられたという誇りが込められている。

ケルン号が入港した埠頭では、ドイツ総領事をはじめドイツ人協会の要人が船員を出迎えた。街路や家屋のいたるところに、帝政期の三色旗と党旗が対になって掲げられ、街じゅうが黒、白、赤の旗で埋め尽くされたようであった。また街のあちこちで、褐色のシャツを纏い、「ハイル・ヒトラー」と叫ぶ人の姿が見受けられた。

ケルン号入港翌日から、歓迎式典や催し物が相次いだ。同年七月二三日には、ドイツ人墓地に住民二〇〇名とケルン号の船員が集まり、第一次世界大戦時の青島攻防戦での戦没者の追悼式が挙行された。ケルン号の楽団員によって、ベートーヴェンの葬送行進曲が演奏され、参列者は犠牲者に哀悼の意を表した。そして海軍専属の牧師が、「死ぬまで忠実にあり続けろ」と題した説教をし、そのなかで国家の前哨に立って、戦友たちが国民の義務を遂行した行為を称え、青島の地はこの英雄的なドイツ人の血によって捧げられたのであり、それゆえに永遠にドイツであり続けると述べた。そしてナチ党青島支部の代表と鉄兜団が、青島攻防戦の記念碑に花輪を掲げた。

この追悼式の翌週に行なわれたケルン号の海兵隊員と褐色の少年たちのパレードには、猛暑にもかかわらず大勢のドイツ人が見物に押し寄せた。見物客のなかには、ドイツ人のみならず、イギリス人

図14　神奈川県茅ヶ崎に住むナチ党員の邸宅．富士山を背景として，ハーケンクロイツと三色旗が掲げられている．

やアメリカ人、中国人の姿もあった。海兵隊員と褐色の少年による一糸乱れぬ軍隊行進に興奮した人々は、彼らの足並みに合わせてステップを踏もうと必死であった。

ケルン号の青島入港を取材した記者たちは、青島ドイツ人の歓迎ぶりを伝えていた。

ケルン号の船員の滞在中、街路や邸宅には、帝政期の国旗とハーケンクロイツの党旗が対となって飾られ、青島の街じゅうが黒、白、赤に染まったようであった。[52]

ここでも、しばしば強調されるのは、黒、白、赤の三色であった。

ナチ党政権発足当初の上海と青島では、「ドイツの伝統的価値への回帰」が盛んに叫ばれた。貿易業に従事してきたドイツ商人にとって、ヴァイマル期の爆発的なインフレや国民経済の破綻は、彼らの生活基盤そのものを脅かすものであった。また「模範的な植民地」として都市形成や産業発展が成し遂げられた青島では、帝政期への思い入れが格別強かった。黒、白、赤の新旧両旗の掲揚は、まさに「蘇ったドイツ」を象徴するものだったのである。これは「新しいドイツ」に寄せられた期待もさることながら、帝政期への郷愁が強かったことを物語るものである。

メディアの共有

一九三三年六月、東アジア地域で最初のナチ党機関誌が上海で刊行された。発行元は、中国と日本、「満洲国」のナチ党支部を統轄していた全東アジア支部である。創刊号はＡ４サイズ四頁で、刊

図 15　ケルン号の船員を迎えて，1914 年の青島攻防戦の戦没者への追悼式典が実施された．

行部数は三二五部であった。第三号にあたる一九三三年八月号は八〇〇部、一九三四年一月号は一五〇〇部と発行部数を順調に伸ばしていった。[53]

この機関誌は一九三四年三月号より、「東アジアの観察者」という意味を持つ『東アジア・ベオーバハター』と改称した。改称について、購読者に次のように伝えている。

> 我々の月刊誌は、通達や連絡、回覧のための機関誌としての役割に留まらず、ナチ党員のみではなく、大勢のナチズム運動の同志に配布することを目的として、誌名を『東アジア・ベオーバハター』と改称する。中国および日本においては、同誌を唯一のナチ党公認の機関誌とする。[54]

『東アジア・ベオーバハター』の誌名は、本国のナチ党機関誌『フェルキッシャー・ベオーバハター』（民族の観察者）に由来するものである。創刊号の掲載記事のおもな内容は、次のとおりである。まずナチズム運動の歴史、党員としての心構えが記され、入党禁止令の通達、さらに制服着用や海外メディアとの接触などに関する注意事項などが述べられている。[55]

第三号にあたる一九三三年八月号は、計八頁のうち七頁が反ユダヤ主義の煽動記事で占められていた。たとえば本国におけるユダヤ人の人口、職業、犯罪率の統計を示し、弁護士や医師などの職業の独占状況と財界との癒着、犯罪率の高さを強調していた。[56]一九三四年一月号からは、東アジアに支社を置くドイツ企業や劇場の広告が掲載されるようになった。そして『東アジア・ベオーバハター』に改称された一九三四年三月号からは、各支部からの報告や支部長人事などの情報が掲載されるようになり、刊行部数は二四〇〇部に達していた。さらに誌面を通じて同誌の表紙のデザイン画を募り、ローゼンベルクやゲッベルスの書籍を賞品として出していた[57]。世帯単位での購読契約、あるいは職場やクラブなどでの貸し借りを想定すると、刊行部数を上回る数の人々の目に触れていたことになる。

一九三四年七月号では、「上海支部スポーツ部門のメンバーとドイツ少女団団員のカップル誕生」と題し、同年六月に上海で行なわれた結婚式の様子を報じている。新郎のオットー・ヘーマンは、ナチ党支部のスポーツ部門にも所属していた。『東アジア・ベオーバハター』には、制服を着用した党員とドイツ少女団の団員がナチ式の敬礼によって、教会を去る新郎新婦を見送っている写真が掲載された[58]。

それでは創刊から三五号目にあたる一九三六年四月号の掲載記事をみてみよう。この号の頁数は五二頁で、写真はそのうち八頁を占めている。掲載写真は、ヒトラーが子供と握手を交わしている場面、ナチ党員による行進、香港に入港したドイツ艦とその入港式、ドイツ人クラブでのパーティー、ドイツ水兵の京都、大阪旅行、南京での党員会合、上海支部主催の式典を撮影したものである[59]。

この三五号が刊行された月は、ヒトラーの誕生月にあたるため、第一頁にはヒトラーの肖像画が掲載されており、続く「四月二〇日に際して」と題した論稿ではナチズム運動におけるヒトラーの功績が綴られている。また同年二月、スイスのナチ党支部長であったヴィルヘルム・グストロフが、ユダヤ人によって暗殺された旨が報じられており、グストロフの功績が称えられている。一九三二年にナチ党の全スイス支部の支部長に就任したグストロフは、以後スイスのダヴォスに拠点を置き、反ユダヤ主義を煽動する新聞を発行していた。グストロフは、一九三六年二月四日にユダヤ人学生によって暗殺された。ユダヤ人学生によって暗殺されたことで、グストロフはナチズムの殉教者として奉られた。また福祉と余暇活動のための組織である歓喜力行団主催の団体旅行で使われた客船は、彼の名前

図 16　ドイツ少女団の団員と上海ナチ党支部のスポーツ部門党員の結婚式の様子

に因んでグストロフ号と名付けられた。この三五号には、ヒトラーがグストロフに宛てた悔み状も転載されている。

そのほか、ボルシェヴィズム、ヴェルサイユ条約を踏襲したロカルノ条約の不当性やナチ党の経済理念を述べた論考、推薦図書、中国におけるナチ医師連盟の結成、東アジア地域の新聞メディアによるドイツ評、さらには、バンコク、広州、香港、南京、北京、上海、天津、済南府のナチ党支部報告、ナチ婦人会やヒトラー・ユーゲントの活動報告、昨年度の冬期救済事業の実績、ドイツ水兵の歓迎会の様子などが伝えられている。巻末には、上海支部の講演会やナチ党の式典などの行事予定、集合日時が掲載されている。

全東アジア支部が発行していた『東アジア・ベオーバハター』誌には、ヒトラーの演説からの引用、ナチズム運動の歴史、経済理念を論じたイデオロギー色の強いものから、ローカルニュース、たとえば地域のスポーツ大会の結果報告や遠足、地元で行なわれた結婚式、家庭菜園などの記事が掲載されていた。同じ冊子に、ヒトラーの演説や肖像画とローカルニュースをいっしょに掲載することで、ナチ的イデオロギーが、日常生活的な領域にまで介入することになったのである。刊行当初は、ナチズム運動の歴史、党員としての心構え、人種論の解説、外国組織部からの通達などのイデオロギー色の強い記事が誌面の大半を占めていたが、刊行部数が増すごとに、地元に限定され、日常生活に密着した情報や話題が増えていったことがわかる。

上海などの大都市には、ドイツ書籍を専門に扱う書店があり、本国の党機関誌を取り寄せることもできた。しかし東アジアのドイツ人社会では、『東アジア・ベオーバハター』が広く普及していた。つまり東アジアのドイツ人は、本国との「メディアの共有」のみならず、地元に限定された、より日常生活に密着した情報や話題を求めていたのである。

本国との「時空の共有」

ナチ党支部には、装飾部という部署もあった。装飾部はスポーツ部門の活動にも関わっており、制服や党章バッチ、党旗などの取り寄せ、販売を担当していた。制服や党章などのシンボルは、身に着けることによって、ナチ党員としての自覚が高まり、連帯意識が促進されるものとされたのである。まずスポーツ競技に参加する際のユニフォームとして、ナチズム運動を象徴する色である褐色のズボンが取り入れられた。これらシンボルの導入とともに、ナチ党の政権掌握記念日（一月三〇日）や総統誕生日（四月二〇日）、国民的労働の日（五月一日）、ポツダムの日（三月二一日）のナチ党の記念日に式典が開催されるようになった。

一九三七年四月二〇日にナチ党ハルビン支部で行なわれた総統誕生日の記念式典の様子をみてみよう。ハルビン支部では数か月前より準備に余念がなかった。会場となったドイツ人クラブの大ホールでは、祝祭らしく、ハーケンクロイツの党旗が中央に飾られた。式典当日、夜八時半に招待客がクラブに集まった。招待客はナチ党員に限定されておらず、党員ではないドイツ人、親独派の中国人や日本人もいた[60]。

まずナチ党ハルビン支部長が祝辞を述べ、「ドイツ国民にとっての四月二〇日がいかに重要な意味を持つか」を熱く述べた。そしてヒトラー・ユーゲントとドイツ少女団が前座を務め、地元のドイツ人学校であるヒンデンブルク・シューレの学校長アルフレート・パウル・デーアが基調講演を行なった。講演では、「ヒトラーの一生」と題して、その出生から青年時代、第一次世界大戦での活躍、ドイツ労働者党の結党、ミュンヘン一揆、政権獲得にいたるまでの経緯が語られた。参加者は、さながら故郷に舞い戻ったかのような思いにかられ、改めてこの偉大なる総統への感謝の意とドイツ人であることに誇りを感じたと主催者側は付け加えている。なおデーアは、一九三九年に神戸ドイツ学院の学校長として赴任する。神戸ドイツ学院では、一九三一年九月から八年間にわたり学校長として奉職したルドルフ・ゾンマーがニュルンベルク法の規定するユダヤ人に該当したことから、校長職を解任されていた[61]。

ナチ党の祭典や記念日をドイツ人社会に取り入れることにより、祖国と時空を共有しているという意識を生み出し、ドイツ国民としての一体感が強調されたのであった。このような「時空の共有」、党旗や制服などシンボリックな媒体を通した政治体験は、ナチ的な統制を象徴するものである。しかしその一方で、現地社会の中国人、日本人が招待客として招かれていた。このことから、現地社会、また傀儡政権への配慮もあったことがわかる。

ドイツ人社会の摩擦

ハンブルクの外国組織部が、「中国におけるナチ党人気」の沸騰を伝え、ナチ党機関誌『東アジア・ベオーバハター』および親ナチ的な論調のメディアもまた、「新しいイデオロギー」であるナチズムに人々が惹きつけられている様子を報じていた。

しかし上海共同租界の工部局警察によれば、当地のナチ党員は三〇〇人ほどであり、およそ同数の女性が党関連団体であるナチ婦人会の会員であった。上海のドイツ人の総数は、一四〇〇から一五〇〇名のあいだであるため、ドイツ人社会全体からしてみれば、党員およびナチ婦人会の会員は半数に満たない程度であった。ナチズムに傾倒しているのは若年層であり、長年当地で貿易業に携わってきた年長のドイツ人はなお保守的な傾向が強いとみられていた。「古参組」のドイツ人は、この「新しいイデオロギー」に対する警戒感を拭いきれていなかったのである。幸いにしてドイツ人社会で影響力を行使しているのは、この「古参組」のドイツ人だったのである。なお工部局警察は、イギリス人が大勢を占めていた。

またフランス人警察によれば、社交クラブを中心としたドイツ人の一団は、ヒトラーには敵対的な態度を示しており、ドイツ人社会は二分されているという。またヒトラー直々の信頼を得て上海のドイツ総領事に就任したクリーベルであったが、ナチ党の進める反ユダヤ主義政策については、公然と批判していた。筋金入りの党員でありながら、反ユダヤ主義には批判的という矛盾したクリーベルの態度は、急進的な党員の反感を買ったことは言うまでもない[62]。

一九三七年一月、「上海ドイツの人民戦線」と題された、ドイツ語で書かれたパンフレットが出回るようになる。内容は、共産主義的な論調を前面に出したナチ体制への批判であった。このパンフレットは、党員ではないドイツ人に限定して、各世帯の郵便受けに投函されたものであり、差出し人は匿名であった。その冒頭では、「自由と権利のための闘争のなかで、今やファシストたちの手に落ちたドイツの平和と自由を取り戻すために立ち上がる者は、すべて我々の同志である」と呼びかけ、上海ドイツ人による反ナチ勢力の結集を促していた[63]。

伝統的な上海のドイツ人社会を構成していたのは、おもに商人や貿易商である。彼らは、高級住宅街であった共同租界の南西部、フランス租界に居を構え、ボーイや阿媽《あま》と呼ばれていた使用人を雇っていた。週末や休暇は、外国人御用達の社交クラブで過ごすことが多く、日常生活においては英語を話し、中国人とはピジン語で意思疎通をしていた。さらにドイツ人学校においては、在校生の約四分の一が「ドイツ人ではない子供」で占められていた。本国の同程度の社会層に比べて生活水準は高く、国際色豊かな生活環境のなかで暮らしていたドイツ商人にとって、職業、社会身分の克服、アーリア人至上主義による「民族共同体」の形成を標榜したナチズムはさほど魅力的には映らなかった。

第四章　ナチ的な統制と地域性

東アジアで結成されたナチ党支部の下には、ドイツ労働戦線やナチ婦人会、ヒトラー・ユーゲントなどのナチ党関連団体が組織された。そのほか、ナチ教員同盟やナチ医師同盟などの同業者組織も結成された。これらの関連団体の代表は、管轄地区のナチ党支部に属していた。代表以外の加盟者も党員であることが望ましいとされていたが要件ではなかった。これらのナチ党関連団体の活動は、ナチ党員以外のドイツ人をナチズム運動に動員することがその大きな目的だったのである。

本章では、まずナチ党関連団体の中からドイツ労働戦線、そのなかでも人気を博した歓喜力行団、冬期救済事業、ナチ婦人会、そして青少年団体であるヒトラー・ユーゲントについてとり上げる。これらの団体のさまざまな活動から、東アジアのドイツ人社会におけるナチズム運動の特徴を汲みとっていきたい。

さらにドイツ人学校の教育現場に目を転じていく。東アジアのドイツ人学校においても、ナチ党の意向に沿った教育が目指され、教育内容やカリキュラムの変更が行なわれた。しかし前述のように、ドイツ人学校には中国人や日本人との混合婚による子供を含めて、「ドイツ人ではない子供」が多く在籍しており、現地語の授業も行なわれていた。このなかで、ナチ党の「均質的な流れに整える」統制はどのように進められたのだろうか。ドイツ人学校の運営方針や教育内容の変更から、教育現場におけるナチズムの浸透を考えてみよう。

ドイツ労働戦線

一九三三年五月、ケルンの大管区長であったロベルト・ライを指導者とするドイツ労働戦線が創設された。ドイツ労働戦線の活動は、職業教育や経営集会、職業技能コンクールの実施、年金や財形貯蓄、生命保険、家族手当、余暇やレクリエーションの福利厚生、職場待遇に関する相談など多岐にわたるものであった[1]。

東アジア地域の主要都市においても、労働組合は解散を余儀なくされ、新たにナチ党支部の管轄下にドイツ労働戦線が創設された。既存の同業者組合や職人ギルドは一部残ったが、それらもやがてドイツ労働戦線に組み入れられた。東アジアのドイツ人にとってドイツ労働戦線とはどのような組織であったのか、またその魅力は何であったのか、まずその宣伝事業からみてみよう。

ドイツ労働戦線への加入には、ドイツ国籍を持つことがその資格要件とされた。一九三五年九月一五日、ニュルンベルクでのナチ党大会で決議された人種法は「ドイツ国公民法」および「ドイツ人の血と名誉を守る法」から成るものである。ドイツ国公民法は、第二条で「アーリア」系の血統を持つドイツ国籍の保有者のみを「ドイツ国公民」であると規定している。この人種法に従い、ナチ党はドイツ国公民のみにドイツ労働戦線への加入資格を限定した。つまり非アーリア系の血を引く者、二重国籍者、帰化ドイツ人はそこから排除されたのである。

ナチ党関連団体への加入を希望するドイツ人は、居住地域を管轄するナチ党支部に出向き、審査を受けたうえで加入手続きをとった。ドイツ労働戦線の加入者の特権や特典は、家族以外の者には譲渡することはできなかった。脱退に際しては、六週間前までに書類による手続きを済ませるものとされ、その書類は管轄地区のナチ党支部で受理された。一旦脱退した者は、ドイツ労働戦線が提供する安価な旅行や週末の遠足への参加、娯楽施設の利用はもちろんのこと、失業保険や労災保険、家族手当などの受給資格も失った。ただ会費が月額三上海ドルと割高であったために、それを理由に脱退を申し出る者もいた。そこで中国のドイツ労働戦線においては、満二〇歳以下の子供がいる家庭につき会費割引の特典を与えた。扶養する子供の数が多ければ多いほど割引率を高く設定し、扶養家族を多く抱える者を援助する特典を設けた。またドイツ労働戦線では、本国での就職の仲介、失業保険や労災保険、旅行や余暇施設の利用に加えて、無料の法律相談なども受け付けていた。

ドイツ本国では、ドイツ労働戦線の加入率は、一九三九年に九割に達したが、中国の天津では、一九三六年八月時点で加入率はすでに九割を上回っていた。[2] つまり当地では、本国以上に加入率は高く、就業者の大部分がドイツ労働戦線に属していたことになる。

歓喜力行団

歓喜力行団（KdF）はドイツ労働戦線の一部局として、イタリア・ファシズムの余暇組織「ドーポ・ラヴォーロ（労働の後に）」をモデルとしてつくられた。歓喜力行団創設の目的は、労働者への余暇やレクリエーションの提供、労働条件の改善と福利厚生の充実とされたが、その目論みはむしろ階級意識とそこから生じる階級闘争から労働者の注意を逸らすことにあった。[3]

東アジア諸都市で結成された歓喜力行団では、ドイツ人に帰郷の機会、つまりドイツへの渡航を安価な価格で提供した。『東アジア・ベオーバハター』誌（一九三六年二月号）では、「海外のドイツ人にとっての『歓喜力行団』」と題した記事のなかで、「冬こそドイツ旅行を」と呼びかけている。同記事によれば、一月から三月にかけての時期のドイツ旅行はシーズンオフであるが、だからこそ旅費が破格であるため、財布にやさしいという。また長年、アジアの気候に慣れ親しんでいるドイツ人にとって、本国の冬を経験することはかえって新鮮味があると付け加えられている。[4]

ベルリンのドイツ労働戦線本部からは、『東アジア・ベオーバハター』誌の誌面を通じて東アジアのドイツ人にメッセージが届けられた。

歓喜力行団の催し物への参加は、海外にいるドイツ人すべてに薦められる。これらの催し物は、保養や素晴らしい経験を得ることに留まらず、我々同胞が集う機会を提供する。このようなことでもなければ、交流は難しいのであるから。[5]

そして今後、海外旅行が広く浸透すれば、東アジアのドイツ人が頻繁に帰省し、ドイツに暮らす家族や親戚、友人も中国や日本を訪ねる機会が増え、交流が深まるだろうという希望的な観測が添えられた。

ドイツ労働戦線に加入しているドイツ人が休暇中に帰省する場合は、まず管轄地区のナチ党支部に出向き、滞在先と滞在期間を届け出ることになっていた。その後、本国での歓喜力行団によるレクリエーションや催し物などの案内が届けられ、帰省期間中に自由に参加することができた。また歓喜力行団の主催した船旅においては、従来のような客室の等級分けがなされず、参加者はすべて同じ等級の客室を利用するものとした。ナチ体制以前であれば、財布の重さが船室のクラスを決めるところであるが、歓喜力行団によって「等級分類のない客船」が誕生することとなった。このような試みによって、社会階層あるいは階級間格差の除去、平準化が印象づけられたのである。

歓喜力行団では、本国に暮らすドイツ人には海外旅行を、海外のドイツ人には帰郷の機会を安価な価格で提供し、交流を促進することで「民族共同体」意識の発揚をはかったのである。

歓喜力行団主催の祖国ドイツへの団体旅行に参加したあるドイツ人の旅行記が『東アジア・ベオーバハター』誌に掲載されている。この「歓喜力行団　ドイツ行き(一九三六年)」と題された旅行記は、ドイツ旅行から戻った「私」が中国・大源《たいげん》の自宅の一室で回想するところから始まる。[6]

長い夜、自宅の一室で椅子に腰掛け、我が家のまわりで春風が鳴り響くのを耳にする。……流浪の旅に出たいという欲求にかられる。かつて私が若くして海を渡ったときのように、この嵐は帆柱にさまざまな音を響かせるだろう。春の嵐は、青い海と神秘的な森があることを思い起こさせてくれる。……そう私は若返ったのだ。もう一度気ままに、そして若者のように期待に満ちて、懐かしき故郷ドイツにたどり着くために世界を横断し、そしてドイツ各地を渡り歩いたのだ。それが去年の歓喜力行団主催のドイツ行きである。

ケルンに到着したときの回想は、あたかもおとぎの国に舞い降りたかのようである。

突然、私の部屋の狭い壁が視覚から消え、田畑の緑色が浮かび上がる。そこには、銀色に輝く川がくねりながら流れている。朝靄のなかに、城が神々しく聳え立っている。そこに陽の光が差し込み、美しい風景を照らすのだった。夜の暗闇。ライン川が音を立てて流れる。あたかも、メルヘンの世界に迷い込んだかのようである。巨大な塔は星空まで達している。一体誰がここまで高く積み上げたのだろう。どのような思いから、このような建築を案出したのだろうか。ラインの川岸から水がさすらい、やがて海へと流れ着く。ライン川は夜の闇のなかで照り映え、思わず息をのむほど厳かである。その流れは畏敬の念を抱かせ、気を奮い立たせるのである。幻想の世界にいるようである。ライン川沿いのケルンの大聖堂！　その景色が消えると、また別の景色が浮かび上がる。

このツアーの参加者には子供から老人までいたようであるが、ここでは年齢と無関係な感動が待っていた。

少年のようにみえる若者から銀白髪の老人まで。しかし、もはや年齢など誰も気に留めない。ここでは、誰もが若者なのだ。このドイツの風景のなかで、一行はまるで子供のように目を大きく見開き驚いている。感激するとともに、やや動揺している胸の内を隠しきれずに、きょろきょろとあたりを見回していた。多くの者は、これはすべて夢なのではないか、ふと目が覚めたら、もうどこか遠くの外国で、敵に囲まれているのではないかと不安になる。

ここでは、ライン川や大聖堂の景色が幻想的に描写されており、郷愁というよりは異国情緒すら漂っている。そしてドイツは、老人が若返ることができるような魅惑に満ちた場所であるという印象を抱かせる。

ケルンを観光した後、海外からのドイツ人の一行はハンブルクに向かい、その郊外の町ベーゼンビンダーホーフでツアーの参加者約四〇〇名が一同に集った。あまりの感動ゆえに、そこでの昼食会は無言のままに終わったという。

テーブルに着いてしばらくすると、私の右隣の人がメキシコからきたということが判明した。そして左隣の人はペルーから、向かいに座った人はエチオピアから、奥にいた人はコロンビアからであった。私が「中国から参りました」と打ち明けると、一同は信じられないというように驚いた顔をした。以前ならば私もそうであっただろう。我々の驚きがあまりにも大きかったばかりに、食事は無言のままで終わった。翌日、オーストラリア、チリ、アフリカ、パレスチナ、インド、ジャワ島、アルゼンチンなど世界中から集まった仲間と顔を合わせた。もはや、私は言葉がなかった。これらの人々が、世界の方々から飛行機や船を使い、あるいは鉄道を乗り継ぎ、この場所を目指して数週間にわたり旅をしてきたということが心に思い描かれる。ハンブルク！　余暇とレクリエーションを話し合う国際会議！　新しいドイツである第三帝国が、我々をここに呼び寄せたのである。……四〇〇人の海外のドイツ人がハンブルクに集うこと、その醍醐味は何かと問われるならば、それは若者の笑顔であり、多くの人のきらきら輝く子供のような目なのである。

このツアーの参加者たちは、懇談会や会議に加え、ナチ党の式典に来賓として招かれた。この式典には、外国組織部リーダーのボーレをはじめとするナチ党幹部が列席していた。金の党章のついた制服に身を纏ったこれらの幹部が壇上に上がると、来賓席にも緊張が走った。一斉に、右手を高く揚げ「ハイル・ヒトラー」と叫ぶ声が響きわたる。ナチ党幹部の規律正しさと整然とした起ち居振る舞いは、誇りに満ち溢れていたという。

あらゆる意味で、ハンブルクはこのツアーの目玉行事の開催地として、ふさわしい場所であった。ハンブルクは、ドイツ最大の貿易港を抱え、自由ハンザ都市の伝統もあることから、海運、貿易、商業、そしてメディアの中心地であった。東アジア諸都市の商社員、貿易商を会員とする東アジア協会もハンブルクに本部を置いていた。かつて、この地から南米や南西アフリカ、東アジアへと旅立った者も参加者のなかには多かったのである。またボーレの率いたナチ党外国組織部も、外務省の外郭団体に編入されるまではハンブルクを拠点とし、海外支部を統括していた。

初対面で緊張気味であった参加者も、ツアーが終盤を迎える頃には、ごく自然に腕を組み合う光景があちこちでみられた。参加者たちは、それぞれの境遇を理解し、共鳴し、故郷に集った喜びを分かち合ったという。見知らぬ、遠い異国に住む同国人にすぎなかった人々がナチズムに魅せられ、その政治思想を共有することにより、固い絆で結ばれることになったのである。

この旅行記を寄稿した者も含めて、中国のドイツ人の多くは、第一次世界大戦終結後に一旦本国に引揚げていた。彼らの記憶に新しいドイツは、ルール占領に端を発した爆発的なインフレ、国民経済の破綻、街には失業者が溢れていたヴァイマル共和国初期のドイツであった。

この旅行記においても、一九二三年前後の時期との比較が目立つ。たとえば、一九二三年から二四年にかけて工場労働者たちが、消極的抵抗と称してサヴォタージュを行なったルール地方の変貌が伝えられる。

ルール地方は、かつてはアカの拠点であり、一九一九年から二〇年にかけての騒乱で恐ろしく荒れ狂った地であった。ここでは、工場労働者たちの一群が我々に「ハイル・ヒトラー」と道端で挨拶することがしばしばあった。我々はバスで、工場の前を通り過ぎた。その際、工場の窓からは汗と埃にまみれた労働者たちの何百もの手がみえた。彼らは、ナチ式敬礼をしているのである。数年前までは、この地を支配していた面々が顔をゆがめて「ハイル・モスクワ」とわめいていた。あのときの労働者はこぶしを握りしめ、怒りを抑えていたのである。

このツアーの日程には、工場見学が数回組み込まれていた。見学先には、敷地内に芝生やバラ園、野外劇場などを備えた工場が選ばれていた。この筆者は、余暇の空間を取り入れた現在の労働環境と十数年前の状況を比較している。

あの頃工場の中庭といえば、数週間にわたり爆弾が吹き荒れるような身の毛のよだつ場所であった。工場の周辺も汚く、灰色で無味乾燥なものが工場の窓を囲んでいた。今日では、どの窓にも花が置いてあり、太陽の光が射し込む部屋の隅にも花が置かれているのを目にした。

さらに一行は、地方都市の小さな研磨工房を視察した。その工房で、「私」は作業に従事するある高齢の労働者に目を留めた。

彼の頭髪の大部分と髭は金属の粉塵に覆われており、作業着は生地がみえないほどであった。その労働者に「ハイル・ヒトラー」と挨拶をすると、彼はその場で飛び上がった。そして靴のかかとを打ち合わせた後、左手で革帯の留め金をパンとならし、右手を高く揚げナチ式の挨拶をした。「ハイル・ヒトラー」と叫ぶ彼の声が、宣誓のように響きわたった。私はこの光景を決して忘れることはないだろう。彼は大柄であった。彼を覆っていた細かい金色の粉塵に、太陽の光が射しかかり、まるでブロンズの甲冑のようにきらきら輝いていた。説明がつかないようなものに私の心はとらわれた。大きな騎士の背後には総統の肖像がぱっと輝いており、まるで生きている壁が総統を守っているかのように、その労働者は立っているのである。

窓から射し込む太陽の光を浴び、作業に従事する労働者の全身を覆っている金色の粉塵が輝く様子が細かく描写されており、読者がその光景を思い浮かべることができる。この筆者はあえて、地方都市、小さな工房、高齢者というように、社会の末端的要素を強調し、その末端においてもヒトラーに忠誠を誓い、ナチ体制を信奉していることを伝えている。

その最後には、ツアーに添乗したドイツ労働戦線の大管区長が参加者たちに語った言葉が引用されている。

我々が今朝バスからみた本当に美しいドイツの景色、これは一〇〇年来変わらずにきたものです。しかし、我々皆が奇跡のように感じたのは、ドイツ人労働者の顔ががらっと変わったことです。こぼれるような笑顔、輝いた瞳をあらゆるところで目にしてきました。我々が故郷を去ったあの頃、労働者たちは憎悪に満ち、悲惨な状況に血の気を失い、希望もないような顔をしていました。この顔の変化こそが、我々が味わうことのできた奇跡なのです。

ここに引用した旅行記は、読む者がその情景を瞼に浮かべ、音や匂いなどの感覚までも追体験できるような描写がなされている。また、一九二〇年前後との比較も功を奏している。第一次世界大戦直後の街には活気がなく、労働者の顔も生気を失い、すべてが灰色に塗りつぶされている。その一方で、ナチ体制下の労働者たちがバラ園や噴水、野外劇場を背景に、生き生きと働く姿が色彩豊かに描かれている。そして参加者たちが美しい風景や食事、音楽、そして労働者の変貌ぶりに感動している描写の端々には、ヒトラーの肖像画、党旗や制服などのナチズムを象徴するシンボルがあらわれる仕組みとなっていた。また東アジアのみならず、世界各国のドイツ人との絆が強調され、国境や地域を越えたドイツ人の共存共栄を暗示している。

ドイツ人のなかには、帰郷はかなわなくとも、このような旅行記から夢を掻き立てられた読者も多かったであろう。このような旅行記がナチ党機関誌に掲載され、多くの人の目に触れることによって、帰郷できない者も懐かしき故郷、奇跡のような風景、労働者たちの変貌、活気にあふれた街を追体験することができた。同時に、そこにはナチ党の世界観やイデオロギーを盛り込む工夫がなされていたのである。

余暇と国民大衆車

『東アジア・ルントシャウ』誌(一九三七年七月号)では、長江の支流にある島にドイツ人の避暑客専用の共有施設が建設され、その落成式が挙行された旨が報じられている。この共有施設は「歓喜力行団の家」と名付けられ、ヒトラー・ユーゲントのための身体鍛錬や水泳を行なうスペースも併設されていた。「歓喜力行団の家」が利用できるようになると、それまで青島や桂林、軽井沢や河口湖などの保養地で休暇を過ごすことができなかったドイツ人にも、避暑という習慣が定着していった。[7]

また上海の歓喜力行団は、クルーズや日帰り旅行、遠足などを週末ごとに企画していた。一例として、上海での「船上の宴」をみてみよう。この「船上の宴」は、上海の歓喜力行団によって企画され、I・G・ファルベンの代理店であったデファグ、アグファ商会、窒素会社、製薬会社のバイエルの四社から従業員が参加した。夕方六時に集合した一行は、貸し切りのフェリーで市内を周遊し、その甲板で晩餐会を開いた。

フェリーの下甲板の客室には、我々の心を強く惹きつける会食が用意されていた。そこには、山

図 17　歓喜力行団主催の旅行に使われたフェリー

積みにされた丸パン、鍋のなかには茹でたソーセージ、さらにはソーセージを焼くためのグリルまであった。飲み物も、その種類といい量といい申し分なかった。[8]

喉を潤し、お腹を満たした後は、上甲板で踊れるようにと、そのためのスペースが整えられていた。壇上には楽団が控えており、参加者のリクエストに応じてドイツの民謡やワルツを演奏していた。夜風にあたって体が冷えると、参加者たちはコニャックを口にした。この企画には女性従業員も数人参加していた。彼女らは夫を同伴していなかったが、肩身の狭い思いをすることはなく、くつろいでいたようである。宴もたけなわとなり、船が帰路につくと、主催者が閉会の挨拶を行なった。そのなかでは、祖国から遠く隔てられた地で、総統へのゆるぎない信頼を持つ者同士が集うことができたことへの感謝の意が述べられた。参加者は、即興バンドの演奏でまずドイツ国歌を、次に「旗を高く掲げ」という歌詞ではじまる「ホルスト・ヴェッセルの歌」を歌い、ちょうど歌が終わったところで、フェリーはもとの場所に着岸した。

フェリーの上では、歓談する者、ダンスに熱中する者、酒を飲む者、焼きソーセージのグリルの前から離れない者、それぞれが思い思いに週末の夜を満喫していた。強調されるのは、飲酒、ダンス、あるいは夫婦同伴などの規範が、無理に押し付けられないということであった。こういった週末を利用した旅行や遠足が人気を集めたのは、参加が任意であり、思い思いの方法で自由に楽しむことができたからである。一見して、政治から離れた自由な雰囲気が演出されているが、挨拶のなかでヒトラーへの感謝の意が述べられたり、党歌が歌われたりと、ナチ体制への合意を形成するような趣向が盛り込まれていた。そして夜間や週末など、就業時間外に従業員を集めることで、ナチ党の統制を私

図 18　歓喜力行団主催のフェリー旅行の様子

的、日常的な領域に拡張しようとしていたのである。

余暇の次は、「自家用車の夢」である。ヒトラーは、自家用車がブルジョワ階級に限定されたものであるかぎり、自動車は国民を貧富の二階級に分ける道具に過ぎないと明言し、安価な国産車の開発を政治公約として掲げていた。一九三六年六月に打ち出された「国民車」計画はドイツ労働戦線に委ねられ、ドイツ労働戦線が自動車生産工場を設置し、自動車の購入手続きが歓喜力行団に一任された。そして一般労働者においても、積み立てによって自家用車を購入できる制度の導入が掲げられた。一九三八年、フォルクスワーゲン社はKdF－ワーゲンの試用車を発表した。同車は、「かぶと虫」の愛称でたちまち人気を集めた[9]。この「自家用車の夢」は、戦争勃発のために計画自体が立ち消えとなったが、海外のドイツ人においても、KdF－ワーゲンに惹きつけられた者は多かった。事実、ナチ党支部のドイツ労働戦線には、KdF－ワーゲンの購入手続きに関する問い合わせが殺到していたのである。なかには、ベルリンのドイツ労働戦線本部に直接連絡をとろうとする者もいた。

しかしながら、海外のドイツ人には、KdF－ワーゲン購入のための積み立てはできないという通告がなされた。その理由は、ドイツ労働戦線本部ではKdF－ワーゲンの国外輸出は告示しておらず、また搬送のコストをどのように抑えるかについて、一九三九年一月の時点では打開策が見出せないためであった。ただ将来的には積み立てによって、海外からも購入できるよう、フォルクスワーゲン社で経済的かつ安全な搬送方法と販路を確保することが約された。そのためドイツ労働戦線では、KdF－ワーゲンの購入を考えている者に対して、あらかじめ貯蓄をしておくようにと呼びかけた[10]。

東アジアのドイツ商人たちは、本国における同程度の社会階層のドイツ人よりも生活水準は高いとされていた。これは現地の物価と人件費が本国に比べて低かったためであるが、そこには植民地的な感覚があったことも否定できない。たとえば、子供のいる家庭では女中と子守りを雇い、自家用車と運転手、さらには門番を置いている一家もめずらしくなかった。つまり、彼らにとって自家用車は「見果てぬ夢」ではなかったのである。

ドイツ労働戦線が宣伝したKdF‐ワーゲンは、自家用車をすでに所持していた者をも惹きつけていた。この国産大衆車への憧れは、そこから本国とのつながりを見出そうという思いでもあろう。またドイツ国民のステータス・シンボルを取り入れようとすることは、国民意識の高まりを示すものである。

冬期救済事業

冬期救済事業（WHW）は、一九三三年九月よりナチ福祉団によって、慈善事業として開始された。以後、毎年九月から三月にかけて、本国の孤児やホームレス、失業者を助けるために、古着や食糧、寄付金が募られるようになった。ヨーロッパでの戦争開始以降は、防寒着や靴下、食糧、さらには慰問の手紙などが戦地に送られた。同事業は、ゲッベルスの率いた宣伝相の管轄下で、自治体や所属教会を通して行なわれた[11]。

この冬期救済事業は、東アジア諸都市においても普及し、集められた寄付金の総額はナチ党機関誌『東アジア・ベオーバハター』に毎年掲載された。冬期救済事業の開始当初は中国、日本で集められた寄付金の総額が報じられていたが、その後は各国、支部ごとの合計額、また年度途中におけるその時点の収集金額も掲載されるようになった。

前に触れた神戸のドイツ領事館に勤務していたクリューガーは、ゾルフに宛てた書簡のなかで、阪神支部が行なった冬期救済事業について報告している。まずクリューガーは、神戸と大阪のドイツ人によって集められた寄付金の総額が一万五〇〇〇円に達したことを報告し、「数年前であれば、寄付金の総額など重要なことではなかったのに」と付け加えている。[12]

外国組織部では、寄付は「民族共同体」意識の高さを示すものと宣伝していた。[13] ナチ党支部が結成された東アジアの諸都市のなかでは、最も規模の大きいドイツ人社会を抱えていた中国の上海が寄付金の額ではそのほかの支部を圧倒し、日本の京浜支部と阪神支部がそれに次いでいた。母体となるドイツ人人口の数からすると、日本のドイツ人からの寄付金は高額であり、京浜支部と阪神支部を合わせて換算すると、上海の寄付金額に迫った。無論、人口や物価の格差があるため、募金の合計額で共同体意識をはかることはできないが、各都市で集められた募金額の合計と前年度比を並べて掲載することで、競争心を煽ったのである。

毎年、各ナチ党支部やナチ婦人会では、地元のドイツ人に向けて大々的な募金の宣伝を行なっていた。たとえば一九三五年から翌三六年にかけて行なわれた冬期救済事業では、ナチ党機関誌『東アジア・ベオーバハター』に次のような写真(次ページ参照)が掲載されている。上の写真では、副総統ヘスが募金箱を抱えており、彼を取り囲んだ子供たちが、そのなかにこぞって硬貨を入れている。下の写真で募金箱を抱えているのは、ナチ党外国組織部のボーレである。彼が抱えている募金箱にも、硬貨を入れる修道女たちの手が交差している。写真のなかでは、子供も修道女も満面の笑みを浮かべており、誇らしげな感すらある。ナチ党の高官みずからが募金箱を抱えている姿がナチ党機関誌に掲載され、東アジア諸都市のドイツ人の目に触れたのである。

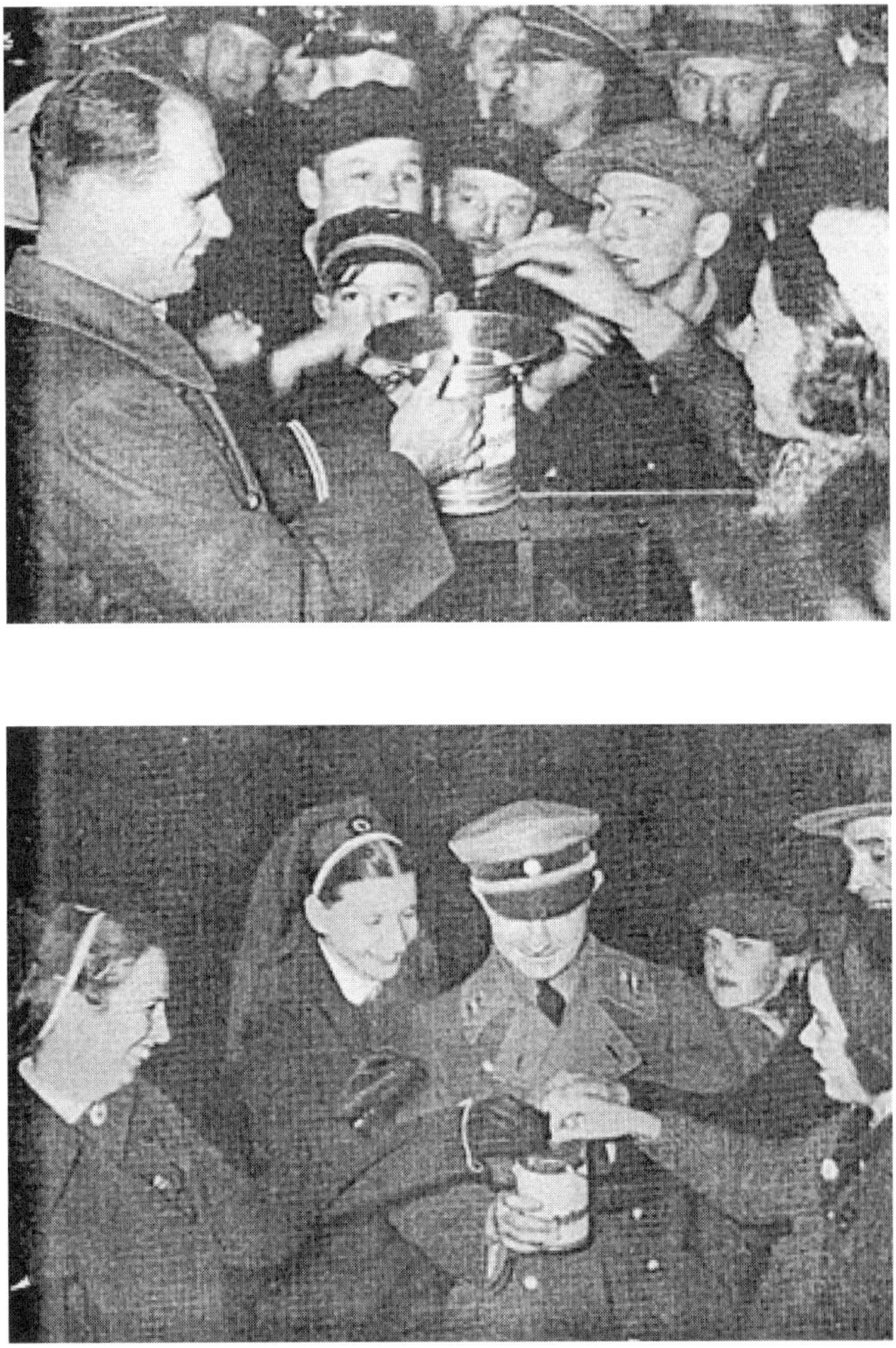

図19　冬期救済事業の宣伝

広州支部の活動報告を一例に挙げると、次のような流れで冬期救済事業の寄付活動が行なわれた。まず各家庭、あるいはクラブにおいて、材料費を節約した鍋料理を食した後、ナチ福祉団が主催する冬期救済事業のための集会に参加した。集会では、党旗の掲揚が行なわれ、ヒトラー・ユーゲントが歌や行進を披露した。その後、ナチ党支部の代表が式辞を述べた。式辞では、ヒトラーの演説を引用しつつ、そのなかで「民族共同体」とはいかなるものかという説明がなされた。会場には、参加者からヒトラーへのメッセージが添えられた現金、食糧や古着などの寄付が目につくように展示された。メッセージは電文にまとめられ、広州支部で集められた寄付金額を添えて、ヒトラーに打電された。この日の集会は夜更けまで続き、参加者は寄付された金品や食事を囲んで、ダンスを楽しんだ。寄付金は年度末に振替送金され、それ以外の品物は搬送された。

質素倹約を心掛けた献立、党旗の掲揚に始まり式辞、行進、そして歌、ダンスへと続く流れは上海や広州、漢口、京浜、神戸の支部も大体において同じものであった。おそらく上海の全東アジア支部には形式化された手引きがあり、それに倣って各支部で実行されていたものと考えられる。

冬期救済事業には、主婦たちが積極的に携わっていた。ヨーロッパでの戦争勃発から一年が経過した四〇年一〇月、上海では戦時冬期救済事業と称された寄付のための集会が開かれた。この集会は正規の冬期救済事業とは別個にナチ婦人会が主催したものである。集会当日、ナチ婦人会はドイツ庭園クラブの庭を借り切り、鍋料理を作った。晴天、日曜日ということが重なり、散歩がてら立ち寄った者も含めて三〇〇〇人以上のドイツ人が、庭園クラブに足を運んだ[14]。

予想外に来客が多かったため、ナチ婦人会の会長は二回に分けて挨拶を行なった。彼女は、集まったドイツ人に対して力説した。

上海のドイツ人は、現在故郷にいる同胞とは対照的に、安全な場所におります。せっかくの機会ですから、この地から皆さまの犠牲と奉仕の精神を示そうではありませんか。[15]

この日に集められた寄付金の総額は六三七上海ドルと報告され、一度の集会で集められた寄付金としては過去最高額に達した。前年度との比較で寄付金が著しく増えた支部や個人に対しては、ハーケンクロイツが埋め込まれた盾が贈呈された。この盾はヒトラーの名前で授与され、名誉十字と呼ばれた。一九四〇年一〇月、上海のナチ婦人会から、三人の主婦が「ドイツの母」に選ばれ、名誉十字が授与されたのである。[16] また日本のナチ婦人会では、このような慈善事業として日本兵への慰問や金品などの寄付も行なっており、同盟国の戦争を援護するドイツ人女性を印象づけていた。

ドイツでは、一九三三年より「一鍋料理の日曜日」と呼ばれる習慣が取り入れられていた。これは冬期救済事業が行なわれる一〇月から三月までの間、毎週日曜日は各家庭、あるいは教会や自治体で鍋を献立とした食事をとるというものである。鍋料理の材料費は、一人当たり五〇ペニヒを上限としていた。鍋料理で倹約した分の食費は、冬期救済事業の寄付金にあてられた。無論、寄付金の収益だけではなく、これは同じ日にともに倹約した食事をとることで、「民族共同体」意識を高めるねらいがあった。[17] 先に引用した各支部での冬期救済事業、ナチ婦人会の活動報告は、質素倹約の行事が、東アジアのドイツ人家庭においても行なわれていたことを裏付けるものである。

冬期救済事業は「民族共同体」の団結というプロパガンダ的要素を含んだものであったが、この事業には女性も率先して加わっていた。「一鍋料理の日曜日」を導入し、質素倹約の食事をともにとることで、本国との「時空の共有」をはかっていたのである。

ヒトラー・ユーゲント

一九三六年一二月一日、全ドイツの青少年男女（男子一〇〜一八歳、女子一〇〜二一歳）のヒトラー・ユーゲント（ドイツ少女団を含む）への入団に関する規則が示された。まだ入団していない者については、自発的に入団するよう圧力がかけられた。そして一九三九年三月二五日のヒトラー・ユーゲント法施行令によって、当該年齢の青少年の入団が義務付けられ、入団を拒否する者への処罰が定められた。ヒトラー・ユーゲントは肉体の鍛錬、規律ある生活習慣の定着を表向きの目的としていたが、細かな規則に従った団体生活を通じて、国家への従属意識を青少年の時期から植え付けていくことが目論まれていた。[18]

上海では、一九三三年の秋から従来のボーイスカウトやスポーツ・クラブ、カトリック教会の青少年組織がヒトラー・ユーゲントとして再組織された。ヒトラー・ユーゲントの結成にあたっては、団長と上海カイザー・ヴィルヘルム・シューレの学校協会で話し合いの機会が持たれ、学校協会とヒトラー・ユーゲントとの共催で、学校行事やナチ党の記念式典を行なうことが取り決められた。[19]

一九三四年以降の学校行事においては、ナチ党の政権掌握記念日、ヒトラーの誕生日、「国民的労働の日」、「ポツダムの日」などのナチ党の記念日には、かかさず祝賀会や式典が催されている。加えて、ヒトラー・ユーゲントの指導者バルドゥール・フォン・シーラッハの誕生日も盛大に祝われた。式典では、ヒトラー・ユーゲントによる行進や合唱、演劇などが披露された。

図20 「国民的労働の日」(5月1日)の行進の様子

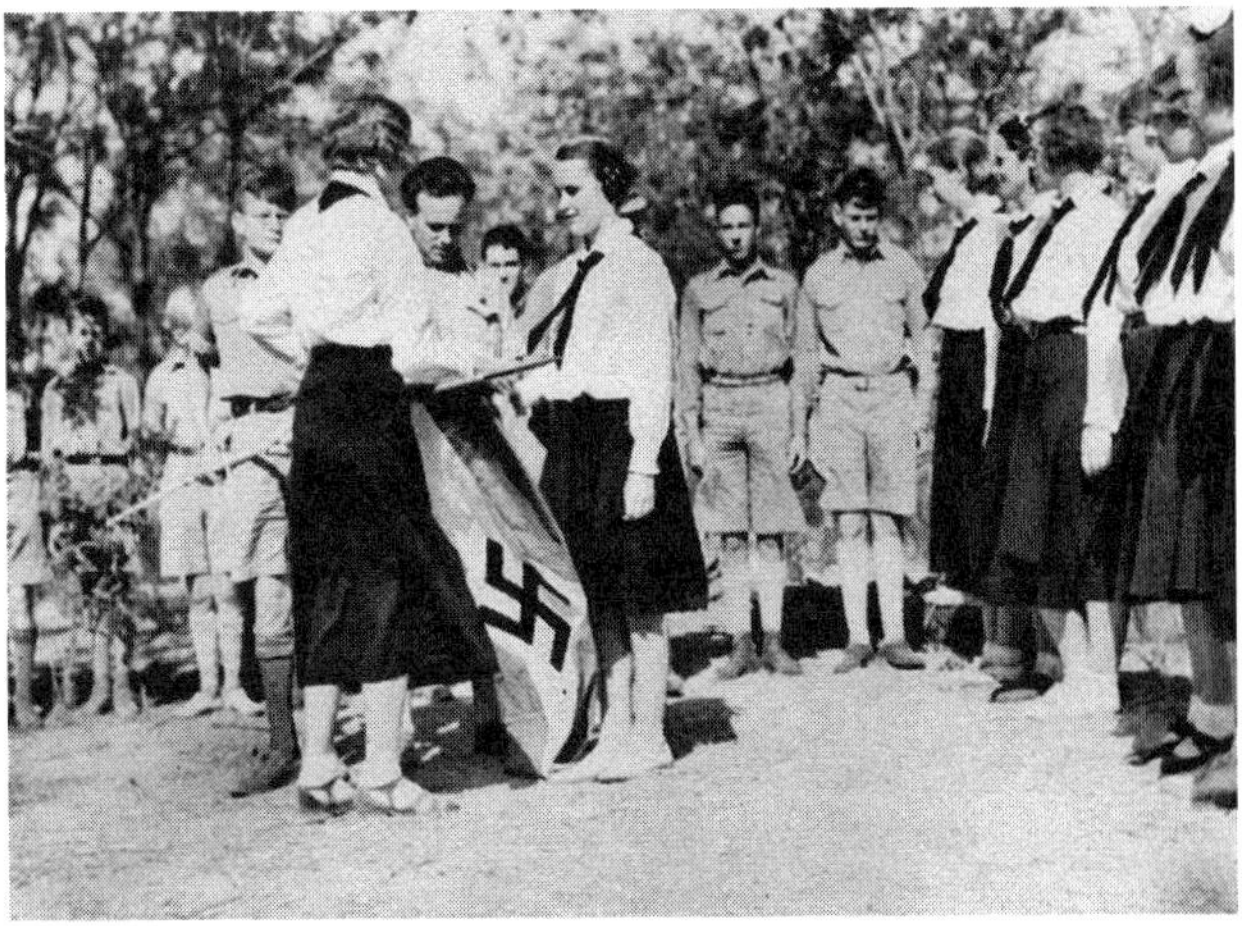

図21 天津ヒトラー・ユーゲントとドイツ少女団の団旗授与と誓いの儀式

一九三三年一一月五日、ナチ党上海支部の支部長からヒトラー・ユーゲントに団旗が謹呈された。そして団員一人一人に指小旗も手渡された。またプロテスタント教会からは、教会の建物の一部を貸し与えられた。その教会の一室は、「ヒトラー・ユーゲントの家」と呼ばれ、壁には総統ヒトラーと大統領ヒンデンブルク、そしてヒトラー・ユーゲントの指導者シーラッハと、三つの肖像画が並んで飾られた。

通常のヒトラー・ユーゲントの活動が金曜日の午後に組み込まれていたために、その日の上海カイザー・ヴィルヘルム・シューレの通常授業は午前中のみとし、宿題を課さないことなどが取り決められた。学校側は、金曜日の午後はヒトラー・ユーゲントの活動のために、校庭や体育館、教室を提供した。また「ドイツ青年の日」に企画された遠足旅行やハイキングには、ヒトラー・ユーゲントの団員ではない生徒も参加を希望したため、学校は終日休校となった。この「ドイツ青年の日」の特別行事は年六回を数え、教員が引率せずに生徒のみで行なわれた。またドイツの戦争ニュース映画などは、定期的にドイツ人クラブのホールで上映されており、団員たちは無料で鑑賞することができたのである。夏休みには、数週間の合宿が催され、スポーツ団体との共催で、遠泳や球技会なども行なわれた。

一九三五年夏には、青島と天津のヒトラー・ユーゲントから二名ずつ、そして上海から一〇名の団員が海路でドイツに渡り、ヒトラー・ユーゲントの世界会合に参加した。ここで、本国のヒトラー・ユーゲントと合流する機会を持った。一行は、このドイツ旅行で深い感銘を受けて帰還したという。彼らにドイツでの経験を語らせ、分かち合うことにより、参加できなかった者にも大いなる刺激を与えることになる。

ヒトラー・ユーゲントの定期的な活動に、毎週水曜の午後に行なわれる「夕べの集い」があった。この時間は、リーダーがナチ党の歴史に関する本を読んだり、映画を鑑賞し、あるいは本国のラジオ放送を聴いたりした。この「夕べの集い」の活動内容、水曜日の午後という時間設定は、本国のヒトラー・ユーゲントと同じものである。

一九三三年度の上海のヒトラー・ユーゲントの活動報告によれば、一〇歳以上の男子五〇名と女子三七名の計八七名が入団していた。当該年齢の生徒は、学校には一〇七名在籍していたため、そのなかで青少年の八割以上が入団していたことになる。本国では、一九三六年一二月に当該年齢以上の男女について入団が義務化されることになるが、上海では結成時の一九三三年秋の時点で入団率は八割以上であり、その人気は総じて高かったといえる。

ヒトラー・ユーゲントでは、制服や党章、党旗などは、本国と同じものが導入され、制度はもとより、活動日の設定、活動内容も本国のそれに準じたものであった。ただヒトラー・ユーゲントの構成員は、本国と異なった。上海の例を挙げると、ヒトラー・ユーゲントの約四分の一が中国人との混婚による子供や「ドイツ人ではない子供」で構成されていた。ここでは入団に際して、本国で定められた人種的な基準が厳格には適用されなかったのである。

学校の統制

ヒトラーの「権力掌握」以降、政治や経済、そして社会領域においても、それまでの指導的勢力が排除され、国民世論、文化の統制がはかられ、学校教育もその例外ではなくなった。まず教職員によるナチ教員同盟が組織され、体制の意向を汲んだ人事、指導要領やカリキュラムの改革が行なわれた。そしてボーイスカウトやキリスト教系の青少年組織は、ヒトラー・ユーゲントに一元化されていく。

前述のように、東アジアのドイツ人学校には多くの「ドイツ人ではない子供」が通っており、地域によってはその割合がドイツ人の生徒を上回っていた。それゆえ国籍のみならず、文化的にも多種多様な背景を持つ生徒が集まり、教育現場はナチ党の唱える人種イデオロギーのアンチ・テーゼのような諸相を帯びていた。

このような学校において、どのように本国政府の意向が取り入れられ、統制が推進されたのだろうか。それでは教育現場に目を転じ、統制と地域性の関係にメスを入れてみよう。

ヒトラーの「権力掌握」の年にあたる一九三三年、この年の九月の新学期、上海カイザー・ヴィルヘルム・シューレでは、歴史とドイツ語の通常授業のなかに組み込まれる特別カリキュラムが一〇週にわたって実施された[20]。

歴史の授業では、第一次世界大戦後のドイツの混乱、そのなかで結党されたドイツ労働者党、ミュンヘン一揆など初期のナチズム運動の歴史を扱い、さらに一九三三年一月三〇日の国会選挙で、ナチ党が政権政党として躍進していった経緯が示される。国語の授業には、「民族国家と生存圏」と題した講義が組み込まれ、その内容はナチ的な世界観を説くものであった。

また歴史と国語の特別授業に加え、自己主張や表現の訓練として、講堂で特別授業が行なわれた。その具体的な内容は、一人一人を順番に壇上に上がらせ、詩の暗誦やスピーチを行なわせるというものである。「舞台慣れ」することによって、以前は消極的で、物怖じすることの多かった子供が討論に積極的に加わる様子などが報告されており、その効果は覿面であるとされた。そのほか、通常の授業科目に加え、選択科目として中国語が導入され、そのための教員も採用されている。

毎年秋には、青少年競技会と題された行事が開催されるようになる。同競技会では走りと跳躍、投擲の三つの種目においての身体能力が競われた。それぞれの種目を得点化し、総合得点で四〇点以上を獲得した者は優秀者として表彰された。この競技会は一九三三年以降、毎年開催されるようになる。また全生徒を対象として、「午後のスポーツ」に参加することが義務付けられ、ナチ党支部のスポーツ部門と共催で練習試合なども行なわれた。一九三四年秋、上海カイザー・ヴィルヘルム・シューレと同済徳文医学堂（現同済大学）共催の陸上競技会では、ドイツ総領事のクリーベルから勝者に優勝杯が手渡された。この共催試合は、生徒や学校教員だけではなく、領事館員や地元企業の従業員が観客として訪れ、毎年の一大行事となっていく。

一九三三年度以降、本国政府の意向に沿い、上海カイザー・ヴィルヘルム・シューレでは、青少年の身体鍛錬を奨励するためのプログラムが実施された。実施後、生徒の体力は増強され、健康状態もよくなったという。また集団行動や団体競技を通して、協調性や社会性が身に付けられ、その効果は高いとされた。

一九三五年一月には、住民投票によりザール地方がドイツに復帰したことで、盛大な祝典が行なわれた。

疎開と分校

一九三七年七月、盧溝橋事件を導火線として、日中両国が戦争状態に突入した。上海カイザー・ヴィルヘルム・シューレは夏期休暇に入ったばかりであった。生徒の多くは、上海のうだるような暑さを逃れ、家族とともに避暑地を訪れていた。また一部の子供たちは、青島で行なわれていたヒトラー・ユーゲントのキャンプに参加していた。

上海にも日本軍が迫りつつあるというニュースが流れ、情勢が安定するまでは、それぞれの休暇先に留まることになった。九月一五日に予定されていた始業式の日程は迫っていたが、生徒は休暇先に留まったままであり、冬学期の目途は立たずにいた。臨時的な措置として、上海カイザー・ヴィルヘルム・シューレは、休暇先および疎開先に分校を設置した。[21]

上海に残っていた生徒については、香港の分校が割り当てられた。一九三七年八月、第一陣として、子供たちは母親とともにドイツ船グナイゼナウ号で香港へ向かった。香港のドイツ人クラブの建物の一部を間借りし、その一室を教室として使用した。またクラブの図書室が、生徒への教材や教科書の貸し出しを行なった。この分校には、小学校低学年の生徒を中心として、常時二〇人から二五人の生徒が通学していた。しかし学年ごとの学級編成はかなわず、学年をまたいで合同授業が行なわれた。教員は、南京のドイツ学校から一名を招聘し、また疎開していた家族のなかから教職経験のある者が授業を補助した。差し当たりドイツ語、英語、フランス語、算数、歴史、地理の授業が開講されたが、自然科学系の科目は専門教員不在のため自主学習に任せることとなった。一〇月には、香港から航路でドイツに渡航できるようになり、帰国する一家も出始めた。そして一一月中旬には、大半の生徒が上海に帰還したため、香港の分校は閉校となった。

広西省の省政府が置かれていた桂林は、上海ドイツ人の保養地として、古くから親しまれていた。この年の夏も、多くのドイツ人家族が当地で休暇を過ごしていた。しかし保養地らしからぬ雰囲気が漂いはじめると、一刻も早く上海へ戻ろうとする家族が駅に殺到する。ただ南京・上海間の鉄道路線が空爆により封鎖され、やがて日本軍に接収されたために、民間人の鉄道利用は差し控えられることになる。南京・上海間に加えて、香港・広州間の渡航も阻まれたために、香港への疎開もかなわず、香港の分校に合流することもできなかった。

話し合いの末、上海カイザー・ヴィルヘルム・シューレの分校は、桂林に開校する運びとなった。当面の問題は、教室と教員、教材の確保であったが、教室については現地のアメリカン・スクールが所有する一軒家を借り切った。教材は上海から取り寄せ、父母による代行授業が行なわれた。香港の分校と同様、桂林においても、学年別の学級編成はかなわず、二八名の生徒を三クラスに分けて授業を行なった。一〇月三日には、例年どおり秋の収穫祭も行なわれた。収穫祭の参加者は一〇〇名を越え、分校の生徒は民族舞踊や歌を披露した。一一月も中旬に差しかかり、航路での上海渡航が可能となり、分校の生徒たちは家族とともに上海へ戻っていった。およそ二か月にわたった桂林の分校は、全校生徒が無事上海へ着いたことを見届けて、閉校した。

北京や天津に暮らす外国人にとっての近場の避暑地であると同時に、中国共産党指導者の非公式会議の開催地となっていたのが北戴河である。北戴河では、上海カイザー・ヴィルヘルム・シューレの生徒九名を含む数家族の上海ドイツ人が休暇を過ごしていた。日中戦争勃発後、上海への陸路、海路がともに封鎖されたために、外国人家族の多くは休暇を延長した。冬学期に合わせて、生徒九名のた

図22　日中戦争勃発のために，上海に戻ることができなくなった生徒たち（疎開先の桂林において）

めの分校の開校が準備された。ドイツ外交官がサマーハウスとして所有していた邸宅を使い、生徒の父母が授業を受け持つことになった。

北戴河の分校は少人数であったため、一斉授業は成立せず、自習形式で進められた。ただ、子供たちが自然のなかで体を鍛えるには適した環境であった。臨時の校舎として使用された別荘は、海辺に近いところにあり、砂浜で体育の授業が行なわれたのである。また海に面した保養地であったため、気候にも恵まれていた。一〇月末、家族も含めて上海への渡航がかなったために、この分校も一か月半の役目を終えて、閉校となった。

青島では、夏期休暇中に上海ヒトラー・ユーゲントのキャンプ合宿が行なわれていた。九月の冬学期の開始時点で、五〇名の団員が青島に留まっていた。この合宿は、上海カイザー・ヴィルヘルム・シューレが所有するキャンプ場で行なわれていたため、キャンプ場がそのまま分校となった。この分校では、合宿に引率していた教員二名が冬学期の授業を引き継いだ。授業は、小学校低学年の生徒からギムナジウムの生徒まで合同で行なわれ、事実上は上級生が下級生を教える形式となった。しかし分校の開校後まもなく、青島市からの要請でキャンプ場の撤収が言い渡されたために、閉校を余儀なくされる。九月下旬に入り、三〇名の生徒が上海へ帰還することができたため、残された生徒は二〇名弱となったが、この生徒については、青島のドイツ人学校での受け入れが決まり、分校は青島のドイツ人学校に編入されることになった。

長崎県雲仙への疎開には、上海カイザー・ヴィルヘルム・シューレの生徒一二名とともに学校長と女性教員一名が引率した。雲仙観光ホテルに部屋をとり、同ホテルが寄宿舎を兼ねた分校となったのである。この雲仙の分校は小学校低学年の生徒が中心であったため、授業は合同で行なわれた。教科書は、上海から取り寄せ、黒板や筆記用具などは地元の学校からの寄付に頼った。雲仙の分校では、体育の授業ができなかったが、その代わりに遠足と遠泳を実施することができ、地元の学校の体育祭やスポーツ大会などにも参加することができた。開校から三週間ほどで、学校長は上海に呼び戻され、残った教員一名と生徒たちも一〇月中旬には上海に戻った。若干名の生徒が佐賀県の唐津に留まっていたが、唐津では分校が開校されず、彼らは神戸のドイツ人学校に編入されることとなった。

上海カイザー・ヴィルヘルム・シューレでは、香港、桂林、北戴河、青島、長崎県の雲仙の五校の分校を設置し、九月一五日の授業再開に間に合わせた。約一か月で上海への交通規制が解けたため、いずれの分校も一か月弱で閉校することとなった。疎開先に留まることになった生徒については、現地のドイツ人学校が受け入れるなど、学校間の連携体制がとられていた。

教師の裁量

ナチ党上海支部の創設メンバーの一人であり、全東アジア支部を統括したハーゼネールは、海外のドイツ人学校の教員人事について提言を行なっている。ハーゼネールによれば、海外のドイツ人学校で教壇に立つ者は、何を差し置いてもバランス感覚が求められるという。

［東アジアのドイツ人学校の教員は］現地社会の生活環境に適応しなければならず、さらにドイツ人の子供たちが海外のドイツ人学校で学んでいくなかで、それを取り巻く地域の人々のことも配慮しなければならない。そして、ドイツで考案されたものを現地の規則、基準と折り合いをつけなが

ら、その地域の学校の指導要領に適応させねばならない。[22]（［　］内は引用者）

東アジアのドイツ人学校は、全校生徒の四分の一以上が「ドイツ人ではない子供」で占められていた。ハーゼネールが危惧していたのは、現地社会の価値基準との相違、外国人の父母との意見衝突であった。このような摩擦を避けるために、本国の学校の教育方針や手法を、そのまま杓子定規に適用するのではなく、臨機応変に適宜対処できる人材を求めていたのである。

一九四四年五月一〇日付で、ドイツ外務省文化局から東京と北京のドイツ大使館、上海と青島の領事館に送られた電報には、漢口、天津のドイツ人学校の教員募集情報が記されている。

①漢口のドイツ人学校では、九月初めより中等学校四年生までのドイツ語、英語、ラテン語の授業が担当できる教員(男女不問)を急募する。既婚者で、本国から来中している者が望ましい。給与は、ドイツ外務省から支払われるものとする。

②天津のドイツ人学校では、九月初めより高等学校教諭、ないしは教諭補(研修期間中の者を含む)で、最上級生の英語を担当できる者を急募する。加えてフランス語とラテン語、唱歌の授業を担当できることが望ましい。給与は国家公務員の規定により、ドイツ外務省から支払われるものとする。[23]

ドイツ大使館および領事館で、管轄地域に暮らすドイツ人のなかから候補者を募り、その情報を外務省に打電するようにという通達が下された。独ソ開戦以降、シベリア鉄道が封鎖され、本国からの教員招聘は不可能となったため、現地で人材を確保するようになったのである。資格要件には、ナチ党への入党は絶対条件とはされず、十分条件とされていた。

教員は、学校教育を通じてナチズムをドイツ人社会に浸透させる「とりもち役」であったが、その一方で現地社会への配慮も求められていた。海外のドイツ人学校の教員は、現地社会との軋轢を避けながら、ナチ的な世界観に沿った教育を現地社会に適応させる役割を担っていたのである。

一九三九年九月、ドイツ軍がポーランドに侵攻し、イギリスとフランスの両国はポーランドとの援助協約に基づき、ドイツに宣戦布告をする。これを境として、上海の共同租界とフランス租界にいたイギリス人やフランス人、ドイツ人はお互いに「敵国人」となった。

一九三八年度の上海カイザー・ヴィルヘルム・シューレの生徒名簿には、園児も含めて六人のイギリス国籍の生徒の名前がある。しかし四〇年度の生徒名簿をみると、これらのイギリス人の生徒は「その他の外国人」という範疇に分類されている。ヨーロッパにおける戦争勃発後、生徒名簿の国籍欄からイギリスやフランス国籍の項目を削除したのであった。ただし、これらのイギリス人の生徒は、引き続き在学していた。イギリスのみならず、フランス、デンマーク、オランダ、スイス、バルト三国の国籍を持つ生徒も同様に、上海カイザー・ヴィルヘルム・シューレに通い続けていた。[24]

イギリス、フランスは敵国となり、デンマーク、オランダはドイツが軍事占領しており、スイスは中立国であった。エストニア、ラトヴィア、リトアニアのバルト三国も同時期にソ連軍が進駐し、翌四〇年八月に正式に併合された。これらのバルト三国出身者や中立国、さらには「敵国」の国籍を持つ生徒たちに対しても、上海カイザー・ヴィルヘルム・シューレではナチズムの世界観が教え込まれていたのである。

上海カイザー・ヴィルヘルム・シューレ在籍生徒(255名)の
民族的系譜，国籍，母語の調査(1940年度)

・民族的系譜：

両親ともドイツ人	146名
片親がドイツ人	67名
両親とも外国人	42名

・国籍：

ドイツ	182名
無国籍	23名
中国	21名
デンマーク	9名
イタリア	5名
ハンガリー	4名
その他(8カ国)	11名

・母語：

ドイツ語	173名
ドイツ語＋α	42名
ドイツ語以外	40名

(Jahres für das 46. Schuljahr[1940–1941], Kaiser-Wilhelm-Schule Shanghai, Shanghai 1941, S.14–16, Peking 69, PA-AA)

ドイツ軍によるポーランド侵攻の翌年、上海カイザー・ヴィルヘルム・シューレは、在校生二五五名の国籍、民族的出自、母語の調査を実施した。この調査によれば、一九三三年一〇月の調査時に比して、より多様な文化的背景を持つ生徒の割合が高くなっている。ドイツ語を母語としない子供については、全校生徒四分の一を越えない割合で受け入れるという規定が掲げられていたが、その規定はもはや表向きのものに過ぎなくなっていた。

中国人の生徒は、一九三三年度の調査では九名であったが、四〇年度には二一名に増加している。父系の血統主義に基づく国籍取得によって、母親が中国人であっても、父親がドイツ人の場合はドイツ国籍を持っていた。そのため中国の国籍を持っていた生徒は、父親が中国人の生徒ということになる。両親ともドイツ国籍を持たない、すなわち非ドイツ人であるという生徒は四二名いたが、ドイツ語以外を母語する生徒の数は四〇名となっている。国籍の調査では非ドイツ人に分類されながら、ドイツ語を母語の一つに数えている生徒の二名は、スイス、リヒテンシュタイン、ルクセンブルク、あるいは南ティロル出身やアルザス地方などドイツ語が公用語の一つになっている地域の出身者であったと想定される。なおこの調査は、オーストリア併合後の一九四〇年に行なわれている。一九三八年以後、それまでオーストリア国籍であった生徒はドイツ国籍に数えられている。また上海のヒトラー・ユーゲントの団員一七五名のうち、二三名が「ドイツ人ではない子供」であり、彼らもゲスト団員として活動に加わっていた。

校長会合

一九三九年四月八日から一〇日にかけて、中国および「満洲国」のドイツ人学校の学校長が北京で会合をした。この会合には北京、天津、ハルビン、奉天、青島、そして上海カイザー・ヴィルヘルム・シューレの学校長が集まった。また、北京滞在中であった神戸ドイツ学院の教員も参加していた。この会合で話し合われた議題は、まず①学校運営と指導要領の統一、②卒業試験とアビトゥアの実施、③日本軍が接収した鉄道運賃の割引、さらに④「ドイツ人ではない子供」、ユダヤ人の子供の受け入れについてであった。[25]

①と②については、ドイツ外務省文化局からの通達が回覧され、卒業試験の統一実施と中等学校の就学年限の短縮化が打ち出された。なお、高学年の生徒にラテン語で落第する生徒が増えているが、ラテン語は実用性のない科目であるという判断のもと、女子生徒やドイツ語を母語としない生徒については、フランス語か英語で代替できるようにすることが取り決められる。また教員用の指導手引きは、東アジア地域で一本化し、現地社会の地理と歴史についての解説の分量を増やすことにした。

そのほか、アメリカのハリウッド映画を鑑賞するために映画館に足を運ぶ子供が多いことが問題とされ、これを控えさせるために、父母やヒトラー・ユーゲントに呼びかけていくことにした。そしてハリウッド映画から遠ざけるために、放課後の時間は、スポーツや登山、遊戯などに費やすべきとされ、このような行事を増やし、ヒトラー・ユーゲントの活動を推奨していくとした。

一九三七年三月二〇日のドイツ文部省の布告は、中等教育機関の就学年限の九年から八年への短縮、ラテン語を含む外国語を三か国語から二か国語にすることなどを取り決めたものである。この文部省布告を受け、東アジアのドイツ人学校各校で修学年限の短縮と必須の外国語科目の削減が進められた。また、指導要領を東アジア地域の全校で統一し、本国政府の意向を受ける一方で、現地社会の地理や歴史についての配分を増やすといった地域性を汲んだ指導要領がつくられていたのである。

③の議題である日本軍が接収した中国各地の鉄道利用についてであるが、アメリカ系やイギリス系の学校に勤める教職員は割引価格で乗車できたのに対し、ドイツ人学校の教職員は割引適用外であった。これは、三五年に締結された日独文化協定に矛盾するため、日本当局に異議を申し立てることが決議された。

最後に挙げた議題の④「ドイツ人ではない子供」の受け入れについては、従来どおり全校で認めることにした。なぜなら、これらの子供は「文化の架け橋」としての役割を果たし、反ドイツ的な傾向の強い国に対しての懐柔策ともなり得るとされたからである。とくに中国のドイツ人学校では、中国人家庭の子供、中国人とドイツ人の混合婚による子供を積極的に受け入れていく方針が打ち出される。彼らをドイツ人学校で受け入れることにより、ドイツ人のクラスメートと接し、ドイツ語を話し、ドイツ的教養や考え方を身に付けた子供たちがそれぞれの家庭を親ドイツ的なものに導くと考えたのである。混合婚による子供も同様、ドイツ人としてのアイデンティティを強め、「ドイツ化」していくべきと考えられた。そのため、「ドイツ人ではない子供」の入学審査に際しては、ドイツ語の知識の有無を判断の基準に加えないものとした。

ただし、ロシア系移民の子供については、慎重に対処するよう付け加えられた。これらのロシア系移民の子供たちが、実際にドイツ的要素を自らのなかに取り入れていく適性と能力があるかは、慎重に見極める必要があるとされた。適性や能力とは、たとえばドイツ人と社交的な付き合い方をしているか、ドイツ語を話し、ドイツ的行動様式を身に付けているかなどである。そのため、ロシア系移民の子供たちの進級や編入に際しては、成績だけではなく素行や性格、家族構成などが調査された。その調書をもとに、学校長が適性について判断を下すものとした。ユダヤ人については、ドイツ人としての矯正は不可能とされ、全校で受け入れない方針を打ち出した。

ドイツでは、ユダヤ人を含む非アーリア人が就学制限の対象となっていた。たとえばプロイセン州では、一九三三年五月以降、非アーリア人の生徒は全校生徒数の一・五パーセントを上回らない人数まで制限するものとされた。「アーリア人」の定義は、この覚書が発せられる一月前に公布された職業官吏再建法の規定に従うものとしており、祖父母の代まで遡り、非アーリア系の者がいないことを証明しなければならなかった。ユダヤ人のみならず、ドイツ以外の国籍を持つ者、非アーリア人とドイツ人の混合婚による子供もまた「非アーリア人」のなかに含められ、学校全体の一・五パーセントを上限とした範囲で受け入れるものとされた。

卒業試験

毎年度、上海カイザー・ヴィルヘルム・シューレでは、最終学年の生徒を対象として卒業試験が実施されていた。ギムナジウム課程の修了試験はアビトゥアに相当し、合格者には大学進学の道が開かれた。卒業試験は、ドイツ総領事に委任するかたちで実施された公認の試験だったのである。

一九四〇年度の上海カイザー・ヴィルヘルム・シューレの卒業試験の記録が上海ドイツ総領事館のファイルのなかに収められている[26]。この記録から、この年の卒業試験の実施状況を再現してみよう。

まずこの卒業試験を受験したのは、最終学年の生徒九名であった。受験者九名のうちドイツ国籍の生徒が七名、残り二名はハンガリー国籍と中国籍であった。家族調書によれば、父親の職業はドイツ国籍の生徒七名のうち六名が商人、一名が外交官であり、ハンガリー国籍と中国籍の生徒はそれぞれ建築家、技師であった。卒業後の進路は進学が七名、そのほかは商人、あるいは兵役に就くことを希望していた。なお父親の職業が外交官であり、兵役を希望していた受験者は、ゾルゲ事件によって更迭された元駐日ドイツ大使のオイゲン・オットの子息である。オットの長男ヘルムートは、アビトゥア取得のために東京のドイツ学園から上海カイザー・ヴィルヘルム・シューレに転入、在学中は上海のドイツ総領事のマルティン・フィッシャーのもとに下宿していた。なおヘルムートは、アビトゥア取得後の一九四二年に東京に戻り、翌四三年秋に東京から船で帰国した。独ソ戦の勃発によりシベリア経由の陸路が閉ざされていたため、連合軍の海上封鎖を突破するドイツ海軍の貨物船を利用して、ドイツへ向かったのである。帰国後は陸軍に入隊し、一九四四年二月に東部戦線で戦死している。

卒業試験は、まず科目ごとの筆記試験が六日間かけて行なわれ、その後体力検査、最後に口答試験という順番で行なわれた。筆記試験はドイツ語、英語、フランス語、ラテン語、数学、物理、化学の七科目であり、ラテン語は選択制であった。ドイツ語の試験では、次のような作文が出題されている。「上海に暮らすアメリカ人に、一九三九年に勃発した戦争の原因とドイツ政府の当面の対応を説明せよ」。

英語の試験では、「日本人が町に来る、日本軍の宣戦布告なしの先制攻撃」というテーマでの英作文が出題されている。また数学においては、上海で聴くことのできるドイツのラジオ放送とアメリカのラジオ放送の周波数を計算させ、化学においては戦時中におけるパルプ産業とその重要性を述べさせている。

上海カイザー・ヴィルヘルム・シューレで実施された卒業試験では、時事や戦況に関連した問題が見受けられた。本国の同制度の学校と同じ内容、水準の教育を提供する学校であったが、多少なりとも、現地社会や国際情勢への関心を盛り込んだ工夫がなされていたのである。英作文では、日本についてとり上げられているが、日本との政治的接近に呼応した親善、友好の風潮を裏付けるものではなかった。むしろ日本の中国侵略への非難、批判を前提としたものであり、現地社会である中国に同調していたのである。

ナチズムへのアンチ・テーゼ

上海カイザー・ヴィルヘルム・シューレをはじめとして、東アジアのドイツ人学校に通っていた子供たちの国籍や民族的出自、母語は一様ではなく、アジア人を片親に持つ子供やソ連からの移民の子供も多く在籍していた。これらの子供たちは、ナチ体制下の教育統制が推し進められた後も、引き続きドイツ人学校へ通っていた。そればかりか一九三三年以降、ソ連の併合国からの難民流入により、「ドイツ人ではない子供」の割合は高くなっていた。

本国では、アジア人との婚姻禁止、「アーリア」系ドイツ人とアジア人との混合婚による子供は、ナチ人種法の「アーリア人条項」によって、公職追放や就学制限の対象とされた。しかし東アジアのドイツ人社会では、現地社会への配慮から、ナチ党の人種イデオロギーとは相容れない存在を認めていたのである。

一九三三年一月以降、ナチ体制の意向に沿ったカリキュラム改革や特別授業、党旗掲揚、そしてヒトラー・ユーゲントの課外活動の導入など、本国と並行したナチ党の統制が推進された。その一方で、人種イデオロギーへのアンチ・テーゼというべき文化的に多様、混合的な教育環境は保持されていた。それゆえ教員には、本国政府の意向をとり込みつつ、それを現地社会に適応させる柔軟な対応が求められた。それは混合婚による子供を含む「ドイツ人ではない子供」の受け入れとヒトラー・ユーゲントへの入団、現地社会との交流事業、学校授業における中国語や日本語の導入、卒業試験の出題問題などにあらわれている。

なお上海カイザー・ヴィルヘルム・シューレの校名変更は、ヴァイマル期とナチ体制期を通じてなされず、ヴィルヘルム二世にあやかった名称が保持されていた。学校協会の会合において、校名の名称変更が話し合われた記録も残っていない。一九三〇年に創設されたハルビンのヒンデンブルク・シューレにおいても同様、保守派の象徴であったヒンデンブルクの名前をその後も校名に残していた。

教育現場においては、党旗や制服、ヒトラー・ユーゲントの活動の導入、カリキュラム改革により、本国と同じ制度やシンボルを共有していた一方、伝統を保持し、地域性や住民の社会階層に適応しながら、ナチズムは変更されていった。この変更は、教師に臨機応変な対応が求められたように、教育現場の裁量によって行なわれていたのである。

また校長会合や指導要領、教科書の統一、戦時下の集団疎開は、東アジア諸都市の学校間の連携を裏付けるものでもある。上海、青島、香港、神戸、東京のドイツ人学校は、父母や地元企業を会員とする学校協会が運営母体であったが、その主体を担った企業の各支社のネットワーク、それと重なるナチ党組織の連絡組織網が機能していたために、集団疎開が可能となった。商業ネットワークやナチ党組織のみならず、ドイツ人子女教育においても東アジアという枠組みが形成されていたのである。

第五章　日本のドイツ人社会とナチズム

一九三三年六月以降、東京・横浜でナチ党の京浜支部、神戸・大阪で阪神支部、長崎で九州支部が創設され、上海の全東アジア支部の管轄下に置かれた。京浜、阪神支部の下にはナチ婦人会、ヒトラー・ユーゲント、ドイツ労働戦線、ナチ教員同盟等の党関連団体の組織が結成され、ナチ・イデオロギーの宣伝や文化交流事業が推進された。これらのナチ党支部および党関連団体は、ドイツ大使館やドイツ人学校、ドイツ東洋文化研究協会やクラブと共催で、宣伝活動や慈善事業を行ない、相互の連携体制を作り上げていった。これらの活動を通じて、ドイツ人社会の結束が強化され、ナチ党の統制が推進されていく。一九三七年六月時点、日本居住者の入党者数は二〇六名であった。これは入党資格を有していた「帝国ドイツ人」人口の六分の一を占め、人口比では中国よりも高い割合を示していた。[1]

ナチ党への入党者数が増えていることから、また党の機関誌をみるかぎりにおいては、ナチ党が多くの住民を惹きつけ、ナチ党支部の統制下に住民が結束していたことがうかがえる。しかし上海の全東アジア支部が刊行していた『東アジア・ベオーバハター』誌は、宣伝を含む伝達媒体であるため、テロや抑圧などのナチ体制の暗黒面は覆い隠されていた。当然ながら、ナチ党に反旗を翻した者や異議を唱えた者の声も葬られている。それゆえこの機関誌による情報は、体制側の宣伝であり、いわば建前としてのナチズムといえよう。

実際に東アジアのドイツ人社会を構成していた個人は、どのように統制をとらえ、対応していたのだろうか。本章では、全東アジア支部が設置され、東アジアのナチズム運動の拠点となった上海からさらに「距離」を隔てた日本のドイツ人社会に目を転じ、よりミクロな視点からナチズムの浸透を分析してみよう。ここでは、ドイツ人社会を外から監視していた側とドイツ人社会に属した住民の側双方の視点を交えながら、日本での「ナチ党人気」の実態に迫ってみたい。なお日本に居住していた外国人の監視にあたっていた内務省警保局外事課の文書には、当地のナチ党組織および党関連団体の活動が詳細に記されている。その主要なものとしては、『外事警察報』および『外事警察概況』(以下、『概況』と略す)と『外事警察月報』(以下、『月報』と略す)が挙げられる。外国人に対する監視網が強化されたのは、一九三五年前後からであり、この年に『概況』が年報形式で編纂された。各号は外国事情、国内事情、人事動静などに大きく分かれており、内偵や密告によって得られた情報を収録している。

統制された社会の表層と実態

全東アジア支部を統括したハーゼネールは、日中間の同系列企業の人的なネットワークを活用し、日本居住者をナチズム運動に動員することを構想していた。まず京浜支部および阪神支部の幹部に、ジーメンスやイリス商会の役員が就任したことにより、一九三三年から三四年にかけて、経済的利害や昇進を目論んだ商社員や貿易商のナチ党への入党申請が殺到した。ハーゼネールが構想したドイツ系企業の人的なネットワークの活用が功を奏したのである。中国では「帝国ドイツ人」人口の約七分の一、「満洲国」では「帝国ドイツ人」人口の約三分の一がナチ党員であり、「満洲国」では日本居住者よりも入党者の割合が高かった。

商社員の入党が、ナチ体制初期の段階に集中しているのに対して、外交官の入党は、一九三七年前後がピークとなる。また技術者や手工業者の入党も、商人同様にナチ体制初期の一九三三年から三四年に集中しているが、技術者の場合、一九三一年、三二年に入党した者も多かった。ナチ党の掲げた「職業、身分格差の克服」は、東アジアのドイツ人社会では少数派であった職人層のドイツ人を惹きつけたのである。まず技術者、職人層、そして住民の大半を占める商人層、次いで外交官が時の政権になびいていった。

一九三三年七月二〇日付でドイツ大使館職員のオットー・フォン・エールトマンスドルフから元駐日ドイツ大使のヴィルヘルム・ゾルフに宛てられた書簡では、ナチ党支部の創設と日本居住者の入党について述べられている。

六月後半になって、ここ[東京・横浜地区]でもナチ党支部が組織され、党員は約三五人を数えております。祖国から、六月三〇日に突然の入党禁止令が発令されなかったとしたら、冷静で慎重な人たちも入党の申請をしていたことでしょう。この支部は二週間おきに集会を開き、ジーメンスのシャルフ元大尉の指導下に置かれています。[2]

（［　］内は引用者）

この書簡によれば、東京・横浜地区を管轄していたナチ党の京浜支部は六月後半に結成されたとあるが、『概況』では、一九三三年五月に京浜支部、同年六月に阪神支部、同年九月に九州支部が設立されたとしている。[3]正確に表記すると、この時点では阪神と九州は支部としての規模はなく、班とされ、いずれも上海の全東アジア支部の管轄下に置かれていた。[4]

また京浜支部結成後まもなく、入党禁止令が発令されたため、結果的に多くの者が入党を留まることとなった。先述のように、同じく入党希望者が殺到した中国においても、一九三三年三月一日付で、ハンブルクのナチ党外国組織部から入党禁止令が出されていた。この入党禁止令は、入党審査に慎重を期するための暫定的な措置であった。日本においても、中国よりも数か月遅れて入党希望者が殺到したため、同じ理由から入党禁止措置が取られている。

この入党禁止措置によって、党支部に殺到した入党の申請に歯止めがかかったことを幸いとしているような文面からも、大使館員のエールトマンスドルフが、ナチ党支部および党員と距離を置いていたことがうかがえる。

京浜、阪神、そして九州支部、いずれもその組織体系は、大体において中国のナチ党支部と同じである。支部長を頂点に、副支部長、書記長、出納長、さらにスポーツ部長、装備部長が置かれた。その下に出版部、書籍部、経済部、調停委員会、さらに港湾部と冬期救済事業担当部が設置された。また京浜支部の場合は、大森と東京、横浜の三つの地区に管轄が分かれていた。各地方支部では、「ナチ党支部指針」が掲げられ、そのなかで、日本のドイツ人をナチ的に訓練し、同胞団結と祖国の復興降昌に専念することが示されている。[5]

一九三五年一月、京浜支部長のフリッツ・シャルフが上海に転勤となり、支部長の交代が決定した。シャルフの後任として、アグファ合名会社東京代表のハインリッヒ・ロイが、京浜支部から推薦された。[6] 一九三五年三月、京浜支部長の後任として上海の全東アジア支部およびハンブルクの外国組織部から正式の任命があり、ロイが京浜支部長に就任した。ロイは、一九三三年六月にナチ党員の申請をしており、支部内では古参組の一人であった。一九〇四年生まれのロイは、三一歳で会社代表とナチ党支部長を兼任することになる。[7]

ロイの京浜支部長就任を期に、イリス商会代表ルドルフ・ヒルマンの統括する全日本支部が発足し、地方支部は上海の全東アジア支部から独立した組織となった。全日本支部の下に、京浜支部と阪神支部、九州支部が統括された。京浜支部が名古屋以北の地域、仙台や小樽まで、阪神支部が大阪、神戸、姫路、広島、九州支部が岡山以西の中国、四国、九州地方の居住者を管轄した。阪神支部の支部長には、同じくイリス商会の大阪支店長であるフランツ・グロンビックが就任した。九州支部は、九州帝国大学のドイツ語講師ハンス・エッカルトが支部長に就任した。

上海で発行されていたナチ党機関誌『東アジア・ベオーバハター』は、一九三五年三月までは日本の党員全員に配布されていた。しかし同年四月の全日本支部の創設以降、同誌購読に要する費用の面から全員への配布を中止した。上海からの郵送費に加えて、この機関誌の日本関連記事の減少も、全員配布を廃止する理由であった。[8]

『東アジア・ベオーバハター』誌の全員配布の中止後、購読者を日本居住者に限定した刊行物が増えていく。まず日本のナチ党員に購読者を限定した『ドイツ・ディーンスト』誌が大使館で定期刊行される。さらに西日本では、神戸領事館管轄地区に購読者を限定した『ベルリン特報』が発行された。同誌は、大使館で発行された『ドイツ・ディーンスト』の邦訳版として出回ったが、発行部数では『ドイツ・ディーンスト』を上回るようになる。やがて『ベルリン特報』は、『ドイツ・ディーンスト』の邦訳版に留まらず、記事や情報の追加、再編集がなされ、独自の刊行物としての性格を強めていった。また一九四四年七月には、日本および「満洲国」のナチ党員を購読者に想定した『ナチ党祖国通信特別号』が発行される。創刊号は五〇〇部発行され、日本および「満洲国」の党支部に郵送された。同誌は、本国で週刊で発行されていたナチ党機関誌『帝国』の記事を編纂したものであった。[9]

全日本支部の創設、上海で発行されていたナチ党機関誌の党員全員配布の中止、さらには日本および「満洲国」居住者に限定した機関誌刊行からみても、日本でのナチズム運動が上海の管轄から離れていったことがわかる。

ナチ党全日本支部の支部長には、イリス商会の東京支店長が就任しており、同じく阪神支部と全「満洲国」支部長にも、イリス商会の奉天支店長が就任した。全東アジア支部からの独立以降、イリス商会の各支社間のネットワークはナチ党支部の組織体系と重なることになる。全日本支部の創設、イリス商会役員の支部長就任に伴い、上海を介さずに東京、横浜、神戸、「満洲国」、ハンブルクの関係が強化されていく。

ハンブルクの東アジア協会においても、イリス商会代表のカール・イリスが理事に就任していた。この協会では、東アジアに派遣する駐在員や通訳、秘書の採用を仲介していた。一九三五年以降、同協会の会報には次のような求職情報が見受けられるようになる。

求職者は東アジアに暮らすドイツ人の若者で、現在アビトゥアを受験しています。我々［東アジア協会］は、ナチ党支部から推薦を受けています。求職者は東アジア地域で徒弟としての勤め口を探しており、労働奉仕は終えています。[10]

（［　］内は引用者）

求職者が管轄地区のナチ党支部に東アジア協会への推薦を依頼し、同協会の会報の求人欄にその旨を記していたのである。ここから東アジア協会とナチ党組織との関係が浮かび上がってくる。事実、同協会とナチ党支部の幹部には、同じ系列企業の社員が名前を並べていたり、そもそも同一人物が就任していたのである。

一九三五年前後から、ドイツでは油脂不足が深刻化し、「満洲国」からの大豆および大豆油の輸入が目論まれていた。一九三六年四月、ドイツ外務省貿易政策局カール・リッターの主導下、ドイツ・「満洲国」間で通商協定が成立する。[11] 通商協定成立後も大豆輸入量の拡大と輸送の円滑化、具体的にはシベリア経由の輸送ルートの確保が焦眉の問題とされていた。ハンブルクで開催されていた東アジア協会の夜会には、外国組織部のボーレや親衛隊のヒムラー、運輸大臣ユリウス・ドルプミュラーなどナチ党の高官が招かれ、名誉来賓とされた。

この夜会では、東アジア協会議長兼アメリカ・ハンブルク汽船会社社長のエミール・ヘルフェリッヒが開会の挨拶を述べるのが通例であった。ヘルフェリッヒの挨拶は、大体においてナチズムへの賛美であったが、ことばの端々で商業販路の拡大、運輸の円滑化にも触れていた。[12] またヘルフェリッヒは、ドイツの経済新聞等において、海外のドイツ人の商工業者と管轄地区のナチ党支部との連携強化の必要性を訴えていた[13]。

一九四〇年二月、ヘルフェリッヒは来日し、ドイツ大使公邸での懇談会に列席した。この懇談会には、神戸と横浜のドイツ総領事、全日本支部長兼イリス商会代表のヒルマン、日本側からは大久保利武や武者小路公共のほか、三菱造船の会社役員などが招待客として列席していた。この懇談会の席で、ヘルフェリッヒをはじめドイツ側は、日本、「満洲国」、ドイツ間での通商協定と日ソ間の親善強化をはかっていた[14]。

東アジア協会では、政界と財界との結び付きを強調する一方で、自由貿易の促進や経済利益の拡大をはかっていた。換言すれば、商工業者の入党は自社利益や私益の拡大を目論んだうえでのものであった。

海外支部を統括した外国組織部は、東アジアのドイツ人社会の連帯を強化する必要性を説いていた。

崩壊しかけていたドイツ人のコミュニティが再び形成された。ドイツ人学校、教会、クラブなどでスペースを確保し、さまざまな集会や会合の機会を得ることが可能となった。さらに上海のドイツ人協会においては、［社交の場として］戦前の豪邸に劣らないようなドイツ的な家を建てることを検討している[15]。（［　］内は引用者）

ここでは、相互扶助の機能を持った社会を形成すべく、クラブや協会の活動、学校運営を通じて、ドイツ的な生活環境の維持、言語を含むドイツ文化の保持、ドイツ人同士の社交を奨励していたのでである。

一九三五年度の『概況』には、「本邦におけるナチスの活動状況」という項目がある。これによれば、一九三五年当時の日本居住者の党員数は、京浜支部一五〇余名、阪神支部六五名、九州支部九名と報告されており、発足から二年足らずで、全体で五倍近くまで伸びていた[16]。この時期から党員数も増加し、政治団体としての認知度も高まっていたようである。

また翌三六年度の『概況』では、ナチ党支部について、稀にみる組織力であるとしている。

各支部に於ては、時々、回章〔回覧板〕を發行し支部會員たる、ナチス黨員、候補者に配布し支部員相互の連絡を圖ると共に屢々、東京獨逸東亞協會、神戸獨逸協會等を中心に、各種研究會、又、祖國獨逸に關する講演、映畫の會を開催し、獨逸ナチス精神の涵養訓練に努めつつある他、會員の體育向上にも亦努めつつありて、この眞摯にして組織的な支部活動は、外国人組織、団體中他に類を見ざる處なり[17]。（〔 〕内は引用者）

一九三九年九月一日、ナチ党阪神支部は党員に対して生活費の節減、肉食週一回および給料の一割を献金にあてることを命じている。この発令は、ヨーロッパでの戦争勃発を契機としていたと思われるが、これ以降、多くのドイツ人家庭で肉食週一回が実施され、削減した生活費が献金されたのである。さらにナチ党全日本支部の指令に基づき、冬期救済事業への募金が呼びかけられた。この基金には、翌四〇年一〇月までに、八万九六七三円三〇銭と物品（三五〇〇円相当）が寄付され、本国に送金された。また京浜、阪神支部では党員に対し、各家庭での義捐箱《ぎえんばこ》の設置と献金、生活費の節約を呼びかけていた[18]。

このように、ドイツ人を外から監視していた側は、ナチ党支部の管轄下で統制が推し進められ、住民は献金や節約に応じ、ナチ体制に協力的であるという見方を強めていた。

ドイツ大使館事務局長を夫に持つシュルツェ夫人は、元駐日ドイツ大使のゾルフに宛てた書簡のなかで、ナチ党の京浜支部が創設されて以降「すべてがすっかり変わってしまったのです」と述べている[19]。この書簡のなかでは、京浜支部長に就任したシャルフとその取り巻きについて述べている。

加えてシャルフ氏［ナチ党京浜支部長］と俺お前で呼び合うほど親しくしている人々がおり、彼らの存在がドイツ人コロニーの人々の心を動かしています。もちろんコロニー全体ではありませんが、たとえばコーディング［全日本支部長経済係長］のようにフランス人と親しくしていて、ベルリンでユダヤ人が迫害されている一方、東京では優遇されていることを不思議に思うような人々が心を動かされているのです。

（［　］内は引用者）

さらにこの書簡のなかでは、京浜支部の集会を異端審問になぞらえている。

私たちは、本当に頻繁に駆り集められます。ドイツの祝祭やラインの夕べ、冬期救済事業、そして夜間の講習会や講演会、コンサートなど。それでも、皆がそれぞれの隣の人を怖がって、できる限り大きな声を出して、「旗を高く掲げ」（「ホルスト・ヴェッセルの歌」）を歌うべく一生懸命です。この歌と『我が闘争』は、「正真正銘のドイツ魂」をはかる物差しなのです。私がこの類の人間でないことは、閣下には言うまでもありませんわね。そもそも、私自身「生粋の」ドイツ人ではありませんし、母親でもありませんし、三十路を過ぎており、シャルフさんやグーセンスさんによれば、いわばスクラップですもの。……もはや夜の集会は、仲間同士の異端審問のような場です。仲間を審問し、そして撃滅させるのです。……私たち女性もよく集められます。三回欠席した人はブラックリストに載せられて、シャルフさんのところに出頭することになります。そしてどうなるかということは、想像に任せるほかありません。東京や大森、横浜に住む方で三回も欠席するような勇気のある人はおりませんもの。老人も病気の者も、純粋なドイツ人も、私たちのように半分疎外された者まで皆参加しております。講演はドイツの母親、ドイツの若者などさまざまなテーマで行なわれます。『我が闘争』が読まれ、「旗を高く掲げ」が歌われ、お金を支払った後でようやく解放されます。それぞれが、切手の貼られた一ダースの封筒の束を渡すようになっており、その封筒ゆえに夜の講習会や講演などを欠席するための言い訳ができないのです。私たちは、ほとんど毎日のようにどこで集まるかという指示を受けます。グーセンス夫人［ナチ婦人会会長］が私たちの手綱をしっかり握っているのです。

（［　］内は引用者）

アネッテ・ハックによる「ヴィルヘルム・ゾルフ大使とナチ初期時代の東京とベルリン」と題した論考によれば、この書簡を綴ったシュルツェ夫人は結婚前までアメリカ人であった可能性が高いとされる[20]。それゆえ自らを「生粋の」ドイツ人ではないと言っているものと思われる。

さらにシュルツェ夫人は、同じ書簡のなかで、ナチ党京浜支部長の人事についてゾルフから働きかけることができないかと伺いを立てていた。

閣下がまだ黒幕として力を発揮なさっていることをずっと願っておりますわ。そうであれば、私どものことをお忘れにならないでしょう。私たちのような哀れな者を心遣ってくださることができるのでしたら、どうかまっとうで、それに相応しい方をナチ党支部の指導者になるようお取計りください。全く新しい方で、過去のことを清算せずに済む方、特に大使館とのことで。……新しい指導者が上に就いてくれれば、すべてのことが別の方向に向かうでしょう。[21]

夫のヘルマン・シュルツェは、京浜支部長の交代が決定したことを、ゾルフに宛てた書簡のなかで、皮肉を込めて伝えている。

シャルフは中国に転勤となり、聞くところによりますと、まともな同郷人（彼は今のところは控えめな態度をとっています）が支部長を務めることになるそうです。……シャルフの羊小屋で吼えている私たちのような狼が我慢を強いられることがなくなるでしょう。もうひどい目に遭わなくて済むのです。[22]

またゾルフには、東京在任中に親しくしていたある日本人女性からも、大使館において京浜支部および党員の影響力が強まったことを伝える書簡が届けられている。この書き手の女性は大使館の人間関係と事情に詳しく、シュルツェ夫妻とは腹を割って話すことのできる間柄であったようである。

ほとんどのドイツ外交官は熱心な党員ですし、プラーゲ氏は深く考えることなく大口を叩いていますが。シュルツェさんご夫妻は、フリッツ・シャルフ氏が上海に転勤になることを聞いて、それは喜んでいらっしゃいました。シャルフ氏は、大使館参事官のネーベルが持っている権力を利用して、このネーベルと手に手をとって動き回っているのです。そうですとも、このようないかさまの権力を行使するような男は一刻も早く日本を去るべきです。[23]

このような書簡からは、東京、横浜のドイツ人社会において、元駐日大使のゾルフが依然として人望を集めていたことがうかがえる。またその反ナチ的な立場も半ば公然であったようである。

ゾルフは、第二帝政下で植民地統治に携わり、帝政期の最後の外相となった。第一次世界大戦で敵対した日本とドイツの国交が回復した後、ゾルフは駐日大使として奉職した。一九二八年に帰国した後も、ベルリン日本研究所や独日協会の名誉会長を務め、日独間の学術、文化交流に貢献していた。ゾルフは、この人脈を活用して、ナチ体制下で職を追われたユダヤ人の日本への亡命と再就職の仲介を行なっていたのである。ゾルフの日本側の協力者であったのが佐多愛彦である。佐多は、大阪医科高等専門学校(現大阪医科大学)の校長職にあった。ゾルフは佐多に宛てた書簡で、日本への亡命、就職を希望していたユダヤ人を「ナチ人種政策の犠牲者」と表現していた。[24]

一九三四年に入り、ゾルフのもとに日本への公式訪問の話が持ち上がっていた。時の駐日ドイツ大使のヘルベルト・フォン・ディルクセンに宛てた私信で、ゾルフは日本人のナチズム観について述べている。

もちろん私自身、日本の地をもう一度踏むことができれば、どんなに嬉しいかわかりません。日本もいろいろ変わったでしょう。この新しい時代に日本人がどのように適応しているのか心理学的な観点から興味深く、この目で観察してみたいのです。日本人にとって、この［ナチズム］運動全体を覆っている強烈な愛国主義と国粋主義、英雄崇拝と軍国主義は共感を呼ぶものでしょう。しかしアーリア人条項は、日本人には理解できないものです。彼らはアーリア人条項に協力していますが、これが繁栄をもたらすものに違いないと考えているからです。[25]

（［　］内は引用者）

「アーリア人条項」とは、公務員、医師や弁護士の開業、就学に際して、非アーリア人というグループを一括りとして、免職、開業や自営の禁止、就学制限の対象とするものである。一九三三年四月に公布された職業官吏階級再建法は、「アーリア人条項」を制定した最初のものとなる。ゾルフは、日本の愛国主義や国粋主義はナチズムに相通ずるものとする一方、「アーリア人条項」については、非アーリア人の日本人には受け入れがたいものであるとしている。

ディルクセンをはじめ、かつての部下である大使館関係者に宛てた書簡のなかで、ゾルフは自身の訪日に際して予想されるナチ党員の妨害を懸念していた。ディルクセンは、ゾルフに宛てた私信のなかで、外国組織部のボーレや時の外相コンスタンティン・フォン・ノイラートの推薦を得るべきであると進言していた。ゾルフは一九三六年に病気により他界したため、日本への公式訪問は実現することはなかった。

図 23 「日獨子供親善大會」1937(昭和 12)年 11 月 25 日の様子．場所は日本橋白木屋 7 階ホール．

オットー大使と日独の軍国化

シュルツェ夫人がゾルフに宛てた書簡には、ナチ党支部と大使館の確執を裏付ける記述がある。

大使館もまったく不安な様子で、完全にナチ党支部に押されてしまい、彼らの手中にあります。オット氏［一九三二年に連絡将校として名古屋に派遣され、翌三三年にドイツ大使館付き武官として赴任］が、私たちの立場をバックアップしてくれるよう強く望んでいます。彼はまもなくこちらに到着します。ドイツ人コロニーの方々は、ずいぶんと熱心に集まっておられますが、そこから新たな争いごとが次々とでてくるのです。すべてが全くもって望ましからぬことです。……今彼らナチ党員は、大使館を手中に収めていて、仮面をかぶる必要もないのですから。今や心遣いという仮面すらかぶる必要がないのです。……ドイツ大使［ディルクセン］はナチ党員ではありませんから、このナチ党員のグループを恐れております。[26]

（［　］内は引用者）

この書簡では、「外交の現場」であった大使館においても党支部が介入し、影響力を増しつつある状況が伝えられている。さらにはドイツ大使自身がナチ党員を恐れるような状況にあった。このシュルツェ夫人の「ナチ党員が仮面をかぶる」という表現に対して、日本の伝統芸能に造詣の深かったゾルフは、自らは「お面をつける」という皮肉で返している。このお面をつければ、目を覆いたくなるような現状を忘れ、ナチズム以前の時代を思い出すことができるという。シュルツェ夫人のほかにも、反ナチ的な立場をとるドイツ人から、ナチ党支部の統制への批判、苦情や相談がゾルフのもとに寄せられていた。これらのドイツ人は、ゾルフがドイツ大使であった時代を懐かしんでいた。

この書簡でのドイツ大使はディルクセンを指しており、ディルクセンは一九三三年八月三一日付で駐日ドイツ大使に任命され、同年一〇月に来日していた。東欧の専門家であったディルクセンは、一九一八年に外務省に入省した後、キエフ、ワルシャワ、ダンツィヒ、モスクワ、三三年から三八年まで駐日大使として東京に赴任した。病気のために東京での職務を退いた後、リッベントロープの後任として、駐英大使となった。なお、ディルクセンは一九三六年八月にナチ党へ入党し、党員となっている。[27]

大使館とナチ党支部の利害対立、そして統制をめぐる住民間の不和を緩和するべく、双方の言い分を取り持てる指導者として、ディルクセンの後継であるオットに期待が寄せられていたのである。

一九三八年四月に大使館付き陸軍武官であったオットが駐日大使に正式任命された。オットは、一九三二年に連絡将校として名古屋に派遣され、翌三三年に大佐として東京ドイツ大使館に勤務していた。オットの大使への昇格について、ドイツ通信局東京支局長のルドルフ・ヴァイゼは次のように述べていた。

この人事は恐らく世間の意外とするところであるが、ドイツの現在の政情および対日政策の見地より本国政府は英断にでたものと思われ、日本の外交が軍部に掌握されている現在、日本軍部と人脈を築いているオットの任命は必然であろう。[28]

独ソ戦に備え、日本軍部との情報網や人脈を確保する目的から、国防軍のオットがドイツ大使に任命されたのである。オットは、大使就任後の一九三八年八月にナチ党への入党申請を行なっており、生え抜きの党員ではなかった。オットの大使就任後、リッベントロープ直属の部下であるエーリッヒ・コルトが参事官に着任した。大使をはじめとして、ナチ党高官の直系ではない外交官が多数派を占めたなかで、コルトの着任は異例とされた。

オットは内外情報の収集の必要性から、『フランクフルター・アルゲマイネ』新聞の通信員の肩書きを持ったリヒャルト・ゾルゲを私設顧問として採用した。一九三七年度の『概況』では、ゾルゲとヴァイゼが大使館に頻繁に出入りしていることが報告されている。[29] なおゾルゲは赤軍の諜報員であることを偽装するために、一九三四年に京浜支部で入党の申請をしていた。ゾルゲは京浜支部長になることを勧められたこともあったが、「くだらないことだ」と一笑に付したという。[30]

一九四一年一〇月に特高警察に逮捕されたゾルゲは、供述に際して作成した手記に、ドイツ大使館の組織体系を記していた。一九四二年度の『概況』には、一九四一年一〇月に特高警察に逮捕されたゾルゲが、取調べ中に記した手記が掲載されている。その内容はドイツ大使館の組織、連絡体系、赤軍諜報員として上海および日本に派遣された経緯、上海での諜報活動、連絡方法、暗号作成、さらにはゾルゲ自身の政治思想、友人、家族関係など多岐にわたる。[31]

ドイツ大使は大使館内の政治部、宣伝情報部、文化部、経済部、庶務部を管轄していた。政治部は、オット大使と参事官コルトが中心となって政治、外交関係を司った。宣伝情報部は、ラディスラウス・ミルバッハを部長として、ラジオや新聞等から得る本国からの情報受信と対日宣伝がおもな業務であった。そして文化部では、元ヒトラー・ユーゲント指導員のラインホルト・シュルツェを部長とし、ドイツ人学校やドイツ人教員の監督と日独間の文化、学術交流をとり仕切った。

経済部では、アロイス・ティッヒーを部長として日独間の貿易の統計がとられ、事業相談や支援を担当していた。ここでは、ドイツ系商社の企業報告、取引や送金停止による倒産防止がおもな業務とされた。庶務部は、経理、郵便、翻訳、施設、物品購入、公用車、そして館内警備までを管理しており、大使直属の暗号部も設置されていた。ゲシュタポおよび武官は、大使とは別に暗号部を有していた。というのも、ゲシュタポはナチ党組織であり、陸、海、空軍武官は軍に直属していたため、別個に本国との情報交換がなされていたのである。毎朝、館内の大使室で連絡会議が行なわれ、大使、参事官コルト、各部長と武官が出席した。この連絡会議は、毎回一時間から一時間半におよび、各部長や武官、ゲシュタポからの報告がなされた。また通常の連絡会議とは別に、武官連絡会議が定期的に開かれていた。

陸軍武官であったオットの大使昇格は、日本との軍事同盟の締結を想定したものであった。日独両国の軍国化、ベルリン・東京枢軸の形成を背景として、ドイツ人社会の内部にも監視網が張り巡らされ、統制が強化されていった。オットの統率下では、陸海空軍の武官とゲシュタポ、さらには諜報員までが活動の場を同じくすることになる。オットは一九三八年四月に大使に昇格し、ゾルゲ事件によって更迭される一九四二年一一月までの間、外交組織と軍部、ナチ党機関であるゲシュタポを統括した。オットは大使館のみならず、ドイツ人社会全体をも統括する立場にあった。彼の統率力や人望がナチ党支部による統制、それをめぐる住民間の不和を緩和するのに大きな影響を及ぼしえたのである。

監視網の強化

ゾルゲ事件でもしばしば名前があがるヨーゼフ・マイジンガーは、ナチ党の前身であるドイツ労働者党時代から、ミュンヘンでナチズム運動に加わっていた。マイジンガーの「ワルシャワの殺戮者」という呼び名は、東京に派遣される以前のポーランドで、一〇万人単位のユダヤ人虐殺政策の指揮をとっていたことから名付けられた。

マイジンガーは、スパイ疑惑のあったゾルゲの監視も命じられ、一九四一年四月二日付でドイツ大使館に着任した。しかしゾルゲはドイツ大使の信頼も厚く、東アジア問題の専門家としての情報収集能力や分析力が大使館内でも高く評価されていた。日本の官憲が早い段階でゾルゲの動静を監視し、疑惑を強めていた一方で、マイジンガーは上司にあたる国家保安部のヴァルター・シェレンベルクにゾルゲのスパイ疑惑を否定する報告をしていた。それゆえマイジンガーは、ゾルゲ一味の諜報活動の摘発には一切関与できず、日本の特高警察に先手を取られ失態を演じることになる。その後マイジンガーは、ゾルゲ事件の報復であるかのように、日本に暮らすドイツ人の締め付けを強化していった。[32]

オーストリア生まれのユダヤ人音楽家ジョゼフ・ローゼンストックの回想録にもマイジンガーが登場する。一九三六年八月に日本に亡命したローゼンストックは、NHK交響楽団の指揮者に就任し、「N響の育ての親」ともいわれた。

ある晩、私は帝国ホテルのグリルで夕食をとった。隣のテーブルに一人の男が座ったが、私は新聞の写真で彼に見覚えがあった。見るからに恐ろしい、人間より獣と言った方がよい、マイジンガーだった。食欲は失せた。……マイジンガーはドイツのポーランド占領時代、数々の殺人行為を犯し、「ワルシャワの殺戮者」と呼ばれていた。私は信頼すべき筋から、マイジンガーがスパイ組織と思われる人々の一覧表を二組（一つは日本人、一つは外国人を掲載）作成したと聞かされていた。外国人スパイ表の名前の筆頭は私だった。マイジンガーは表に載っている人物全員の即刻逮捕を要求した[33]。

ここからも、ユダヤ人や反ナチの立場をとっていた者から、マイジンガーがいかに恐れられていたかがうかがえる。ここでローゼンストックが触れている「スパイ組織と思われる人々の一覧表」は『概況』にも記されている。

大使館警察主任マイジンガー親衛隊大佐は客年［去年］赴任以來我が憲兵竝に當省と聯絡し、自國人の反ナチス活動につき凡ゆる手段を弄して内偵を續け、大使館内に反ナチス及び態度不明者名簿を作成したるものの如く、容疑者に對しては機會ある毎に本國歸還を命じ、或は獨逸國籍を剝奪するの擧に出づる等相當辣を振ひ、在留獨逸人には蛇蝎の如く恐れられ居たるが、一月一日附を以て本邦在留猶太人一一六名の獨逸國籍を剝奪し、更に五月二十二日東京市世田谷區下馬一丁目三五八番地居住獨逸人技師ハインツ・ベルハルト・ミュレル及び五月五日東京市芝區白金三光町四七八番地居住獨逸人辯護士ドクトル・クルト・ベッケル兩名を反ナチスの故を以て獨逸國籍を剝奪せり[34]。

（［　］内は引用者）

「蛇蝎の如く」恐れられていたマイジンガーは、民間のドイツ人を秘密裏に雇い、彼らに内偵を行なわせていた。先述のドイツ通信局東京支局長のヴァイゼも、マイジンガーに協力し、情報提供を行なっていた一人である。住民の内偵には、神戸ヴィンクラー商会の社員、神戸バイエル薬品会社の支配人ほか数名が任命されていた[35]。

横浜に設置されていたドイツ総領事館では、管轄地区のドイツ人の名簿より、一人一枚につきカードが作成されていた。そして住民の政治思想、言動が一目で識別できるように、ナチ党員、反ナチ的態度を示している者、態度不明者、ユダヤ系などの色別のカード分類を行ない、管理していた[36]。

一九四五年に入り、憲兵隊の手に落ちるドイツ人が相次いだ。これはマイジンガーの命令によるものであった。たとえば軽井沢に疎開していたあるドイツ人は、ヒトラー暗殺計画が未遂に終わったことを残念だと口を滑らせたところ、しばらくして憲兵隊に連行されることになる。逮捕の理由は、枢軸国の戦争利益に反する言動というものであり、裏ではマイジンガーが憲兵隊に逮捕を促していた。マイジンガーの来日以降、ドイツ人社会の内部には監視網が張り巡らされ、密告が推奨され、ナチ党の統制の強化がはかられていたのである。マイジンガーからの情報提供によって、憲兵隊が逮捕するという段取りが組まれ、両者は密接な連絡関係を保っていた。

一九三八年一一月、神戸のドイツ総領事館では、その管轄地区(中部、北陸、近畿、中国、四国、九州および朝鮮)において、ドイツ人の身分登録および財産登録を行なった。登録事項は姓名、生年月日、出生地、現住所、前住所、ドイツ国籍の取得方法、職業および学歴、ナチ党への帰属状況、兵役の有無、ドイツにおける協会または組織への加入の有無、戸籍証明、パスポート、財産状況、家族および父母兄弟の現住所と氏名、職業であった。管轄地区のドイツ人は書面あるいは任意の出頭によって、ナチ党に忠誠を誓う旨の宣誓書への署名を命じられた[37]。

地域ごとに収集された身分登録および宣誓書は「アーリア」系、オーストリア系、ズデーテン系およびユダヤ系の四つに分離された。さらに、ユダヤ系の者の書類には約四センチ大の赤字で「J」の文字を押印し、残りの三つの書類と区別した。一九三九年度の『概況』によれば、一九三八年一一月の登録開始以来、パスポートに赤印字を付された者は四〇名に及んでいることが報告されている[38]。ただこのなかには、パスポートの赤印字を痕跡が残らないように抹消し、「ドイツ人を装っている」者がいるという風評がたっていた[39]。

一九三九年九月三日、英仏の対ドイツ宣戦布告を受けて、ドイツ大使館は日本のドイツ人の徴兵準備を横浜と神戸の領事館に指示した。横浜総領事館の管轄地区では一九三九年九月一五日から三〇日まで、神戸総領事館の管轄地区では同年九月一三日と一五日両日にわたり徴兵適齢者の出頭を命じ、身体検査を実施した。徴兵適齢者はドイツ国籍を有する者で、二〇歳以上六〇歳以下の男子と規定されていた。徴兵適齢者の身体検査は、健康状態の検査だけにとどまらず外国語能力や特技、資格などの調査が実施された。その調査内容は、次の一二項目にわたる。

①住所、②職業・氏名・生年月日、③外国語の習得状況、④飛行機、自動車、モーターボートの操縦免許書、救助証明書の有無、⑤乗馬経験の有無、⑥赤十字勤務経験の有無、⑦船員免許の有無、⑧在営部隊とその所在地、⑨軍隊の訓練期間および在営中の主たる経験、⑩志願応召の意思の有無(一五歳以上)、⑪労働証明書、⑫軍隊命令書の有無[40]。

ただニュルンベルク法の規定するユダヤ人に対しては、出頭命令を発せず、徴兵から除外していた。ユダヤ人が除外された一方で、出頭命令を受けながらもそれに応じずに応召不服従を表明したドイツ人もいた。たとえばドイツ人牧師のエーゴン・ヘッセルは、全ての項目について回答を拒否し、不服従を表明している。[41]

以上のような流れで、徴兵適齢者の応召と該当者の登録が行なわれたが、本国からの帰国命令は発令されなかった。一九三九年一〇月一日に横浜港に入港したブエノスアイレス号には、アメリカに留学中であったドイツ人学生四名が乗船していたが、志願していたドイツ人予備少尉五名が新たに乗り込み、朝鮮、シベリア経由で帰国した。この帰国以外には日本からの志願者の帰国は実現せず、一九三九年度中は日本に留まることとなった。

一九三九年九月五日には、東京、横浜のドイツ人が大使館に集められた。まず大使のオットがヨーロッパにおける戦争の勃発を告げる。そして帰国する者に対して、日本人との貸し借りの清算をすること、交通事故などで日本人とトラブルを起こしたりしないよう交通規則の遵守に努めること、また日本的慣習儀礼の実行を奨励することなど事細かに注意を促した。独ソ不可侵条約の締結以降、日本人のドイツへの信頼は揺らいでいたために、反ドイツ感情の悪化が憂慮されたのである。[42]

また横浜のドイツ総領事館では、一九三九年九月以降、毎月二回ドイツ人クラブにドイツ人を集め、訓示を行なうことが取り決められた。さらに、管轄地区の自国民に毎月振替用紙を郵送し、各自の所得額を申告させた。ドイツ政府に対する忠誠心を示すという大義名分で、それぞれの所得に相応した額を領事館を通じて献金させた。この献金に応じない者に対しては、国籍を剥奪する処置をとることもあるとした。事実、一九四二年五月に横浜のドイツ人医師は、数回の催促状を受けたにもかかわらず献金に応じなかったことで、ドイツ国籍を剥奪されている。[43]

徴兵への応召や献金は、海外のドイツ人と本国を結び付ける象徴的な行為とされ、これらの行為によって、本国政府への忠誠心がはかられることになる。応じない者には反ナチの烙印が押され、ドイツ人社会から疎外されるという共同体的な制裁が待ち受けていた。住民の言動の監視、統制はもっぱらナチ党支部の管轄であったが、ドイツ国籍の剝奪には行政的な手続きを要した。ナチ党支部やゲシュタポから連絡を受けた大使館や領事館で、国籍剝奪の手続きが行なわれたのである。このような国籍剝奪に必要な業務の連携からも、ドイツ人社会における党と外交組織の関係を指摘することができる。ナチ政権初期の段階では、依然として大使館とナチ党支部の確執があった。しかし戦争へと突き進むなかで、ユダヤ系の住民や徴兵忌避者、反ナチ的立場をとる者をドイツ人社会から排除し、結束を強化していったのである。

一九三八年頃になってから大使館関係者とその家族の入党が多く見受けられる。ドイツ大使のディルクセンにおいても、一九三六年八月にナチ党に入党しており、後継のオットも大使就任後に入党の手続きをとっている。またナチ党全日本支部の幹部にドイツ大使館の商務官、ナチ婦人会の役員にドイツ総領事の夫人が就任したことにより、ナチ党支部と大使館との人脈や情報網が確立していったのである。

ドイツ人社会のなかのユダヤ人

中国および日本では、ナチ党支部の要請を受けたドイツ大使館および領事館が、ユダヤ人を雇用しているドイツ企業や貿易商に対して一九三九年一月一日付でユダヤ人を解雇処分とするよう通達を下した[44]。ユダヤ教徒ではないが、ユダヤ人の血統を引くドイツ人も対象とされていることから、ここでのユダヤ人の規定は、ニュルンベルク法に基づくものと考えられる。
しかしドイツ大使館からの通達以前から、各方面でユダヤ人の雇用の問題が持ちあがっていたのである。一九三七年度の『概況』によれば、ドイツ大使館においても、商務書記官ヴィルヘルム・ハースがユダヤ人を妻としているという理由で罷免されている。ハースは、外務省の再三にわたる離婚の慫慂に応じなかったという[45]。

さらにドイツ大使館では、ユダヤ系ドイツ人に対して、一九四二年一月一日付でドイツ国籍の剝奪の通告をしていた。一九四二年度の『概況』に、ドイツ国籍を剝奪された日本のユダヤ系ドイツ人一一三名の氏名が記載されている。居住地別に分類すると、神戸居住者が五四名ともっとも多く、東京と横浜で四〇名、そのほか福岡、広島、名古屋、茅ヶ崎などに若干名を数えた。さらに同年五月、反ナチの立場を表明した東京居住のドイツ人二名に対しても、ユダヤ人と同様、ドイツ国籍を剝奪する処分が下されている[46]。

神戸のドイツ総領事館では、ユダヤ人のドイツ国籍剝奪命令を機として、管轄地区のドイツ人の思想調査が行なわれた。その際、ユダヤ系ではなくとも、反ナチ的な傾向の強いドイツ人には、その言動の詳細を大使館に報告し、大使館からドイツ国籍の剝奪命令が下った。一九四二年四月、反ナチ的傾向があるとして、神戸居住のドイツ人二名のドイツ国籍が剝奪され、パスポートの返還が命じられた[47]。

日本に支店を置いていたドイツ系企業は、ドイツ大使館の通達に従い、ニュルンベルク法に規定されたユダヤ人の解雇を行なった。大使館から解雇通告を受けたなかの一人が、レイボルト商会のハインリッヒ・シュタインフェルトであった。シュタインフェルトは、一九二三年にレイボルト商会の駐在員としてドイツより来日し、その後支配人にまでなっていた。「ドイツ人」として暮らしてきたシュタインフェルトであるが、一方的にユダヤ人とされたばかりに、職場を解雇され、所有財産の二割相当をドイツ大使館に徴収された。また家族も含めてドイツ人クラブへの出入りが禁じられた。ドイツ企業での再就職はできず、資産没収のために起業も困難な状況となった。[48] 先のシュルツェ夫人の書簡には、このシュタインフェルトの家族をめぐり、一家を敵視する者とかばう者、無関心を装う者の人間模様が綴られている。

日曜日、ユンカーさんのお宅でシュタインフェルト夫人とお話ししました。彼女は、コルプさん［大使館員］のところのお子さん方がドイツ東洋文化研究協会でシュタインフェルトご夫妻を無視することを大変つらく思っておられます。……コルプ夫人は、「教養をやみくもに信奉する人」です。彼女はできることなら、ユダヤの書物はすべて燃やしてしまい、ユダヤ人をすべて殺してしまいたいと思っているのです。……シュタインフェルト夫人は、一日に三、四回の招待を受けることもあり、すべて外国［ドイツ人以外］の方々からのご招待で、本当に素晴らしくもてなしてくださるとおっしゃっていました。彼女は、現在のドイツ人から距離を置くことができてよかったと思っていらっしゃいます。ユダヤ人は私たちにはとても親切です。私がシャルフ［ナチ党京浜支部長］さんに挨拶もされないということを聞いてからというもの、さらに親切になりました。ユダヤ人の方々は、私を同じ苦しみを分かち合う者とみているのでしょう。[49]（［ ］は引用者）

ドイツ人社会から排除されたユダヤ人は、ドイツ人との関係を断ち切り、そこから身を遠ざけるようになった。またユダヤ人に同情を示したがゆえに、ドイツ人社会から疎外された者は、ユダヤ人や外国人に温かく迎え入れられた。

当時、神戸のヴィンクラー商会に勤務していたハインツ・アルトシュールは、まず勤務時間が削減され、一九四二年に辞職の勧告を突きつけられた。[50] シュタインフェルトと同じく、ニュルンベルク法によってユダヤ人とされたアルトシュールは、一九四二年にドイツ国籍剥奪の宣告を受け、パスポートの返還を命じられた。アルトシュールの回想によれば、神戸においてナチ党の統制が強化され、近隣のドイツ人の態度が変わり始めたのは一九三八年前後としており、ドイツ大使館および領事館における徴兵登録、ユダヤ人の識別が行なわれた時期と重なる。[51] 以下はアルトシュールの口述回想である。

神戸では、日常的な些細な事が複雑な様相を帯びてきたのです。長年親しくしていた友人が突然挨拶をしなくなる、あるいは外で私たち一家に出くわすと、さっと向かい側の通りに行ってしまうようになったのです。なぜなら、私たちに親しく挨拶をしているところをドイツ人クラブのナチ党員に目撃された場合、その者が厳格なナチ党の信奉者であれば、ユダヤ人に親しくしたことへの報復が待ち構えているからでした。かつての友人たちは、ナチ党員の報復を恐れていました。……妻が神戸の領事館に呼ばれ、彼女と私たちの息子のために離婚するよう勧められたのもこの頃でした。離婚は、彼女自身のためにも、また息子のためにも利益にかなっていると妻を説き伏せようとしたのです。……息子のクラスメートの母親たちもまた、妻を説得しようとしました。私との離婚が、妻と私たちの息子にとって、いかに利益にかなっているかということを理解させようとしたのです。[52]

本国における人種法の成立を受け、日本のドイツ人社会においても、公的な圧力によるユダヤ人の解雇、ドイツ国籍の剝奪が行なわれた。またユダヤ人への公的な圧力に加え、ユダヤ人をかばった者はその家族も含めてドイツ人社会から疎外されるという、いわば共同体的な制裁が加えられるようになる。そしてドイツ人社会からはじかれるのを恐れた者たちは、ユダヤ人との交際を断ち切るようになっていた。

同胞意識を基盤とした社会において、相互扶助や規範といった法律外の圧力が利用され、個々の人間関係のなかにナチズムが介入していったのである。

表面的な同調

中国でのナチズム運動が波及するかたちで、日本においても京浜、阪神、九州支部が結成され、その傘下に党関連団体が組織された。東アジアのナチ党組織を統括していたハーゼネールが構想した企業の人的な流通網が活用されたのである。

ナチ党の掲げた「職業、身分格差の克服」、具体的には社交クラブの入会審査における職業差別の廃止は、ナチ体制以前にはクラブの入会が認められなかった手工業者、技術者から支持を得た。ナチ政権発足後の一九三三年から三四年にかけて、商社員や貿易商とその家族のナチ党への入党申請が相次いだ。そしてオットの大使就任後の一九三七年前後から、ドイツ大使をはじめとした外交官の入党が集中した。手工業者、商人、外交官という順番でナチ化が推進され、日本のドイツ人社会において党と官、そして財界のトライアングルが形成されたのである。

ヒトラー政権の成立当初、ドイツ人の監視、内偵を行なっていた内務省警保局の文書からは、ナチ党支部の組織的活動や住民の結束がうかがえた。しかしドイツ人社会内部から、つまり別の角度に視点をうつすと、住民のより複雑な心情がみえてくる。強固にみえたドイツ人社会の結束力は、ドイツ人社会から疎外されることを恐れたがゆえの表面的な同調に支えられている部分が大きかった。

日本のドイツ人社会には、確信的なナチ党員と反ナチ的立場を表明した者はともかく、表面的に同調する者、そして無関心を装う者と、ナチ党への賛否のみでは色分けできない複雑な人間関係があったのである。かつてドイツ人社会に属していたドイツ系ユダヤ人は、解雇や資産没収により、ドイツ人社会からも排除されていった。その際、ユダヤ人排除を推進する者、ユダヤ人をかばう者、無関心を装う者がいたが、ユダヤ人をかばう者もまたドイツ人社会から排除されるという制裁が加えられた。このような共同体からの制裁によって、ナチ党支部および党員は影響力を広げ、住民を体制側に取り込んでいったのである。

ゾルゲ事件発覚以降、『概況』や『月報』には、ドイツ人社会の結束力に疑問を呈すような見解が見受けられるようになる。

又更に一歩進めて在留獨逸人を観察すれば、彼等獨逸人の凡ては、表面的現ナチス政権を全面的に謳歌し、信頼するものの如く見ゆるも、彼等の中には獨逸共産黨系、旧帝政派、およびユダヤ系等の異分子を含み、之等分子は反ナチス的氣分濃厚にして必ずしも其の国民的団結は強固なるものに非ず。[53]

ドイツ人社会の複雑な人間関係や表面的には同調している者の素顔や本音が、ドイツ人社会の外にいた者からもみえてきたのが一九四三年前後であった。

ナチ党機関誌や一九三五年前後の内務省警保局の内部報告からは、統制されたドイツ人社会の表層がうかがえた。そこでは党員数の増加、ナチ・シンボルの導入、毎週開催される集会や会合、ナチ党関連行事の実施など、ドイツ人社会の結束の強さが強調されていた。しかし個々の書簡や証言に目をうつすと、統制を支えていたのは確信的な支持者だけではなく、内偵や密告を恐れる者、また体制側には表面的に合わせておこう、あるいは事なかれ主義の同調を装うといった素顔がみえてくる。ここでの表面的な同調とは、ナチ党支部の集会への出席、大きな声を出して党歌を歌うこと、党旗への敬礼、寄付、ユダヤ人の一家とは交際しないなどの行為である。また冬期救済事業などの献金に応じているか、どのくらい献金しているか、倹約した生活をしているか、集会や講演会への出席回数、子供の態度などが、国家への忠誠をはかる指標とされたのである。このような指標がつくりだした忠誠心は、ドイツ人社会のそれまでの人間関係を破壊し、疑心暗鬼を生むことになった。

第六章　ＧＨＱ占領下の「ナチズムの清算」

党員数の増加などにみられる「ナチ党人気」を支えていたのは、ナチズムへの共鳴や全幅の信頼、あるいは統制の徹底ではなく、経済的利害や昇進、保身を目的とした表面的な同調、ドイツ人社会からは疎外されまいとする自衛に拠るところが大きかった。このような表面的な同調を余儀なくされていた住民の大部分は、ナチ体制を完全に受け入れていたわけではなく、反抗的な態度を持ち続けていたのである。いちはやく政界と手を結んだドイツ商人においても、自由貿易とナチ党の経済統制との軋轢に陥っていた。ただ統制に対する個々の不平、不満はふつふつと沸き上がっていたにもかかわらず、それが公然たる批判や組織的な抵抗運動にかわることはなかった。

本章では、まずドイツ人社会でみられた反ナチ的な動向から、それが逆にナチズムへの合意形成につながるメカニズムを考えてみよう。

そしてドイツ降伏後の日本のドイツ人社会に目を転じていく。一九四五年五月八日、ドイツの無条件降伏の報を受け、時の外相の東郷茂徳は五月一五日の定例閣議で日独間の防共協定および同盟の失効を正式に表明する。それに伴い、日本にいた約二七〇〇名のドイツ人の立場は一転し、敵国人となった。連合国最高司令官総司令部（以下GHQと略す）の指揮下で占領政策が開始されると、ドイツ人は改めて敵国人とされ、さらなる追及を受けることになる。ダグラス・マッカーサーの指揮下、当地のドイツ人社会とナチズムの関わりがどのように検証され、日本のドイツ人にどのような処遇が下されたのだろうか。[1] 一九四七年に実施されたドイツ人の本国送還までの経緯から、GHQ占領下の「ナチズムの清算」を検討してみよう。[2]

不平不満、告発、消極的な抵抗

一九三三年六月以降、ナチ党支部が支持基盤を固め、住民への介入を深めていくなかで、例外的ではあるが、ナチ党の政治思想と統制に異議を唱え、反旗を翻したドイツ人もいた。前述の徴兵登録を拒否した牧師のヘッセルである。ヘッセルは国籍剝奪の脅しにも動じることはなかった。

哲学者のカール・レーヴィットも、自らの手記のなかでヘッセルの反ナチ的言動について触れている。[3] レーヴィットはユダヤ系であったために、ドイツの大学で職を追われ、イタリア経由で日本に亡命し、一九三六年から四一年まで東北帝国大学で教鞭をとった。レーヴィットはヘッセルのことを、「地に足の着いた、妥協を許さない態度をとる」人物と評していた。

ヘッセルは、一九三一年一〇月に来日し、同志社大学、愛媛の松山高等学校で講師として教鞭をとっていた。松山高等学校在職中、友人の牧師と「十字架兄弟社」というキリスト教研究団体を組織し、機関誌『十字架の言』で反戦平和を唱えた。しかし松山高等学校辞職後は収入が途絶え、ドイツ福音教会からの送金も減額され、生活が窮するにいたり、大阪や神戸でドイツ語を教え、それを生活の糧とするようになる[4]。

ヘッセルはヒトラーの「権力掌握」当初から、ナチズムについて批判的見解を示し、管轄のナチ党阪神支部と意見衝突を起こしていた。一九三三年一〇月、キリスト教系の機関誌に掲載されたヘッセルの論考をめぐって、阪神支部はヘッセルに訂正を求めた。ヘッセルの回答は、歯に衣着せぬものであった。

外国にいる牧師にとって、アーリア的出自とナチ党への入党を要件とするような雇用や地位に関する法の規制はありません。そのような法律が公布されたとしても、私の管轄内においては、それに左右されるようなことはしないつもりです。なぜなら、どんな人種差別にも特定の人種や民族に最も高い評価を与える意図が含まれており、それは非キリスト教的であるからです。私はドイツ人として、そして一人のキリスト教徒として、いかなる民族、語族に含まれようとも神の下では平等であることを訴えております。国家が統制の一環として、官吏に命じて一部の国民を公然と、あるいは間接的に迫害することは、非キリスト教的です。私はそれに与《くみ》しませんし、そのような迫害を非キリスト教的であると考えております。もし今日、貴方がフッサールやヴェルフェル、ハウプトマンやケーテ・コルヴィッツの作品を壊し、彼らの地位を奪い、何らかの方法で名誉を傷つけようとというのならば、それには良心にかけて加わるわけにはいきません。またドイツ人であるという理由で、大きな責任を負うことになるのです。ここでは総統ご自身でさえ把握なさっておられないこと、総統の目が届かない異国で判断が下されていることが多々あります。再び、あなた方が間違っているとわかっていながら私に嘘をつくよう仕向けようというのであれば、それはキリスト教の教えに反したことです。[5]

この書簡は、さらにナチ党支部の言論統制への批判へと続く。ヘッセルは、キリスト教的人道主義を盾に、「アーリア人」至上主義を痛烈に批判していた。またナチ党の統制については、ドイツの伝統と文化を傷つける行為であるとして注意を喚起した。そして、日独協会の日本側代表に意見を求めることで、自民族中心主義からの脱却を促していた。ヘッセルの真意ははかりかねるが、この書簡では、ナチ党支部の統制を「ヒトラーの目の届かないところで」起きているとしており、ナチズムへの批判をヒトラーへの否定的評価と結び付けていない。

ドイツ大使館員のエールトマンスドルフの書簡のなかでは、ナチ人種法の「アーリア人条項」を日本で適用することへの懸念がうかがえる。

さらにシャルフ［ナチ党京浜支部長］は、アーリア人条項を適用し、日本人およびドイツ人の日本人妻の締め出し、ドイツ東洋文化研究協会（ＯＡＧ）からの隔離を押し通そうとしております。……そのうち、きっとＯＡＧもナチ化することになるでしょう。しかし、そのようなナチ化は、日本人やそのほかの外国人会員の存在ゆえに、全く容易なことではないでしょう。……ドイツ人コロニーの大多数が批判的な見解を持っておりますが、ラディカルな決断を下すことについては消極的であります。[6]

学術団体であるドイツ東洋文化研究協会において、ナチ人種法の成立を理由に日本人会員および日本人の配偶者を持つドイツ人が排除されようとしていた。この目的は、学術、知的交流の場をドイツ人のみに限定し、日本人を含む非ドイツ人の影響力を排除することにあったが、このナチ化について、エールトマンスドルフのみならず住民の大半は賛同しかねていた。しかしナチ党支部に反旗を翻すわけではなく、明確な意見表明を避けているという状況であった。

一九三三年一二月四日付で、東京に暮らすネトケ夫妻からゾルフに宛てられた書簡では、京浜支部創設後のドイツ人社会の変貌が半ば諦めたような口調でつづられている。この書簡では、家族と友人の近況を述べた後、次のように切り出している。

閣下、ここで起きていることについては、ほかに何一つ朗報はありません。外国での生活はそのままであるべきという本国政府の意向に反して、私たちの生活には数々の変化がもたらされました。……すべてが変わってしまった今、結局のところ何一つ期待することはできません。[7]

ネトケ夫妻は、かつて親しくしていた友人が党員と関係を築くようになり、そこに新しい輪ができつつあるとしている。その輪のなかには、作家ヘルマン・ヘッセの従弟にあたるヴィルヘルム・グンデルトの存在があることをほのめかしている。グンデルトについては、「心配のあまり、もはや自分自身の考えすら持たないヘッセのいとこ」という人物評が加えられている。

先述のシュルツェ夫人は、ナチ党京浜支部主催の集会や党の記念行事に駆り出されることを疎ましく思っていた。次の文面から判断する限り、ゾルフとシュルツェ夫人は同時期にベルリンにいたこともあり、旧知の間柄のようである。

ヨーロッパに行ける方なら誰でも羨ましく思いますわ。私がヨーロッパで過ごしたのは素晴らしいときでした。今も懐かしく思い出します。……今、二つの大きな祝典が迫っています。四月二〇日[総統誕生日]と五月一日[国民的労働の日]です。以前であれば仮病を使うこともできましたが、今はそれもできません。閣下はベルリンにいた頃の私に会っており、私の考えにも耳を傾けてくださいました。私が当時ヒトラーに熱狂していたこともご存知でしょう。けれども、今の私には全く違う二つの出来事としてあるのです。一つはベルリン、私はそこに身も心も置いてあるのです。そして、もう一つは東京、ここには私が嫌悪しているナチ党支部があり、私たちが現在抱えている面倒の元凶があります。[8]

（[ ]内は引用者）

この書簡では、ナチ党支部や党員は災いとし、京浜支部が主催する総統誕生日の祝典の準備に駆り出されることを苦々しく思いながらも、ベルリンやヒトラーに熱狂していたことを懐かしく回想している。またナチ党を災いとしながらも、その災いの根源は本国ではなく、自らが属する東京のドイツ人社会にあるととらえている。

牧師のヘッセルのように、ナチ党支部に対して反旗を翻したドイツ人もいたが、大半の者は、ナチ党の統制に対する疑問や怒りを感じたとしても、それを表には出さなかった。そこで消極的な抵抗として出てきたのが、匿名の投書や落書きであった。

一九四二年七月二四日付で、警視総監宛にナチ党への批判が綴られた匿名の投書があったことを、

『概況』が伝えている。その投書の中身は英語で書かれており、筆跡や消印から、神戸のドイツ人が発信したものと推定された。また翌七月二五日、同じような文面の投書が大阪毎日新聞社宛にあり、さらに同年九月九日に警視庁、九月一四日に神戸のドイツ総領事館にも送られていた[9]。たとえば領事館に宛てられた投書には、ドイツ語で次のように書かれていた。

おい君。大馬鹿野郎！　お前こそ當地で罪を犯してゐるのだ。最大の大馬鹿者め！　お前の主人リッペントロップ、彼の時代もお前等の總統殺戮者ヒットラーが野たれ死した時に過去になって仕舞ふのだ。汝スパイよ。何をなさんとするか。既に用意はできたのか。若し用意がまだなら急げ、馬鹿野郎！　エベルト敗退者、ヒットラーの忠義者財閥ども、汝汚れた共。泥棒＝ナチ＝嘘つき！只糞だ。[10]

さらに、W・G・ドラゴンという差出人名で、次のような投書があった。

若し君が當地で良い印象でも興へてゐると思ふなら大間違ひだ。お前は悪い印象だけ興へて居るのだ。全く確實にね。スパイ等の汝こそ最も悲惨なものだ。當地に於てはナチのトリックは既に落ちぶれて仕舞ったのだ。山賊消え失せろ。殺人鬼ヒットラーよ退散せよ。ナチの犯罪者ども消え失せろ。ナチ＝欺瞞者、ナチ＝嘘つき。[11]

数日後にも、同一人物と思われる投書が領事館に送られており、いずれも「殺戮者ヒットラー」

「殺人鬼ヒットラー」「ナチ＝欺瞞者」「泥棒＝ナチ」の文言が綴られていた。またドイツ染料会社の重役宛にも匿名の投書がなされており、そこには「お前の頭は狂っているぞ、ハイル・ヒットラー」とドイツ語で書かれていた。[12]

これらの投書については、大阪府警と兵庫県警の合同で捜査され、捜査線上にユダヤ系ドイツ人、あるいはドイツに併合された国の出身者が浮上したが、差出人の特定にはいたらなかった。ここでは、匿名の反ナチ的言動がナチ党支部ではなく、領事館、そして警視庁や日本のマスメディアに向けられたのである。つまり、第三者を介してのナチ党批判であった。

投書に加え、一九四二年一一月三〇日、神戸のクラブ・コンコルディアの入り口扉および塀、隣家の壁と電柱に落書きがなされた。この落書きは、白いチョークを用いて「大英帝国ドイツを打倒せよ、ヒットラーの罪悪者」と日本語で書かれていた。さらに同年一二月八日、同クラブ付近の電柱に「ドイツを打倒せよ、ドイツ人よ、日本を退去せよ。ドイツは日本の敵」という日本語の落書きがなされており、筆跡の判断では日本人か、あるいは神戸在住の中国人の手によるものとされた。兵庫県警の捜査では、これらの落書きはドイツ人家庭で雇われている中国人によってなされた可能性が高いとされたが、落書きを促したのは、反ナチ的傾向のあるドイツ人ではないかとささやかれていた。[13]

大使へのボイコット宣言

いちはやく政界と手を結んだドイツ系商社においても、自社利益とナチ党の経済統制の軋轢のなかにあった。一九四三年七月、ナチ党全日本支部の支部長であるルドルフ・ヒルマンは、支部長およびイリス商会東京支社長の地位を奪われる。ヒルマンが社長を務めていたイリス商会は、本国より来航する船舶の代理店業務を取り仕切っていた。イリス商会をはじめとするドイツ系商社は、横浜港に碇泊中のドイツ船舶に積載する食品や日用品の買入れを斡旋し、日本側の商社から手数料を受け取っていた。しかしドイツ海軍の船舶に積載する物品購入にも介在し、多額の手数料を収受することは、「戦時下のドイツ国民としてあるまじき行為」とされた。このことから外国組織部は、私益のための商業活動は戦時下における「民族共同体」意識を阻害するものとし、日本のナチ党支部の幹部更迭を通達した。その結果、イリス商会ほか、ドイツ船舶の代理店業務を行なったアーレンス商会、ホルシュタイン商会、そしてベック商会の代表および役員が辞職に追い込まれた。またイリス商会奉天支社長ハンス・フォン・キルシュバウムも全「満洲国」支部長を兼任していたが、同じく更迭された[14]。

後任として、フランツ・シュパーンが就任し、全日本支部と全「満洲国」支部を兼任した。シュパーンは、外国組織部のリーダーであったボーレの片腕といわれていた[15]。ナチ党支部の幹部には、ドイツ系商会の社長や支配人など、日本居住者のなかから推薦されるのが通例であり、本国からの派遣は異例のことであった。

シュパーンの全日本支部長就任後、商社員がナチ党支部から離反していった。ナチ党は統制経済を促進した一方で、ドイツ商人は自由貿易を渇望していたため、そもそも相容れないイデオロギーが共存していたのである。また、ドイツ商人の入党やナチ党支部への幹部就任は、ナチズムの政治思想への共鳴ではなく、経済的利害に因るところが大きかった。このことは一九四三年以降、彼らがナチ体制から離反していったことから裏付けられる。

国防軍出身のオイゲン・オットは、一九三八年四月に大使館付きの陸軍武官から大使に昇格し、一九四二年一一月に辞任した。オットの辞任は機密情報の漏洩であり、赤軍の諜報員であったゾルゲの管理責任を問われたというものである。オットの後任は、日独伊三国同盟締結時に公使として派遣されたハインリッヒ・ゲオルク・シュターマーであった。シュターマーは、元々は商人であり、外交官としての経験は乏しかった。同じ商人出身のリッベントロープの側近であり、リッベントロープ事務所で極東担当官を務めていた。自他ともに認める確信的な党員であったシュターマーの大使就任後、リッベントロープ直系の参事官コルトが上海への転属を申し出ている。

オットの大使就任中、武官を含めた大使館職員のミーティングが毎朝行なわれていたが、シュターマーの下では一度も開かれなかった。その理由は、シュターマーが大使館員の意見に聞く耳を持たなかったからだとされる。

シュターマーは、ナチ党員を含む大使館職員から、指令には一切従わないというボイコット宣言を突きつけられていたのである。なお一九四四年以降、東京・永田町のドイツ大使館は機能を箱根、軽井沢に移していた。箱根と軽井沢、成城に疎開していた大使館職員全員の署名入りの書簡がシュターマーに送られている。ヴィッケルトの回想録には、この書簡が引用されており、その日付は一九四五年六月一一日となっている。

貴殿は東京駐在ドイツ大使の任にあった二年半のあいだ、大使館を指導するうえで必要とされる技術的および人格的能力に欠けていることを露呈され、それが最近になってますます顕著となっております。それゆえここに署名した官吏は、貴殿が大使館の指導者としての立場から身を引かれることを勧告いたします。いずれにせよここに署名した者たちは今後いっさい貴殿の指令を受けないことを決定いたしました。現在軽井沢、もしくは成城に住んでいる館員たちには本書のコピーを送付いたします。この他、同様に貴殿の辞任を勧告するクレッチマー中将の手紙も添付いたします。ヴェネカー海軍大将とグロナウ中将も同じ意見であることは貴殿にも疑う余地もないでしょう。

（佐藤眞知子訳[16]）

ドイツ降伏から約一か月後、ドイツ大使が大使館員から突きつけられた三行半であった。ただこのボイコット宣言は、シュターマーの統率力を否定するものであり、ナチ体制の崩壊に起因するものではなかった。

ナチズムの元凶

白バラの名前で知られ、反ナチのビラを作成、配布した学生のグループが抵抗運動を繰り広げたのは、一九四二年から四三年にかけてであった。このグループは、深夜にミュンヘン市内の通りの壁に「ヒトラー打倒」と書いてまわったが、その予兆であるかのような事件が、すでに神戸で起きていたのである。時期的に考えて、本国での反ナチ抵抗運動に刺激されたものでもなければ、本国の抵抗運動と連動したものでもなかった。投書や落書きは、独自に考え出された手法であり、自発的な行動によるものであったと思われる。

反ナチ的な気運は、牧師のヘッセルが認めた党支部への抗議、大使館員のエールトマンスドルフやシュルツェ夫妻の書簡がそれにあてはまるが、まずナチ体制初期の段階にあたる一九三三年から三六年にかけて高まった。しかしヨーロッパにおける戦争勃発とともにおさまり、一九四二年から四四年にかけて、戦況の悪化とともに再び反ナチ的な動向が際立った。ドイツ総領事館や新聞社への投書、壁の落書きなどがこれにあたる。

しかしヘッセルのナチ党阪神支部への抗議文、またゾルフに近況を綴ったシュルツェ夫人の書簡からも、統制に対する個々の不満がナチ体制そのものへの批判や拒否とはならないメカニズムが浮かび上がってくる。ヘッセルの抗議文では、ナチ党支部による統制を「総統の目の届かないところで起きている」としている。シュルツェ夫人の書簡からは、一人の人物のなかでナチ党への不平、不満とヒトラーへの信奉が共存していたようである。

ナチ体制後期においては、いちはやく政界と手を結んだ商人層もまた、ナチ党との利害が異なるにつれて体制から離反していく。そして外交官においては、リッベントロープ直系の大使にボイコット宣言を突きつけるにいたる。そもそも経済的な利害や保身に動機づけられた入党であったために、利害関係や人間関係の崩壊とともに、ナチ体制から距離を置く者が増えていったのである。

ドイツ資産の凍結、没収

「玉音放送」から二週間後の八月三〇日、ＧＨＱ総司令官のダグラス・マッカーサーがコーンパイプを咥え、サングラス姿で厚木飛行場に降り立つ。アメリカ主導による日本占領の開始を告げるものであった。ドイツの降伏から、四か月が経とうとしていた。

占領軍は、まず日本のドイツ人が所有する資産の総額と内訳を把握したうえで、これらの資産を凍結、没収することにした。一九四五年九月一三日、GHQ軍政局は日本政府に対して、ドイツ政府およびその国民が所有、管理する財産、資産、会計元帳を没収し、かつ一五日以内に資産の総額とその内訳を報告するよう命じている。日本政府の見積もりによれば、日本国内のドイツ資産は、不動産、公債株式、貴金属や調度品、特許権や著作権などの知的財産も含めると、およそ一一億七八九二万円であった。内訳は、一億一五〇八万円が個人資産、二億八六三六万二〇〇〇円はドイツ系商社によって、七億六四四八万二〇〇〇円は政府の諸機関によって所有されていた。その他の一三〇〇万二〇〇〇円は、所有者を割り当てることができなかった。これらの資産のおよそ半分が東京・横浜に集まり、以下神戸・大阪、軽井沢、箱根という順位となる。[17]

ドイツ以外の外国資産と同様、貿易港を抱える都市とその近郊に集中しており、貿易業に従事していた企業の資産がその大半を占めた。また軽井沢や箱根などが挙がっているのは、これらの避暑地に別荘を所有していたドイツ人が戦時中、空襲を避けるために疎開し、疎開に伴う資産移転があったからである。

またGHQ軍政局は、外資系企業の産業資産の内訳を一覧にし提出するよう日本政府に要求した。日本政府が実施した産業資産の調査は、一九四四年の統計をもとに見積もられている。その結果、ドイツの所有する産業資産は特許五一四一件、企画二五件、商標四四五九、製品モデル一一七七と報告されている。[18]特許、企画、製品モデルの件数ではほかの国々を圧倒しており、それらは染料、医薬品などの化学工業、鉄鋼業の分野での産業発展に寄与していたのである。

一九四五年一〇月三〇日、同年七月のポツダム協定に基づき、アメリカ・イギリス・フランス・ソ連の四か国の最高司令官によって構成された管理理事会で、連合国管理理事会法（ベルリン法律第五号）が制定され、同年一一月四日にドイツ在外資産委員会が設置された。連合国管理理事会法は、ドイツおよびその占領下の地域に一九三九年九月一日以降居住したことのある者、かつ同年同日以降ドイツ市民権を有していた者が所有する資産を凍結、没収の対象とした。ユダヤ系ドイツ人は、ドイツ市民権を剝奪されていたために、彼らが所有した資産は没収の対象とはならなかった。

日本のドイツ資産の場合、封鎖、没収の対象とされたものは、GHQの帰属に移行する。この帰属財産の管理権は、マッカーサーにあった。また日本国内のナチ党組織および党関連団体が所有していた証書と記録文書、映画や写真のフィルム、訴訟記録はすべて押収され、不動産、証券、株などの資産も凍結、没収の対象とされた。[19] さらにGHQによって、ドイツ人の社交クラブ、東京と神戸のドイツ人学校、ドイツ東洋文化研究協会、日独協会の資産が差し押さえられた。

極東委員会は、日本占領管理機構における最高の政策決定機関であり、本部はワシントンの旧日本大使館に設置された。同委員会は暫定的に、一九四六年四月二七日付で日本のドイツ資産を次のA、B、Cの三つのグループに分類して、措置を講じるようにGHQに指示を発している。まずAのグループは、「好ましからぬドイツ人」によって所有、管理されている資産で、没収すべき資産、Bのグループは、「好ましからぬドイツ人」によって所有、管理されている資産ではあるが、没収すべきではない資産、そしてCのグループは、「好ましいドイツ人」によって所有、管理されている資産で、そのまま所有者のものとすべき資産とされた。[20]

この「好ましいドイツ人」のグループに属する者は、まず①一九三九年九月一日以降にドイツおよびその占領下の国々に継続的に滞在していないこと、かつ②一九三九年九月一日以降、第三帝国の法の下でドイツ市民権を享受してこなかった者とされた。すなわち反ナチの立場を表明したり、徴兵検査に応じなかった者が該当した。

一方、「好ましからぬドイツ人」は、③一九三九年九月一日以降にドイツおよびその占領下の国々に継続的に滞在していた者、あるいは④ナチズムの煽動者、党員、政府要人、外交官、高等学校や大学などの教育機関で研究に携わっていた者、科学者、ドイツ人学校の教職員、技術者、製造業者や貿易商なども含み、枢軸国の戦争遂行に何らかのかたちで加担した者を指した。先述の連合国管理理事会法が一九四六年五月一〇日に施行され、「好ましからぬドイツ人」が所有、管理した資産はすべてGHQの帰属命令に服するとしたため、事実上Bのグループは削除された。

一九三七年一二月三一日以降ドイツが併合した国家を対象外としていることから、資産処遇においてオーストリア人の所有資産は凍結、没収の対象から除外されていることになる。

使用目的の如何にかかわらず、「好ましからぬドイツ人」の所有した資産はすべて差し押さえの対象となり、GHQの帰属に移行したが、この規定は徐々に緩和されていく。その発端となったのが、GHQ経済科学局が日本政府に宛てた一九四五年一〇月二日付の覚書である。この覚書は、日本に居住するドイツ人の当面の生活費を凍結中のドイツ資産から出すことを許可している[21]。

一九四五年一〇月一二日、日本政府から凍結された資産の解除および一部の引き出しを求めているドイツ企業および個人のリストが提出された。さらに日本政府は資産凍結の解除を求めているドイツ人の職業、資産の種類および所在地、申請理由、法人名義の資産であればドイツにある本社の名前、取引先、一九三七年以降の業務内容、役員の氏名を記載した報告書を提出することになる[22]。

日本政府の報告書に基づいて、GHQ経済科学局が個々の申請を精査した。たとえば一九四六年一月二六日付の指令で、あるドイツ人の家屋および家具の修繕のための資金二万円の凍結解除が認められている。また同年八月八日には、ドイツ人協会の凍結中の資金から東京地区のドイツ人の生活費として大人一人につき五〇〇円の引き出しが認められている[23]。さらに複数のドイツ企業から給与および事務所の賃貸および光熱費の支払いのため、資産の凍結解除を求める申請がなされていた。この申請に対しては、円建て銀行預金凍結の解除がなされることになった[24]。

このような企業の事業費や保険料の支払いのための申請は受理され、凍結が解除されたケースが多い。その一方、ドイツ水兵三五一名が当面の生活費として、月額一五万円を凍結資金から引き落とす許可を申請したが、この申請は却下される。またドイツ帝国会社、ドイツ東洋文化研究協会、経済使節団が所有していた資産の凍結解除も認められなかった[25]。

東京と神戸の二校のドイツ人学校は、一九四七年から四八年にかけて行なわれた本国送還により、教職員と児童を含む多くのドイツ人がすでに引揚げたために、資産が差し押さえられたまま閉鎖状態にあった。ドイツ人学校では、ナチ党員の学校長の運営により、本国政府の意向を取り入れた教員人事、カリキュラムや指導要領の改革が行なわれ、ヒトラー・ユーゲントが結成された歴史がある。しかしドイツ人学校は、一九〇〇年代にドイツ商人の子供の教育機関として設立されていることから、一時的にナチズムの宣伝、普及の場として活用されただけであるとされ、一九四九年に資産の凍結が解除され、学校協会に返還された[26]。

しかし東京ドイツ学園所有の山中キャンプ場が、ヒトラー・ユーゲントの野営合宿に使われたことが明らかにされると、キャンプ場のみ再び没収された[27]。事実、一九三六年七月一二日から八月一六日の約一か月間にわたり、ドイツ学園所有の山中湖畔のキャンプ場において、東京ドイツ学園の学校長マルティン・シュヴィントの指導責任でキャンプ訓練が行なわれたことがあった[28]。

図 24　神戸ドイツ学院の授業風景．教室の後方の壁には，ヒトラーの写真が飾られている．

ナチ党支部やドイツ海軍の所有資産など公的資金の凍結解除は認められなかったが、教育・文化施設については、当初の設立目的に鑑みて、一九四九年以降に凍結が解除される。凍結の解除を決める基準となったのが、設立が「ナチ以前」か「ナチ以後」かということであった。その発足が「ナチ以前」の施設や団体の資産に限り、凍結の解除が行なわれたのである。

一九三七年以降、ドイツ人学校、日独協会、社交クラブなどの教育機関や学術、文化組織団体はナチ党支部により統括、管理され、資産の所有権が行使されていた。しかし日本の法律では、外国の政党に法人格を付与していない。これらの諸団体はナチ党の資金援助を受け、その管理下で運営されていたが、資産名義や登記は一九三七年以前に所有していた団体や法人のままであった。[29] 一九四九年以後、これらのドイツ人団体の資産は、日本政府により返還の手続きがなされ、戦後も日本に残ったドイツ人に引き継がれることになった。

本国送還

一九四四年末以降、ドイツ大使館は空襲を避けるために、業務の一部を山梨県河口湖畔のホテルに移転していた。その周辺には、東京や横浜、神戸に暮らしていたドイツ人が疎開しており、ドイツ村さながらであった。占領軍上陸から一週間後、このドイツ村であるナチ戦犯が逮捕される。富士ビューホテルに潜んでいたヨーゼフ・マイジンガーであった。

一九四五年九月六日、富士ビューホテルの前に一台のジープが乗りつける。機関銃を肩に背負った兵士たちが次々と降り立ち、ホテルを取り囲んだ。滞在客が騒然とするなか、背中に拳銃を突きつけられ、手を挙げたマイジンガーが姿をあらわした。マイジンガーは、そのまま厚木飛行場へ連行され、ポーランドに送還されるまでの約二か月間、米軍の管理する横浜刑務所に収監された。

マイジンガーは、一九三三年三月に親衛隊へ入隊、同年五月一日付でナチ党に入党している。占領軍による尋問を受けた際、党員証の提示を求められたが、東京のドイツ大使館が被災した際に焼失したと証言している。しかし、戦犯追及を恐れて自身で処分した可能性もあった[30]。

ドイツのポーランド侵略後、ラインハルト・ハイドリッヒ率いる親衛隊情報部（SD）に配属されたマイジンガーは、一九四一年三月までワルシャワに活動拠点を置き、「敵性分子」の摘発にあたる。この間、マイジンガーの命令によって、一〇万人単位のユダヤ人虐殺が行なわれた。マッカーサーに宛てた懇願書において、マイジンガーは当時の職業身分ではそのような命令を下す権限はなかったと主張するが、虐殺があった事実そのものは否定していない。

マイジンガーが占領軍によって逮捕されたことを知り、多くのドイツ人は胸を撫で下ろしたというのが正直なところで、彼を庇う者は現われなかった。「ワルシャワの殺戮者」という悪名は誰もが一度は耳にしており、一九四一年四月の来日以来、国籍剝奪や強制送還を脅しとした反ナチ的言動の取り締まり、憲兵隊との協力で行なわれた逮捕、投獄は後を絶たなかったのである。

横浜の刑務所に約二か月収監された後、マイジンガーはカリフォルニア、ワシントン、パリ経由でフランクフルトに護送された。アメリカ経由での護送を告げられた直後、見張り役の目を盗んで剃刀で手首を切ったことがあったため、護送にあたっては、自殺防止のために警備は厳重を極めた。フランクフルトへと護送された後、ポーランド政府に引き渡されたマイジンガーは、ワルシャワで死刑判決を受け、一九四七年三月に絞首刑が執行される。

マイジンガーの逮捕以降、ドイツのアメリカ占領軍やワシントンの政府本部からも、ナチ党支部の幹部、ゲシュタポの情報が寄せられた。ドイツ大使のシュターマー、ナチ党支部の幹部が逮捕され、巣鴨刑務所に留置された。札付きのナチ戦犯であったマイジンガーは、厳重警備の下で護送されたが、大使館関係者やナチ党支部の幹部は、民間人とともに送還されることとなった。

外交官、政府関係者を含め、東京や横浜、神戸の都市部に居住していたドイツ人の多くは、軽井沢、箱根、熱海、河口湖、六甲山などに疎開し、ここで五月八日と八月一五日の二度の終戦を迎えることになる。疎開先においても学校や教会、クラブ組織などを核としてコミュニティが形成されたが、政府関係者の逮捕や勾留、配給用の食糧と生活物資の差し押さえ、さらに資産凍結よって生活は困窮化していた。

ドイツ資産管理の際に示された「好ましいドイツ人」と「好ましからぬドイツ人」という二つのグループ分けは、本国送還者を選別する基準となった。一九四五年一一月二六日付で日本政府のGHQ対応文書に「東京・横浜の反ナチのドイツ国民のリスト」と題する覚書があり、三〇名のドイツ人の氏名、年齢、職業、現住所が記されている。このリストのなかには、作家トーマス・マンの義兄で音楽家として名を馳せたクラウス・プリングスハイムの名前も見受けられる。プリングスハイムは、一九三一年に来日し東京音楽学校(現東京芸術大学)で教鞭をとっていた。シャム政府に招かれ、バンコクでも音楽家として活躍していた時期もあった。プリングスハイムのようなユダヤ系や反ナチの立場を表明していた者は「好ましいドイツ人」とされ、このグループに分類された者は本国送還を免除された。[31]

一方、「好ましからぬドイツ人」に分類された者は、本人の希望に関係なく本国送還されることに

日本在留のドイツ人(家族単位，1940年)

<table>
<tr><th></th><th>男性</th><th>女性</th><th>子供</th><th>合計(名)</th></tr>
<tr><td>・外交官，大使館員</td><td>31</td><td>13</td><td>16</td><td>60名</td></tr>
<tr><td>・横浜総領事館員</td><td>8</td><td>3</td><td>8</td><td>19名</td></tr>
<tr><td>・神戸総領事館員</td><td>9</td><td colspan="2">20</td><td>29名</td></tr>
<tr><td>・経済使節団</td><td>7</td><td></td><td></td><td>7名</td></tr>
<tr><td>・嘱託の大使館職員</td><td>13</td><td>3</td><td>3</td><td>19名</td></tr>
<tr><td>・陸軍武官</td><td>5</td><td></td><td></td><td>5名</td></tr>
<tr><td>・海軍武官</td><td>56</td><td>11</td><td>14</td><td>81名</td></tr>
<tr><td>・空軍武官</td><td>3</td><td></td><td></td><td>3名</td></tr>
<tr><td>・大使館の旧職員</td><td>41</td><td>10</td><td>11</td><td>62名</td></tr>
<tr><td>・北日本，東日本の住民</td><td>751</td><td colspan="2">590</td><td>1341名</td></tr>
<tr><td>・西日本，南日本の住民</td><td>274</td><td>370</td><td>112</td><td>756名</td></tr>
<tr><td>小計</td><td>1198</td><td colspan="2">1184</td><td>2382名</td></tr>
<tr><td>・箱根，神戸の抑留者*</td><td></td><td></td><td></td><td>304名</td></tr>
<tr><td>総計</td><td></td><td></td><td></td><td>2632名</td></tr>
</table>

*箱根，神戸の抑留者のうち54名は「外交官，大使館員」のリストと重なる．
(C.L.O.Memorandum No.121: Repatriation of German Nationals in Japan, C.L.O.,Tokyo January 10, 1946. より作成)

なる。ただ「好ましからぬドイツ人」の選別は、日本政府の対応の遅れや行き違いが生じた。まず一九四五年一二月一九日、GHQは日本政府に対して、日本のドイツ人の身元調査を命じた。一月一〇日、日本政府よりGHQに提出された覚書には、日本のドイツ人の人口、職業、居住地のリストが添付されている。[32]

このリストをもとにして、GHQは日本政府に対してドイツ人を三つのグループに分けた一覧作成を命じた。このグループによって、本国送還の対象者とその優先順位が決まることになる。[33]まず一つ目のグループは、本国へ帰ることを希望しているドイツ人で、この中には外交官も含まれた。二つ目のグループは、一九三九年まで遡って海外で暮らしているドイツ人、かつこのまま日本で生計を立てていくことができるドイツ人とされた。また、そのドイツ人が日本に残留することで、日本の経済発展と社会福祉に貢献できるということも重要であった。三つ目のグループは、ドイツ海軍の水兵を含むドイツ軍関係者であった。しかし、日本政府がGHQに提出した一覧は、「欠陥だらけ」とされた。なぜなら、ドイツ水兵をはじめ、ドイツ人七五六名の調査が省かれていたのである。ここで省かれた者のなかには、札付きのナチ党員として知られる者もいたのである。[34]GHQは日本政府に対して、再調査を命じる。また調査を円滑に進めるために、本国送還者のリストが確定するまで、ドイツ人の現住所からの引っ越しや長距離移動には、GHQの許可を必要とするものとした。[35]

一九四六年一一月、再三にわたる身元調査を経て、「好ましからぬドイツ人」として送還されるべき一三五三名が割り出された。[36]この場合、家父長が「好ましからぬドイツ人」に分類された場合、その扶養家族は子供も含めて「好ましからぬ」者として換算されている。この一三五三名以外にも、自発的に本国への帰還を希望する者が八一一名いた。

帰還を希望していたのは、旧オランダ領のインドネシアからのドイツ人難民であり、母子家族である。もともとはインドネシアに暮らしていたこの家族は、一九四〇年五月、ドイツがオランダを占領したことで、まず現地のオランダ軍によって抑留される。国際赤十字の仲介によって、女性と一五歳以下の子供のみドイツへ送還されることとなり、シンガポール、日本を経由してウラジオストクからシベリア鉄道に乗車する手筈が整っていた。しかし四一年六月の独ソ戦の開始によってシベリア経由の帰路が閉ざされたため、このドイツ人女性とその子供たちは日本で足止めとなったまま、難民として日本に滞在し、日本で終戦を迎える。ドイツ大使館および領事館では、これら避難民の住居、食糧や衣類など当座の生活援助を行なった。東京と神戸のドイツ人学校では、クラスを増設し、臨時教員を採用するなどし、学齢期の子供たちの受け入れ体制を整えた。

このドイツ人女性とその子供たちは「好ましいドイツ人」に分類された。彼女らは本国に帰り、離散した家族に再会する日を心待ちにしていたのである。一方、「好ましからぬドイツ人」に分類された者の多くは、帰還には消極的であった。彼らの多くは所有資産を凍結あるいは没収されたままであり、また戦犯の告発や公職追放が行なわれていた本国での戦後追及を恐れていたのである。

「好ましからぬドイツ人」として本国送還の対象者とされた者のなかには、この決定に対して異議を唱え、本国送還の免除を申請した者もあった。この申請については、申請者の職業や滞在歴、ナチ党組織への帰属状況、家族や交友関係などの情報を収集し、個別の対応がなされた。たとえば、ナチ党員であったヘルムート・シュルツェは、党員であったがために本国送還の対象者として登録されていたが、免除の申請を行なった。この申請に対してGHQ参謀部は、シュルツェは、①名目上のナチ党員であり、②日本での滞在が長く、さらに③日本国籍の女性との婚姻関係がある、この三つの事情を考慮し、本国送還者のリストから免除する回答を出した[37]。

あるドイツ大使館員の一家も「好ましからぬドイツ人」として、送還される予定であった。しかし夫人が、一九四七年一月に東京に暮らすアメリカ国籍の男性と再婚したことで、彼女のみ日本に引き続き滞在することが認められた[38]。同じくドイツ大使館に勤務していたカール・ギルバートも送還者のリストからの除外を申請し、日本滞在歴が長いという理由で送還を免除されている[39]。ギルバートは、一九四七年二月二〇日に出港したマリーネ・ジャンパー号の乗船名簿に名を連ねていた。しかし同艦が出港する一週間前、日本人の知人と心中をはかった。幸いにして、荷物整理を手伝うために訪れたギルバートの家族が昏睡状態の二人を発見し、ただちに病院に搬送させたため、二人とも一命をとりとめる。ギルバートは正規の外交官ではなかったが、一年半におよぶドイツ大使館での勤務経験ゆえに「好ましからぬドイツ人」とされたのだった。心中の理由は、日本の家族や友人との別離を惜しんだものと報じられている。なおギルバートの母は日本人であったために、日本に残ることになっていた[40]。

さらに日本からアメリカに渡るために、ヴィザ発行を申請したドイツ人女性アンナ・プラシュケのケースは、GHQ参謀部で何度も協議された。プラシュケは、①ドイツ人一家の家政婦として一九四〇年に来日、②党員であったことはなく、③住み込み先であったドイツ人一家は、すでにドイツに送還されている。また④党員との交友関係はなく、⑤アメリカに身元引受人がいる。彼女は、一九四〇年に来日しているので本国送還の対象者となるはずであったが、ナチ党支部および党員とは距離を置いており、アメリカに身元引受人もいるということで、日本から直接アメリカに渡ることができた[41]。

たとえナチ党員であっても、仕事上の理由で入党せざるを得なかった者、日本滞在歴の長い者、非ドイツ人と結婚している者、外国に身元引受人がいる者の申請は受理され、送還を免除されたケースが多い。一九四七年初頭、送還の免除を申し立てる申請がなされ、「好ましからぬドイツ人」から「好ましいドイツ人」へ再分類がなされた者が多く見受けられた。そのほかにも、高齢であるという理由で、送還者のリストから除外され、日本滞在が許可された者もいた。

日本占領軍はドイツ人を家族単位で分類した。家族が離れ離れになることがなかったかわりに、家父長が「好ましからぬドイツ人」とされた場合、その一家はみな自動的に「好ましからぬドイツ人」となったのである。ただこの場合、配偶者が「好ましからぬドイツ人」である夫と離婚し、本国送還を免れた「好ましいドイツ人」、あるいは日本人やアメリカ人と再婚することで、再婚した者の凍結資産は返還され、送還が免除された。そのため、資産の名義変更や送還の免除を目的とした離婚、日本人やアメリカ人との再婚例なども報告されていた。逆に家族単位の分類を利用するべく、資産の名義変更をする者なども出てきたのである。もはや「好ましいドイツ人」と「好ましからぬドイツ人」という分類は大義名分に過ぎず、その人物の政治遍歴や思想傾向を反映したものではなかった。

引揚げ

ドイツ人の送還は、アメリカ第八軍の監督下で日本政府が任務を遂行するかたちで行なわれた。住居から退去する際、「好ましからぬドイツ人」の家庭には、英語を話すことのできる日本人の警察官または学生一名を立会人として配置し、監視に当たらせた。

占領軍は、引揚げ者の携帯品や所持金、遺留品の処分に関しても「好ましいドイツ人」「好ましからぬドイツ人」、外交官で、それぞれに異なる制限を設けた。まず各自の携帯品および所持金については、「好ましからぬドイツ人」一人につき三五〇ポンド（一五九グラム）、五〇米ドル相当、「好ましいドイツ人」は一人当たり五〇〇〇ポンド（二二七グラム）、二二五〇米ドル相当、外交官は一人八〇〇〇ポンド（三六三六グラム）、二二五〇米ドル相当を限度として、これを超過しない範囲での携帯が許可された。また「好ましからぬドイツ人」には、持ち出す時計やカメラに加え、宝石類の種類や数量についても制限が設けられ、さらに「好ましからぬドイツ人」の夫を持つ日本人妻が日本に残る場合においても、時計や宝石類の所有制限が定められた[42]。

一方、「好ましいドイツ人」およびその家族には、携帯品や所持品の種類や数量の制限はなかった。またこの場合、家屋を引き払う際の監視および遺留品の管理を担当する日本人の係官も配置されず、日本に残すことになった資産の処分は、当人に任されることになる。ただ彼らの多くは、難民として日本に滞在していたため、日本にはほとんど資産を所有しておらず、遺留品の譲渡や売買上の問題は少なかった。

送還は「疑わしい者から先に」という占領軍の方針で、「好ましからぬドイツ人」や戦犯容疑者がまず第一陣としてドイツへ送還されることとなった。しかし大使館や領事館の外交官は、この第一陣からは外されている。彼らには、未解決のドイツ資産の処分や移転の手続きを遂行する任務が残されていたためであった。

全国からの送還者が乗船前に収容された横須賀の引揚援護局では、健康診断、予防接種が実施され、健康診断書が発行された。そして乗船前に再度、手荷物検査が行なわれた。さらに伝染病を予防するため、送還者全員に天然痘や発疹のワクチン接種を徹底させた[43]。

一九四七年二月二〇日、「好ましからぬドイツ人」一〇六八名（男性五三六名、女性三〇六名、子供二二六名）を乗せて浦賀港を出航したアメリカ艦マリーネ・ジャンパー号は、上海で戦争犯罪人として本国へ送還されるドイツ人数名を乗船させ、ドイツへ向かい、三月二三日にブレーマー・ハーフェンに到着した。[44] これらの「好ましからぬドイツ人」は、シュトゥットガルト近郊のルートヴィヒスブルクに設置されたドイツ人引揚げ者の抑留所、別名「非ナチ化センター」に勾留された。ここでは、戦犯容疑者、ナチ党関係者や外交官など、ナチ体制に協力していた者の「非ナチ化」教育が行なわれていたのである。

第二陣を送還したジェネラル・ブラック号の乗船名簿には、八一四名のドイツ人とオーストリア人の氏名と現住所が載っている。内訳は、「好ましからぬドイツ人」一二〇名、外交官一一四名、オーストリア人一三名（内一名は外交官）となっている。残り五六七名は、「好ましいドイツ人」と分類されており、旧オランダ領インドネシアからの難民であった。ジェネラル・ブラック号は、一九四七年八月二〇日、横浜港を出航し、上海で五一四人の中国のドイツ人をあらたに乗船させ、一九四七年一〇月一日にブレーマー・ハーフェンに到着した。[45]

その後、健康上の理由などで乗船が見合わされていた「好ましからぬドイツ人」二八名が、一九四八年三月に民間の航空機によってカルカッタ、イスタンブール経由でフランクフルトに送還された。この航空機に搭乗していた二八名のうち五名は外交官であり、そのなかには神戸のドイツ総領事であったカール・バルザーもいた。[46] この三度にわたる送還によって、GHQ管理下での「好ましからぬドイツ人」および帰還希望者の送還は終了し、日本に残留したのは名目上は「好ましいドイツ人」のみとなった。

ヒトラーの「権力掌握」後、上海に設置された全東アジア支部の管轄下で京浜、阪神、九州支部が結成され、各支部の下にはヒトラー・ユーゲント、ドイツ労働戦線、ナチ教員同盟、ナチ婦人会などのナチ党関連団体が組織された。

本国のナチズム運動との関係から、アメリカを中心とする日本占領軍が上陸後、ナチ党支部の幹部や政府関係者の逮捕、勾留、事業停止、資産凍結および没収、そしてナチ・ドイツの戦争遂行、戦争経済を支えたとされる「銃後の人々」の本国への送還が実施される。本国送還にいたる占領軍の対ドイツ政策は、「ナチズムの清算」の一環である。

占領軍はドイツ資産の処理にあたって、まず「好ましいドイツ人」と「好ましからぬドイツ人」というグループ分けを行ない、後者のグループが所有する資産を凍結し、没収処分とした。このグループ分けは、本国送還の際にも活用され、送還の必要性とその優先度を決定し、さらに所持金や携帯品さえも段階的に制限した。

日本での滞在期間は長いほど「好ましい」とされ、一九三九年九月一日以前にドイツを出国した者は「好ましく」、それ以降にドイツおよびその占領下に暮らした者は「好ましからぬ」とされている。ここでは、ドイツの「好ましからぬ」時代の基準として、ヒトラーの「権力掌握」の一九三三年一月ではなく、ポーランド侵略の一九三九年九月ととらえていた。このグループ分けは、思想傾向に基づいた「親ナチ」と「反ナチ」の分類とは必ずしも同義ではなく、戦争遂行や戦争経済との関わりも重視されていたのである。しかし、一度「好ましからぬドイツ人」として強制送還の対象とされた者が、外国人との婚姻関係や名目上のナチ党員であったことを主張することによって、「好ましいドイツ人」に再分類された例が多く見受けられた。その多くが、戦時中は経済的利害や保身のためにナチ党に入党したが、戦後その立場を翻した者である。

このように、GHQ占領下で分類された「好ましいドイツ人」と「好ましからぬドイツ人」は、明確に対置、二分化されるものではなかった。その境界はむしろ流動的であり、恣意的な判断に委ねられることもあった。占領軍は、住民のあいだでナチズムがどのように成立し浸透してきたのか、それを人々がどのように内面化してきたのか、また共同体の複雑な人間関係までを把握するには至らなかった。なぜならドイツ人の入党動機が必ずしも政治思想への共鳴ではなく、そこには昇進や保身、経済的利害による打算、偽装、あるいは表面的な同調も含まれていたからである。またドイツ人社会における統制は、抑圧的に推進されたというよりも、ドイツ人社会の共同体的な規範や連帯、個々の人間関係にナチズムが介在しながら浸透していったといえよう。

個々の事例からは、ナチズムに懐疑的な者がヒトラーを信奉するなど、同一人物のなかにも親ナチ的と反ナチ的な要素が共存していたことがうかがえる。多くのドイツ人のなかで、ナチズムへの共感と反感は共存していたのであり、この共存こそが、結果的には銃後を支える論理となったのである。

エピローグ

一九四七年六月　上海

第三帝国の崩壊から二年。「好ましからぬドイツ人」の問題が、中国で報道された。そのきっかけとなったのは、上海で発行されている英字新聞『中国週刊レビュー』の特集記事であった。[1]「ナチスの聖域」と題されたこの記事によれば、戦時中、ナチ党の旗振り役をつとめながらも、今でも何食わぬ顔をして、この地に留まっている者がいるという。そのなかには、誰でも知っているような大物の党員も含まれていた。本来であれば、彼らは今ごろニュルンベルクで、戦犯として法廷に立っているべき面々であった。「好ましからぬ」として本国送還となったドイツ人は、取るに足らぬ小者であり、いわば取り巻き組に過ぎなかったという。[2]

このような大物の党員は、中国の政財界の要人に取り入ることで、送還を免除されていた。上海支部の幹部は、地元のドイツ商社の役員が中心であり、これらの商社が保有していた工場設備、技術や特許を譲り受ける代償として、中国人はこれらの幹部を匿っていたのである。たとえばデファグとバイエルは、終戦直後に資産の凍結、没収がなされたが、その後中国の会社再建法にのっとり、再組織化がはかられた。再建されたこの二つの会社には、かつてのI・G・ファルベンの社員が一〇人以上雇われていた。

ナチ残党と中国国民党との関係も取り沙汰された。その一例として、ジーメンスの天津支社長であったヴェルナー・ヤニングスの名前が挙げられる。「好ましからぬドイツ人」として、本国送還の対象者となっていたヤニングスは、中国国民党の高官に取り入り、送還者のリストから除外された。その後、アメリカ軍は強制送還すべく彼を拘束したが、ほかの二五人のドイツ人とともに脱走をはかったのである。山西省の省都太原市に逃れたこの一団は、中国国民党の閻錫山に匿われ、手厚い待遇を受けたという。閻錫山は、戦後に残留していた日本兵の部隊を使い、中共軍と戦っていた。

彼らのほかにも、中国国民党の顧問として、あるいは高官の私的顧問として雇われ、送還を免れているナチ残党の名前が挙がっていた。

当然ながら、ここに挙げた者のすべてが危険人物ではなく、またすべてがナチスであったわけではない。しかしながらこれらのドイツ人との関係が指摘された機関は、彼らの一部が送還を免れてきた理由を洗い直すとよいであろう。戦時中、ドイツ企業にいた「主要な」商人や技術者の大半がナチ党と深い関わりを持っていたことを忘れてはならない。ヒトラーとその側近が動かしていたような警察国家であったがゆえ、産業と貿易の主要なポストに「信頼の置ける」人物を登用したのである。これらのポストを占有していた者の大半は、地元のナチ党支部の役職にも就いていた。

ナチ残党と中国の政財界との関係を暴いたこの記事は反響を呼び、同紙がまだ摑んでいなかった人物の情報も寄せられるようになる。しかしある読者は、同紙で挙げられているナチ残党の情報は、まるで「干からびたパン」のように古いものと皮肉った。

六月七日付の紙上で、中国のナチ事情に踏み込んだ論説は実に興味深いものでした。しかし多くの人々にとっては、みずみずしい具が挟まったサンドウイッチというよりは、干からびたパンのようなものだったのではないでしょうか。……次の本国送還の対象者に、これらのI・G・ファルベンの社員が該当すると本気で信じておられるのでしょうか。企業のトップ連中は、戦時中に追放したくても、できなかった人々、あるいは罪のない事務員を大物の代わりに送還者のリストに載せることになるでしょう。[3]

ナチズム運動を先導してきたドイツ人が中国高官や企業との人脈を利用して、匿われていた一方で、小者が代替として送還されるという、本来の非ナチ化の趣旨とは異なる結果を生むことになった。また中国の政財界とドイツ企業のみならず、国共内戦へ突入するなかで、国民党とナチ残党の関係が浮かび上がってきたのである。

＊＊＊

外国組織部の『年鑑』やナチ党機関誌、また元駐日ドイツ大使のゾルフに宛てて京浜支部による統制の実情を訴えたエールトマンスドルフやシュルツェ夫妻の書簡では、現地のドイツ人社会を指してコロニーやコミュニティという表現が用いられている。[4] この場合のコロニーやコミュニティとは、単なるドイツ人の集団や居住区を指すのではなく、相互扶助や保護の機能を有した共同体的な社会を指している。本国から離れて暮らす者にとって、ドイツ人社会という存在は、気兼ねなくドイツ語が話せる、日常的、かつ親密な場所であった。だからこそ大半の者は、ドイツ人社会とのつながりを保つために、反ナチ的な逸脱行動を慎んでいたのである。つまり、ドイツ人社会が有した共同的な機能や親密な人間関係は、ナチ党の統制が私的、日常的領域へ介入することを促進し、結果的に体制側を手助けすることになった。

ここでナチズムが浸透する前提をつくり、共同体的な統制を可能としたドイツ人社会という存在について、その成り立ちを振り返ってみよう。

欧米列強に治外法権を認めた対中、対日不平等条約が締結されたことにより、外国人には居留地や租界というかたちで現地社会から隔絶された場所が提供された。現在においても、居留地跡の街並みや建築物、墓地などがその名残を留めているように、そこには与えられた場所のなかで本国での生活と同じように暮らしたいという願望が体現されていた。この願望は、衣食住環境はもとより、社交や余暇、礼拝、読書、出版などの生活文化全般に関わるものであった。このような文化活動の場の共有がドイツ人社会の形成の核となっていく。本書では、この「本国と同様に」という願望をはじめとするドイツ人社会の形成を「ドイツらしさ」の追求であるとした。

東アジアのドイツ人においては、そもそも現地社会への同化は想定されていなかった。しかし、租界や居留地では欧米系の男女の人口が不均衡であったことが手伝い、現地の女性を伴侶とするドイツ人男性も少なくなかった。そのため中国人や日本人の母親を持つ子供が後を絶たず、この混合婚による子供の存在が現地社会との構造的な同化に影響を与えた。同化には、大別して言語や教育、慣習などの文化的同化と、結婚や改宗、帰化などによる構造的同化があるが、混合婚によって構造的な同化が進み、均質的で、画一化された社会を目指したナチズムへのアンチ・テーゼともいうべき状況が作り出された。とはいえ、ドイツ系移民がおもな構成員であった北米のドイツ移民社会と比べれば、東アジアでは「ドイツらしさ」が支配的な社会を形成していた。

ドイツ帝国成立以後、「ドイツらしさ」は必然的に国家帰属を含有するものとなり、個人としても、また集団としてもドイツ人であることが尊重された。このような個人単位のアイデンティティが、ナショナル・アイデンティティにまとめあげられたのである。

ナチ党の海外支部を統括した外国組織部は、「ナチズムは輸出しない」という方針を打ち出していた。なぜならば共産主義とは異なり、ナチズムは「ドイツ人」に限定された主義、思想として提起されたからである。中国人や日本人はもちろんのこと、アメリカ社会に帰化したドイツ人、ドイツに住む外国人も「民族共同体」の構成員とはなり得なかった。その意味では、東アジアのドイツ人社会のなかで保持された「ドイツらしさ」は、ナチズムが浸透する前提となったのである。

東アジア諸都市で形成されたドイツ人社会は、各都市でその機能を完結させていたのではなく、商社員や貿易商、学術交流団体、戦時動員、学校を通じて、密接な関係を築いていた。たとえば、ドイツ人学校の転入学や集団疎開においても、東アジア地域内での連携体制をみることができる。

どのような経緯から、東アジアのドイツ人社会間のネットワークが確立されたのだろうか。まず一九世紀中葉の商業的接触と海運、ドイツ商人の商業販路の拡大により、香港と上海を拠点とした同系列企業における支社間の関係が確立した。この関係は、物流や金融だけではなく、人や情報の流通網ともなった。また一九〇〇年には、アジア太平洋地域での事業援助を目的とした経済同盟、東アジア協会が設立される。東アジア協会は、ハンブルクに拠点を設置し、東アジアで事業を展開するドイツ企業の顧問や役員、貿易商などを会員としていた。同協会は、事業相談、先物取引や為替などの情報交換の場となり、支店や代理店の設置、駐在員の派遣、通訳や秘書、見習いの現地採用に際しても、仲介を請け負っていた。このような活動を通じて、ドイツ企業の本社と支社、支社間の提携関係が強化されていった。

一八九四年に創設された上海カイザー・ヴィルヘルム・シューレは、学校制度や施設において充実しており、専門性の高い教育水準を維持していた。アビトゥア受験のために上海カイザー・ヴィルヘルム・シューレへ転入を希望する者も多かった。また東アジア諸都市のドイツ人学校の教員会合も上海カイザー・ヴィルヘルム・シューレの主導で行なわれていた。上海カイザー・ヴィルヘルム・シューレは学校創立や運営においても、海外のドイツ人学校のモデルとして、周辺都市のドイツ人学校を先導していったのである。

同系列企業の支社間の組織網と東アジア協会の設立、ドイツ人子女教育、第一次世界大戦時の戦時動員によって、上海を中核とした東アジアにおけるドイツ人の人的、情報的なネットワークが確立していった。この流通網は、一九三一年以降に各都市で結成されたナチ党支部の人脈、組織体系とも重なるところが大きい。

一九三一年から三二年にかけて、中国在住のドイツ人の入党者が急増し、ミュンヘンのナチ党本部には、中国における「ナチ党人気の沸騰」が伝えられていた。その一方、日本のナチ党員は母体となるドイツ人人口の差を考慮したとしても少なかった。この時期の入党者は、手工業者や技術者、学生が多く、ナチ党の掲げた「職業、身分格差の克服」が、商人中心のドイツ人社会で少数派であった彼らを惹きつけていた。しかし人口のうえでも大勢であり、社会的影響力も大きかった商社員は、ナチズム運動には懐疑的な態度をみせていた。それゆえナチ党上海支部創設者のハーゼネールは、日本のドイツ人の大半を占める商社員をナチズム運動に動員すべく、ドイツ企業における日中間の支社のネットワークを利用した。まず東京や横浜、神戸のドイツ企業の支店長や役員を地元のナチ党支部の幹部に登用した。ドイツ人社会のなかで影響力が大きかった面々を、ナチ党支部の幹部に据えることで、ドイツ人社会の多数派を味方につけようとしたのである。すなわち企業は、ドイツ人社会にナチズムを浸透させる媒体となったのである。

一九三五年、イリス商会のヒルマン率いる全日本支部が発足したため、京浜、阪神、九州の各支部は、上海の全東アジア支部から東京の全日本支部の統括へ移ることになった。党支部の幹部の人事も、上海の全東アジア支部ではなく、外国組織部の管轄に移行した。そして日本と「満洲国」のナチ党支部長にイリス商会役員が就任し、上海を介在しない本国との連携体制がとられ、本国との直接のパイプを持つことになる。日本とドイツの政治的接近、ドイツと「満洲国」の貿易拡大を基軸とする経済的協調をはかるなかで、上海を中核とした東アジアのドイツ人社会の構造に変化が訪れ、東京と「満洲国」に政治的な重点が置かれるようになる。

また、一九三三年六月より、『ナチ党機関誌』が上海の全東アジア支部で発行され、一九三四年三月号より、誌名が『東アジア・べオーバハター』となった。

この機関誌は、ナチズムの宣伝に加え、東アジアの歴史や政治文化、景気や為替の変動、あるいは読者の近況報告など、地域に密着した情報提供がなされていた。そして発行部数が増していくごとに、世界情勢や本国のナチズム運動よりも、全国紙であれば地方版に分類されるようなローカルニュースの方が誌面を占めるようになる。読者のドイツ人は、本国との「メディアの共有」だけでなく、現地社会の存在を意識して書かれた記事、日常生活に即した話題を求めていたのである。ナチ党の記念式典による本国との「時空の共有」、党旗や制服の導入などシンボリックな媒体を通した政治的体験は、ナチ党の統制の一環といえよう。その一方で、全東アジア支部で発行された党機関誌『東アジア・ベオーバハター』には、地域への適応も不可欠のものだったのである。

教育現場においては、一九三三年一月以降、本国の意向を取り入れた教員人事やカリキュラム改革が行なわれた。またナチ党の式典や記念日が年中行事として組み込まれ、ヒトラー・ユーゲントが結成された。

学校およびナチ党関連団体の一つであるヒトラー・ユーゲントでは、一方で本国の政策や理念、シンボルを取り入れながらも、それを現地社会に適応させる志向があった。たとえば、ドイツ人学校やヒトラー・ユーゲントにおける「ドイツ人ではない子供」の受け入れが挙げられる。本国の人種的基準は、ドイツ人学校の転入学やヒトラー・ユーゲントへの入団に際して、厳格には適用されなかった。本国で法令によりヒトラー・ユーゲントへの入団が一〇歳以上の男女に義務化される以前においても、上海では、当該年齢の青少年のほぼ全員が入団していた。そして、上海のヒトラー・ユーゲント団員の約四分の一は、混合婚による子供や非ドイツ国籍の青少年で占められ、彼らも積極的に活動に従事していたのである。また教員においても、ナチズムの世界観に沿った教育を現地社会に適応すべく、臨機応変な対応が要請されていた。ナチ・イデオロギーを厳格に適用するよりも、現地社会に合わせることに重きを置いていたのである。

東アジアのドイツ人社会は、「右へ倣へ」的に統制されたのではなく、むしろ場合に応じて順応したり、変更させる融通性を持ち合わせていたといえよう。東アジアにおけるナチズムの成立とその浸透過程は、ナチ党が標榜した「民族共同体」の構成員としての動員に応じながらも、外国のなかのドイツ人社会という生活環境の特殊性、地域性、国際情勢ゆえ、本国政府の意向と相反する状況に直面し、統制の仕方を現地社会に順応させてきたものといえる。

ナチ党の掲げた「均質的な流れに整える」統制は、伝統や地域性を消し去り、すべてを均質化したのではなく、現地社会に適応しながら、ナチズム運動の趣旨を変更していった。言いかえれば、地域化されたナチズムであった。この現地社会への適応は、本国からの通達やマニュアルによるものではなく、現場の裁量によるところが大きかったのである。

東アジアのドイツ人社会においてナチズムが「上からの統制」によって浸透したとするならば、それはドイツ人社会の上澄みを掬ってみているようなものである。党員になる、あるいは党関連団体の活動に加わることは、必ずしも政治的意味合いをもっていたわけではなく、仕事や近所づきあい、趣味や余暇、学校行事といった日常生活と不可分のことだったのである。このような日常的な社会関係、人間関係のなかで、住民が自発的かつ主体的にナチズムに荷担した側面に注目すべきであろう。このナチ体制への主体的な関わりは、特定の世代やジェンダー、職業や社会身分を持つ人々に限られるものではなかった。女性や子供を含めたさまざまな層の人々が、日常的な実践のなかで、ナチ体制を支えていたのである。

いま一度、冒頭の東京で行なわれたヒトラーの追悼式を思い出してほしい。この追悼式は、本国の政治体制が崩壊したにもかかわらず、日本のドイツ人社会ではヒトラーへの信奉が存続していたことを裏づけるものである。このようなナチ党の関連行事や式典は、「民族共同体」の連帯感を鼓舞するべく、本国と同時に行なわれたものであった。しかしもはや本国で崩れ去ったものが、東京のドイツ人社会で演出されていたことになる。

女性や子供、外国人労働者などのマイノリティ集団、そして海外で暮らしていたドイツ人など、一見して政治の中枢とは「距離」を隔てた個人や社会がナチ体制を支持し、またそれに統合されたことは、ナチズムの「根深さ」や「深刻さ」をあらわすものであろう。このような政治権力との隔たりは、一方的な従属関係を生むものではなく、むしろ隔たりによって上意下達の構造が崩れることもある。

事実、同時代の文脈で展開した「異郷のナチズム」のなかには、本国政府の管轄から離れ、主義主張を変更し、さらに過激化していったもののもあった。

一九三九年二月　ニューヨーク

一九三九年二月二〇日、ニューヨーク八番街にあるマディソン・スクエア・ガーデンでは、アメリカ初代大統領ジョージ・ワシントンの誕生日の祝典が開催されていた。この日、会場を借りていたのは、親ナチ団体の全米ドイツ連盟である。全米各地から、二万二〇〇〇人の支持者たちが集い、ホールを埋め尽くした。この式典開催にあたり、ニューヨーク市警察は、総勢一七〇〇人の警察官を動員し、特別配備を敷いていた。[4]

ヘンリー・フォードゆかりの自動車工業の街デトロイト、アメリカ第二の金融拠点シカゴ、国際連合の本部が置かれるニューヨーク、これらの都市がアメリカのナチズム運動の拠点となる。一九二四年一〇月、デトロイトで発足したチュートン協会は、新生ドイツの会、全米ドイツ連盟へと組織的変遷を遂げた。「最盛期」には、全米四七州に大小一〇〇を数える支部を持ち、二万人の会員を抱えるようになる。新生ドイツの会は、ニューヨーク、シカゴ、フィラデルフィアで機関誌『ドイツの覚醒と観察者』を発行した。

ハーケンクロイツと星条旗、二つの旗を掲げた全米ドイツ連盟は、反ユダヤ主義と反ボルシェヴィズムを活動趣旨としていた。しかし同時に、他のアメリカの極右組織と同様、白人至上主義に基づく「白いアメリカ」を目指すキャンペーンを繰り広げる。本国のナチ党幹部は、アメリカ国内の反ドイツ感情の悪化を恐れ、アメリカの親ナチ団体との関わりを否定するようになる。一九三五年一二月、副総統のヘスは、アメリカにいるドイツ市民に対して、全米ドイツ連盟に加入することを禁じた。以降、全米ドイツ連盟の活動は本国政府の管轄を離れ、この団体の指導者および構成員は、ドイツ系のアメリカ市民に限られた。

一九四〇年九月に締結された日独間の軍事同盟によって、「パールハーバー」後、ドイツはアメリカを敵国にまわすことになる。アメリカ国内で反日感情が高まり、日本との戦争に突き進んでいくが、日本はナチ・ドイツと手を組んでいた。全米ドイツ連盟の掲げるアメリカ・ナショナリズムと親ナチは両立しないものとなり、アメリカ当局によって違法団体として、強制解散される。その後、全米ドイツ連盟の幹部の一部はメキシコに亡命し、当地のナチ党支部で活動を続けた者もいた。祖国ドイツの戦争と自国アメリカの戦争のなかで翻弄されながらも、彼らは第三帝国との民族的な絆に固執し続けたのである。

南西アフリカ、南米のドイツ人社会を構成していたのは、帰化や永住を目的としない滞在者であり、国籍を有するドイツ市民であった。東アジアのドイツ人社会もまた、ドイツ市民によって構成されていた。その一方、北米のナチズム運動は、ドイツに民族的なルーツを持つアメリカ市民やカナダ市民による運動となり、さらに過激化していく。

ナチ党の海外支部は、一九二九年にパラグアイで発足したのを最初として、北米、アジア、オセアニア、アフリカ、中東、ヨーロッパの国々で発足していく。アメリカやカナダのナチズム運動のように、ドイツ系の移民社会のなかでは少数派に留まったものもあれば、東アジアの例のように、ドイツ人社会のなかで影響力を持ったものもあった。入党資格を持つ「帝国ドイツ人」の人口に対して、入党者数の割合が高かったのがパレスチナ、ユーゴスラヴィア、アフガニスタン、マルタ、南西アフリカ、カメルーン、ポルトガル領東アフリカ、ペルー、西インド諸島のキュラソーなどである。

同時代に世界各地で展開した「異郷のナチズム」はどのように類似し、またいかに異なるものであったのか。この「異郷のナチズム」が本国のナチズム運動に与えた影響について越境的な視点から考えていく価値があることを予想に留め、本書の締めくくりとする。

図 25　全米ドイツ連盟の集会の様子．ステージ中央の垂れ幕には，「ドイツは平和を望んでいる」と書かれている．

あとがき

「重箱の隅をつつく話」に終始しないようにと心掛けてはいたものの、筆が止まれば、爪楊枝を手に重箱と向き合う自分自身の姿を思い浮かべていた。重箱の隅から重箱そのものへ、さらに二重、三重、五重のそれへ、点から線、線から面の歴史へと紡いでいく流れを、読者の方々と共有できればと願うばかりである。

ナチズムといっても「遠い昔の話」や「対岸の火事」ではなく、むしろ現実感のある身近な問題であったと感じていただければ、著者としては本望である。「越境、辺境、異郷」という特殊な事例を扱ってきたが、学校や会社、クラブなど組織、団体、地域社会のなかでの人々の立ち回り方には、古今東西、老若男女にあてはまるものがある。私自身、ニュルンベルク法で規定するところの「ユダヤ人」とされた者が、神戸の社交クラブで仲間外れにされ、カード遊びの相手やテーブルの席割りにも気を遣ったという回想を読みながら、小中学校の教室や放課後によくある光景を重ねていた。集会には一応顔を出しておく、表面的には仲良くする、あの人と挨拶を交わすとこちらのグループで無視される、あそこの家の子供とは遊んではいけない、このようなどこにでもみられる環境やどこででも聞かれる言葉のなかにナチズムが介在したのである。実際の日常生活を構成していたのは、時の政権が掲げたスローガンやプロパガンダなどではなく、個人の利害や心情のぶつかり合い、矛盾や葛藤、仲間意識、嫉妬心や偏見、功名心といったものだったのではないだろうか。ナチ党は集会、余暇や娯楽といった、一見して非政治的な媒体によって、人々の日常生活に介入し、このような利害や心情のぶつかり合いを利用しつつ、動員をはかったのである。それは国外で暮らし、本国政府とは「距離」を隔てていたドイツ人にもあてはまる。

そして、この「距離」を隔てた集団や社会も本国のドイツ人と同様、熱狂的でもなければ、盲目的なナチズム信奉者でもなかった。程度の差こそあれ、「新しいイデオロギー」に懐疑的な態度をみせており、けっして批判力を失ってはいなかった。それにもかかわらず、ドイツ人社会全体がナチ体制そのものを拒否するには至らず、組織化された抵抗運動も起こらなかった。多くの者は冷静沈着に状況を見据え、保身や経済的利害を計算しつつ、銃後を守っていたのである。

政治とは「距離」を置いていたとされる個人や社会、環境や言葉の中にある政治性にメスを入れていくことが、本書の主眼とするところであった。一見して政治と隔たれた場所にあった個人や社会、その「ありふれた日常」がアウシュヴィッツの死の門へと通じていたのである。そのことを踏まえ、人類の「負の遺産」と向き合っていかなければならない。そのような信念に私の研究は支えられている。

本書は読み物としての性格上、先行研究との関係、研究手法や史料、史料批判といった学問としての歴史学が踏むべき手続きを叙述上は割愛し、巻末に参考文献というかたちで提示することとした。私の研究自体が民間史学の恩恵を受けており、歴史研究もまた分野ごとに細分化されたアカデミズムの「象牙の塔」になってはならないという思いからである。地域史や郷土史、史料収集や保存に携わる方々、学校の教壇に立っている先生や日曜歴史家の方々など多様な研究者と共通の土俵で意見を交わしていくために、本書がその布石になればと思う。言うまでもなく、公文書館のファイルに収められている文書のみならず、個々人の手に保管されている日記や手紙、そして記憶もまた歴史を再構成していく史料となる。

私の最初の単著となる本書は、多くの優れた研究者と文書館スタッフ、聞き取り調査の協力者、そして編集者の薫陶の賜物といえる。史料の閲覧、複写に際しては、国立国会図書館憲政資料室と外交史料館、横浜開港資料館、成城大学付属図書館、ドイツ連邦文書館、ドイツ外務省政治資料館、ベルリン国立図書館、米国国立公文書館、米国議会図書館のスタッフの方々にお世話になった。コーブレンツのドイツ連邦文書館に勤務するグレゴール・ピクロ氏のご助力により、ゾルフ個人文書を閲覧、複写することができた。同氏は個人書簡を引用する際の留意点や関連研究、ゾルフ氏のご親族を紹介してくださった。二〇〇六年一二月、初めて米国国立公文書館の門を叩いた私は、ラリー・マクドナルド氏の手ほどきにより、アメリカの史料保存と公開の現状に開眼することになった。青島の総督府立ドイツ学校の関連史料の所在、当該関係の研究動向については、首都大学東京の浅田進史氏のご教示を受けた。

神戸ドイツ学院の学校関係者と卒業生の方々には、戦時下の体験や思い出をお聞かせいただき、またそのなかには貴重な個人史料を提供してくださった方もおられる。二〇〇三年三月と二〇〇六年九月、私を神戸の外国人クラブに招き、北野町界隈を案内してくださったヴァルター・レファルト氏は、親子二代にわたる神戸の外国人社会の重鎮である。本書で引用した『神戸のドイツ人』の著者オットー・レファルト氏のご子息である。同氏は、兄とともにナチ体制下の本国に留学する。その後、ドイツ本国での徴兵を免れるべく機転を利かした父親によって、レファルト兄弟は神戸に呼び戻された。本国留学後、ナチズムに傾倒するようになった兄のハンス・アドルフ・レファルト氏は、東京のドイツ大使館でヨーゼフ・マイジンガーの下で働くようになる。しかし終戦間近の四五年四月、マイジンガーと通じていた憲兵隊に逮捕され、憲兵隊の刑務所に収監された。同氏は、ドイツ人の父と日本人の母を持ち、神戸で生まれ、同地のドイツ人学校を卒業後に本国留学を経験している。本国留学を期として、ナチズムに傾倒するようになり、日本に戻った後はゲシュタポの下で働いていた。その半生は、手塚治虫『アドルフに告ぐ』の主人公の一人、アドルフとも重なる。

弟のヴァルター・レファルト氏は、本国留学から戻った後、神戸のヴィンクラー商会に就職した。当時でいう「ハーフ・ジャパニーズ」のレファルト氏が職を得た頃、同商会はユダヤ系ドイツ人の社員の解雇を強行することとなる。その当事者となったのが、本書で口述回想を引用したハインツ・アルトシュール氏である。一九四二年、同氏は神戸のドイツ総領事館に呼ばれ、国籍の剝奪を宣告され、所持していたパスポートを没収される。国籍を剝奪された年、ドイツに残してきた両親が、収監されていたドレスデンのゲットー「ユダヤの家」で心中を遂げた知らせが届く。強制収容所への移送が迫っていることを察し、あらかじめ用意していた毒をあおったのであった。『第三帝国の言語』で知られる言語学者のヴィクトール・クレンペラーもまた、同じドレスデンの「ユダヤの家」に収監されていた。戦後まもなく公刊されたクレンペラーの日記には、アルトシュール夫妻と思われる二人が劇薬ヴェロナールを服用し、心中したことが記されている。日記の日付は一九四二年四月五日(復活祭の日曜夜)となっている。「初めて春めいた陽気となった」その日、「ユダヤの家」での自殺者は四人を数えたという。折りしも両親の命日は復活祭の最中であったこと、母親の方が先に息を引き取り、それを見届けた父親も間もなく搬送された診療所で亡くなったこと、その最期の様子を神戸にいた息子のアルトシュール一家は人づてに知らされた。一九九一年に他界されたために、同氏とお会いすることは叶わなかったが、ご子息のディーター・アルトシュール氏が回想録と個人書簡、写真の提供を申し出てくださった。文献、史料の行間を埋めていくことができたのは、これらの「時代の生き証人」というべき方々のお陰である。

本書の全体の構想は、二〇〇六年三月にお茶の水女子大学で受理された博士論文「東アジア在留ドイツ人社会におけるナチズムの成立とその浸透」からとっている。なお拙稿「東アジア在留ドイツ人社会とナチズム」(工藤章・田嶋信雄編『日独関係史Ⅲ』所収、東京大学出版会、二〇〇八年)は、本書の趣旨を要約したものである。

先輩にあたる早稲田大学の弓削尚子氏と映画専門大学院大学の加藤厚子氏には、言葉にあらわせないほどの学恩を受けている。博士論文を執筆するきっかけを与えてくださったのが弓削氏である。草稿段階から丁寧に読んでいただいた加藤氏からは、率直なご批判とご助言を賜り、そこから本書のモチーフは形成された。お茶の水女子大学の山本秀行先生、石丸昭二先生、小風秀雅先生、内田忠賢先生、成城大学の田嶋信雄先生が激務の合間を縫って、博士論文の審査を引き受けてくださり、それぞれのご専門からご指導を賜った。

タイトルこそ、「東京のハーケンクロイツ」と掲げたが、考察対象を一つの都市や国に限定せずに、東アジアという枠組みを提示したことは田嶋先生の影響を受けている。博士課程の学生だった私に、論文発表や報告の機会を設け、研究者としての助走を後押ししてくださったのも田嶋先生であった。日常生活史の意義と可能性を知り、「史料に問いかける」という姿勢を学び、その問いの入り口に辿り着いたのは、山本先生に負うところが大きい。

二〇〇五年一〇月、日本学術振興会の海外特別研究員として、ベルリン工科大学反セム主義研究センターに赴く際に便宜を図ってくださったのがヴォルフガング・ベンツ先生であった。同センターには、ナチズムとジェノサイド、反セム主義研究を専門とする研究者が集まっており、これらの第一線で活躍する研究者と人脈を築き、知遇を得たことは今の私の貴重な財産となっている。ドイツ人気質なのか、学生食堂でも、居酒屋で酒杯を交わしながらでも、政治討論が始まることに面食らったこともある。「日本語だったら、こう言えるのに」と噛み締めた唇を見抜いていたベンツ先生をはじめ同僚の方々は、私の「言葉の足りなさ」を常にサポートしてくださった。

現在籍を置いているお茶の水女子大学の研究室では、子育てが一段落して大学に復帰した先輩や同僚と机を並べている。世代や専門分野、生活スタイルや人生設計を横断するように机が並んでおり、飛び交う話もそれを反映している。研究者としての資質や将来性など、どんな職業を志したとしても避けられないような不安感にさいなまれるたびに、私よりもはるかに多くのものを背負い、経験してきた彼女らの背中に励まされた。

最後に、「私の重箱」を一冊の本にしてくださったのが白水社の岩堀雅己氏である。氏の手によって、重箱が不格好ながらも形を成し、日の目を見ることができたことは私にとって望外の幸運であった。

惜しみない助力を注いでくださった方々にここに改めて深謝の意を表したい。

二〇一〇年　初夏

中村綾乃

著者略歴

一九七六年、兵庫県生まれ。

東京女子大学文理学部史学科卒業。

お茶の水女子大学大学院人間文化研究科博士課程単位取得満期退学。博士（人文科学）。二〇〇五年から二〇〇七年まで、日本学術振興会海外特別研究員として、ベルリン工科大学反セム主義研究センターへ派遣。

現職、日本学術振興会特別研究員（お茶の水女子大学）。

主要業績

「ハーケンクロイツと日の丸のあいだ」『みすず』四九五・四九六号（みすず書房、二〇〇二年六・七月）
「GHQ日本占領下における『ナチズムの清算』」『人間文化論叢』第六巻（二〇〇四年三月）
「日本におけるドイツ人社会とナチズム」工藤章・田嶋信雄編『日独関係史一八九〇―一九四五年』（東京大学出版会、二〇〇八年）所収。
Ayano Nakamura, The Nazi Party and German Colonies in East Asia, Gleichschaltung and Localities, Akira Kudo (Ed.), *Japan and Germany: Two Latecomers on the World Stage 1890-1945*, Vol. 3, 2009, pp.431-465.

東京のハーケンクロイツ
東アジアに生きたドイツ人の軌跡

二〇一〇年 九 月二〇日 印刷
二〇一〇年一〇月一一日 発行

著者© 中《なか》村《むら》綾《あや》乃《の》
発行者 及川直志
印刷所 株式会社 理想社
発行所 株式会社 白水社

東京都千代田区神田小川町三の二四
電話 営業部〇三（三二九一）七八一一
編集部〇三（三二九一）七八二一
振替 〇〇一九〇-五-三三二二八
郵便番号 一〇一-〇〇五二
http://www.hakusuisha.co.jp
乱丁・落丁本は、送料小社負担にてお取り替えいたします。

松岳社 株式会社 青木製本所

ISBN978-4-560-08089-4

Printed in Japan

人名索引

アルトシュール，ハインツ（Heinz Altschul） *206*
イリス，カール（Carl Illies） *29, 37, 184*
ヴァーグナー，リヒャルト（Richard Wagner） *10*
ヴァイゼ，ルドルフ（Rudolf Weise） *195, 200*
ヴィーデマン，フリッツ（Fritz Wiedemann） *10–16*
ヴィッケルト，エルヴィン（Erwin Wickert） *10, 220*
ヴィルヘルム二世（Wilhelm II.） *30, 42, 46, 56, 63, 82*
ヴェーバー，アルトゥール（Arthur Weber） *36*
ヴェッセル，ホルスト（Horst Wessel） *119*
エヴァース，アウグスト（August Evers） *36, 37*
エールトマンスドルフ，オットー・フォン（Otto von Erdmannsdorf） *181, 182, 214, 215, 221, 244*
エッカルト，ハンス（Hans Eckardt） *183*
エフライム，フランク（Frank Ephraim） *18*
オイレンブルク，フリードリッヒ（Friedrich Eulenburg） *29*
オット，オイゲン（Eugen Ott） *174, 194–197, 203, 207, 219, 220*
オット，ヘルムート（Helmut Ott） *174*
カルロヴィッツ，リヒャルト・フォン（Richard von Karlowitz） *28*
キルシュバウム，ハンス・フォン（Hans von Kirschbaum） *219*
ギルデマイスター，ヘルマン（Hermann Gildemeister） *29*
ギルバート，カール（Carl Gilbert） *234*
グストロフ，ヴィルヘルム（Wilhelm Gustloff） *127, 129*
クニフラー，ルイス（Louis Kniffler） *29*
クリーベル，ヘルマン（Hermann Kriebel） *93, 94, 98, 132, 161*
クリューガー，リヒャルト（Richard Krüger） *101, 102, 152*
グルーベ，フリードリッヒ（Friedrich Grube） *27*

クレッチマー，オットー(Otto Kretschmer)　*221*
グロンビック，フランツ(Franz Glombik)　*183*
グンデルト，ヴィルヘルム(Wilhelm Gundert)　*215*
ケソン，マニュエル(Manuel Quezon)　*18*
ゲーリング，ヘルマン(Hermann Göring)　*112*
ゲッベルス，ヨーゼフ(Joseph Goebbels)　*99, 108, 112, 127*
ケテル，ヘルムート(Hellmuth Ketel)　*49*
コルト，エーリッヒ(Erich Kordt)　*196, 220*
コレンベルク，リュト・フォン(Rütt von Kollenberg)　*93*
佐多愛彦　*191*
ジームセン，ゲオルク(Georg Siemsen)　*28*
シーラッハ，バルドゥール・フォン(Baldur von Schirach)　*156, 158*
シェレンベルク，ヴァルター(Walter Schellenberg)　*198*
シャルフ，フリッツ(Fritz Scharf)　*183, 188–191, 205, 214*
シュヴィント，マルティン(Martin Schwind)　*226*
シュターマー，ハインリッヒ・ゲオルク(Heinrich Georg Stahmer)　*7, 8, 220, 221, 230*
シュタインフェルト，ハインリッヒ(Heinrich Steinfeld)　*204, 205*
シュトラッサー，グレゴール(Gregor Strasser)　*86*
シュトレーゼマン，グスタフ(Gustav Stresemann)　*68*
シュパーン，フランツ(Franz Spahn)　*219*
シュライヒャー，クルト・フォン(Kurt von Schleicher)　*86*
シュルツェ，エレン(Ellen Schulze)　*101, 188–191, 194, 205, 215, 221, 222, 244*
シュルツェ，ヘルマン(Hermann Schulze)　*190, 221*
シュルツェ，ヘルムート(Helmut Schulze)　*233*
シュルツェ，ラインホルト(Reinhold Schulze)　*196*
徐世昌　*68*
蔣介石　*22, 93, 96*
シンク，ゲオルク(Georg Schink)　*92, 94*
シンク，パウラ(Paula Schink)　*117, 118*
ゾルゲ，リヒャルト(Richard

Sorge）　*49, 196–198, 220*
ゾルフ，ヴィルヘルム（Wilhelm Solf）　*101, 152, 181, 188–192, 194, 195, 215, 222, 243*
孫文　*67*
ゾンマー，ルドルフ（Rudolf Sommer）　*131*
ティッヒィー，アロイス（Alois Tichy）　*197*
ディルクセン，ヘルベルト・フォン（Herbert von Dirksen）　*191, 192, 195, 203*
デーア，アルフレート・パウル（Alfred Paul Dörr）　*130, 131*
トーマス，ゴットフリート（Gottfried Thomas）　*35*
ドルプミュラー，ユリウス（Julius Dorpmüller）　*185*
ニーラント，ハンス（Hans Nieland）　*86*
ノイラート，コンスタンティン・フォン（Konstantin von Neurath）　*192*
ノインツェルト，マックス（Max Neunzert）　*22, 99*
ハース，ヴィルヘルム（Wilhelm Haas）　*204*
ハーゼネール，フランツ・クサヴァ（Franz Xaver Hasenöhl）　*92–94, 96, 98, 100, 106, 110, 118, 120, 166, 167, 180, 181, 207, 247*
ハイドリッヒ，ラインハルト（Reinhard Heydrich）　*229*
バウアー，マックス（Max Bauer）　*93*
ハウスフォーファー，カール（Karl Haushofer）　*91*
ハックマン，ハインリッヒ（Heinrich Hackmann）　*54, 63*
バルザー，カール（Karl Balser）　*237*
ビスマルク，オットー・フォン（Otto von Bismarck）　*42, 54, 56, 120*
ヒトラー，アドルフ（Adolf Hitler）　*7, 8, 10–13, 16, 21, 85, 86, 88, 93, 94, 96, 98, 99, 106, 108, 112–121, 127, 129, 131, 132, 144, 145, 148, 150, 154–156, 158–161, 200, 208, 213, 214, 216–218, 221, 222, 238, 239, 249, 250*
ヒムラー，ハインリッヒ（Heinrich Himmler）　*22, 185*
ヒルマン，ルドルフ（Rudolf Hilmann）　*183, 186, 218, 219, 247*
ヒンデンブルク，パウル・フォン（Paul von Hindenburg）　*70, 158*
フィッシャー，マルティン

(Martin Fischer)　*174*
フォックス，ヴァルター
(Walther Fox)　*93*
フォッケ，ヨハン(Johann
Focke)　*37*
フォレッチュ，エルンスト(Ernst
Voretzsch)　*100*
プスタウ，ヴィルヘルム・フォン
(Wilhelm von Pustau)　*26*
プラーゲ，ヴィルヘルム
(Wilhelm Plage)　*191*
フライアイゼン，アストリート
(Astrid Freyeisen)　*22*
プリングスハイム，クラウス
(Klaus Pringsheim)　*230*
フロイントリープ，ハインリッヒ
(Heinrich Freundlieb)　*49*
ベーコン，ウルスラ(Ursula
Bacon)　*17*
ヘス，ルドルフ(Rudolf Heß)
88, 91, 152, 251
ヘッセル，エーゴン(Egon
Hessel)　*202, 212–214, 216,
221, 222*
ヘルフェリッヒ，エミール(Emil
Helfferich)　*185, 186*
ボーレ，エルンスト・ヴィルヘル
ム(Ernst Wilhelm Bohle)　*86,
88, 91, 93, 142, 152, 185, 192, 219*
ボーレ，ヘルマン(Hermann
Bohle)　*86*
ホッグ，ウィリアム(William
Hogg)　*28*
マイジンガー，ヨーゼフ(Josef
Meisinger)　*198–200, 228–230*
マイスナー，クルト(Kurt
Meissner)　*48*
マクナット，ポール(Paul
McNutt)　*18*
マッカーサー，ダグラス
(Douglas MacArthur)　*212,
222, 224, 229*
マン，トーマス(Thomas Mann)
230
ミルバッハ，ラディスラウス
(Ladislaus Mirbach)　*196*
ヤニングス，ヴェルナー(Werner
Jannings)　*242*
ユーハイム，カール(Karl
Juchheim)　*49*
ラーベ，ジョン(John Rabe)
80, 96
ラールマン，ジークフリート
(Siegfried Lahrmann)　*94, 96,
98*
ライ，ロベルト(Robert Ley)
136
リッター，カール(Karl Ritter)
185
リッベントロープ，ヨアヒム・

フォン(Joachim von Ribbentrop)　*92, 195, 196, 217, 220, 222*
ルーデンドルフ，エーリッヒ(Erich Ludendorff)　*93, 94*
レーヴァー，マックス(Max Lever)　*118*
レーヴィット，カール(Karl Löwith)　*212*
レーム，エルンスト(Ernst Röhm)　*86*
レファルト，オットー(Otto Refardt)　*37–40, 102, 104*
ロイ，ハインリッヒ(Heinrich Loy)　*183*
ローゼンストック，ジョゼフ(Joseph Rosenstock)　*198*
ローゼンベルク，アルフレート(Alfred Rosenberg)　*108, 127*
ローレンツ，ヴェルナー(Werner Lorenz)　*91*

史料・参考文献

Ⅰ　文書館および大学図書館所蔵史料

・ドイツ連邦軍事文書館（フライブルク）

Bundesarchiv, Militärarchiv Freibug（BA-MA）

RW19 Anh. Ⅰ/1393 Ostasiatischer Verein Hamburg-Bremen E.v.

・ドイツ連邦文書館（コーブレンツ）Bundesarchiv Koblenz（BA/K）

N1053 Nachlass Solf

・ドイツ連邦文書館（ベルリン）Bundesarchiv Lichterfelde（BA/L）

NS9/292 Band 6: Britisch Indien, China, Japan.

NS9/293 Band 7: Niederländisch Indien, Singapur, Manila, Britisch Salomonen.

R 9208/1238–1247 Pachtgebiet Kiautschou

R 9208/1258–1259 Schulwesen

・ドイツ外務省政治資料館（ベルリン）

Politisches Archiv des Auswärtigen Amtes Berlin（PA-AA）

R99242（Verhältnis des NSDAP-Organisationen im Ausland zu den Regierungen der Gastländer 1935–1937）

R99243（Verhältnis des NSDAP-Organisationen im Ausland zu den Regierungen der Gastländer/1937–1940）

R99248（Stahlhelm und Auslandsgruppen/1934–1938）

R99262/5164–5166（Nationalsozialistische Ortsgruppe im Ausland/1933–1934）

R101091/2813–281（Berichte und Meldungen zur Lage in und über nachfolgende Länder/Japan auch Ostasien/1940–1944）

R98884（Niederländisch-Indien, Siam, Philippinen und Australien/1937–1938）

R98991（Propaganda in und außerhalb Deutschlands/1939–1940）

R99169–99171（Faschismus und Rassenfrage/1939–1941）

R99175–99176（Umgang fremdrassiger Ausländer mit deutschen Mädchen/1941–1943）

Der Akten des ehemaligen Deutschen Generalkonsulats in Shanghai（1892–1933）

Deutsche Botschaft Peking 1920–1945
・**ドイツ国立図書館（ベルリン）Staatsbibliothek zu Berlin（SBB）**
Deutsche Zeitung für China, Shanghai 1914–1917.
Shanghai Deutsche Zeitung, Shanghai 1932–1935.
Mitteilungs- und Verordnungs-Blatt der Landesgruppe Ostasien der NSDAP, Shanghai 8. Juni 1933 – 1. Feb. 1934.
Ostasiatischer Beobachter Parteiamtliches Organ der Landesgruppe China=Japan der N.S.D.A.P., Shanghai 1. März 1934–1941.
The XXth Century, Shanghai October 1941 – June 1945.
Die Leitung der AO der NSDAP, *Jahrbuch der AO der NSDAP für das Jahr 1939*, Berlin.
Die Leitung der AO der NSDAP, *Jahrbuch der AO der NSDAP für das Jahr 1941*, Berlin.
Deutscher Weckruf und Beobachter, 1935–1939, New York.
・**米国国立公文書館（メリーランド）**
The U.S. National Archives and Records Administration（NARA）
RG59, German American Bund.
RG65 FBI History FBI Investigative Records.
RG226 OSS Shanghai Intelligence Files.
RG263 CIA Personal File Ernst Wilhelm Bohle.
RG 319 IRR Personal File Josef Meisinger.
Records of the Shanghai Municipal Police 1894–1949（RG263）
・**米国議会図書館（ワシントン D.C.）**
The Library of Congress（LC）Washington D.C.
Israel's messenger, Shanghai April 5, 1935–July 18, 1941.
German American Bund, *Jahrbuch des Amerikadeutschen Volksbundes für das Jahr 1937*, New York, 1937.
・**国立国会図書館憲政資料室**
GHQ/SCAP records, Microfilm.
Far Eastern Commission Records, Microfilm.
・**横浜開港資料館**
The Directory and Chronicle for China, Japan, Korea, etc. 1865–1929.
・**Deutsche Institut für Japanstudien　ドイツ—日本研究所（東京）**
Ostasiatische Rundschau, Die Zeitschrift für den Fern Osten, Der

Ferne Osten e.V. Hamburg, 1920–1944.
・**成城大学付属図書館**
T82/serial106/Roll 85, Guides to German Records Microfilmed at Alexandria, VA. No.6 Records of Nazi Cultural and Research Institutions and records pertaining to axis relations and interests in the Far East.
・**北海道大学付属図書館**
Deutscher Dienst, Deutsche Botschaft Tokyo, Tokyo 1940–1941.
・**東京大学経済学部図書館**
Verband Deutscher Vereine im Ausland e.V., *Wir Deutsche in der Welt*, Berlin 1937.
『獨逸事情』6月特別号(日独親善号), 獨逸事情社.

Ⅱ　研究文献

1. ナチズム社会史

石田勇治『過去の克服』白水社, 2002年.
竹岡敬温／川北稔編『社会史への途』有斐閣選書, 1995年.
田村栄子『若き教養市民層とナチズム』名古屋大学出版会, 1996年.
原田一美『ナチ独裁下の子どもたち』講談社, 1999年.
H. フォッケ／U. ライマー『ヒトラー政権下の日常生活』山本尤／鈴木直訳, 社会思想社, 1984年.
U. フレーフェルト『ドイツ女性の社会史』晃洋書房, 1993年.
D. ブラックボーン／R. J. エヴァンス／G. イリー『イギリス社会史派のドイツ史論』望田幸男／川越修／工藤章男／小林聡人訳, 晃洋書房, 1992年.
R. ベッセル『ナチ統治下の民衆』柴田敬二訳, 刀水書房, 1990年.
村瀬興雄『ナチ統治下の民衆生活』東京大学出版会, 1983年.
村瀬興雄『ナチズムと大衆社会』有斐閣選書, 1987年.
山本秀行『ナチズムの記憶』山川出版社, 1995年.
Lüdtke, Alf(Hrsg.), *Alltagsgeschichte. Zur Rekonstruktion historischer Erfahrungen und Lebensweisen*, Frankfurt am Main 1989.
Lüdtke, Alf, *Eigen Sinn. Fabrikalltag, Arbeitererfahrungen und Politik vom Kaiserreich bis in den Faschismus*, Hamburg 1993.
Niethammer, Lutz/von Plato, Alexander(Hrsg.), *Lebensgeschichte und*

Sozialkultur im Ruhrgebiet 1930–1960, Bonn 2001.
Wehler, Hans-Ulrich, *Vom Beginn des Ersten Weltkriegs bis zur Gründung der beiden deutschen Staaten 1914–1949*, München 2003.
Peukert, Detlev, *Volksgenossen und Gemeinschaftsfremde: Anpassung, Ausmerze und Aufbeg ehren unter dem Nationalsozialismus*, Köln 1982(『ナチス・ドイツ——ある近代の社会史』木村靖二／山本秀行訳，三元社，1991 年).
Schöttler, Peter (Hrsg.), *Geschichtsschreibung als Legitimationswissenschaft 1918–1945*, Frankfurt am Main 1997(『ナチズムと歴史家たち』木谷勉／小野清美／芝健介訳，名古屋大学出版会，2001 年).

2. 日独国際関係

大西健夫『オイレンブルク伯「バンコク日記」——ドイツ，アジアで覇権を競う』リブロポート，1990 年.
工藤章『イー・ゲー・ファルベンの対日戦略』東京大学出版会，1992 年.
工藤章『日独企業関係史』有斐閣，1992 年.
工藤章「幻想の 3 角貿易」『ドイツ研究』第 23 号，1992 年.
工藤章／田嶋信雄編『日独関係史 1890–1945 年』(全 3 巻) 東京大学出版会，2008 年.
関根真保『日本占領下の「上海ユダヤ人ゲットー」』昭和堂，2010 年.
田嶋信雄『ナチズム外交と「満洲国」』千倉書房，1992 年.
田嶋信雄『ナチズム極東戦略』講談社，1997 年.
三宅正樹『日独伊三国同盟の研究』南窓社，1975 年.
三宅正樹『日独政治外交史研究』河出書房新社，1996 年.
三宅正樹編著『ベルリン・ウィーン・東京』論創社，1999 年.
Wolfgang Brenn, Marie-Luise Goerke, *Berlin-Tokyo im 19. und 20. Jahrhundert*, Berlin 1997(『東京・ベルリン：一九世紀〜二〇世紀における両都市の関係』藤野哲子／関川富士子訳，ベルリン日独センター，1997 年).
Ephraim, Frank, *Escape to Manila: From Nazi Tyranny to Japanese Terror*, Chicago, 2003.
Fox, John P. *Germany and the Far Eastern Crisis, 1931–1938: A study in diplomacy and ideology*, New York 1982.

Freyeisen, Astrid, *Shanghai und die Politik des Dritten Reiches*, Würzburg 2000.

Friese, Eberhard, Das deutsche Japanbild 1944, Bemerkungen zum Problem der auswärtigen Kulturpolitik während des Nationalsozialismus, in: Kreiner, Josef(Hrsg.), *Deutschland-Japan Historische Kontakte*. Bonn 1990.

Kreiner, Josef(Hrsg.), *Deutschland-Japan Historische Kontakte*, Bonn 1990.

Krebs, Gerhard, *Japans Deutschlandpoltik 1935–1941*, Hamburg 1984. (Bde.2)

Leutner, Mechthild(Hrsg.), *Deutsch-chinesische Beziehungen 1914–1927*, Bd.2, 2004.

Leutner, Mechthild(Hrsg.), *Deutschland und China 1937–1949: Politik-Militär-Wirtschaft-Kultur. Eine Quellensammlung*, Bd.4, Berlin 1998.

Martin, Bernd(Hrsg.), *Deutsch-chinesische Beziehungen, 1928–1937. „Gleiche" Partner unter „ungleichen" Bedingungen*, Bd.3, 2003.

Martin, Bernd, Deutschland und Japan im zweiten Weltkrieg: vom Angriff auf Pearl Harbor bis zur deutschen Kapitulation, Göttingen 1969(2001).

Martin, Bernd, Die deutsche Beraterschaft-Überblick, Martin, Bernd (Hrsg.), *Die deutsche Beraterschaft in China 1927–1938*, Düsseldorf 1981.

Menzel, Johanna M., *Hitler and Japan: The Hollow Alliance*. New York 1966.

Sommer, Theo, *Deutschland und Japan zwischen den Machten, 1935–1940: Vom Antikominternpakt zum Dreimachtepakt: Eine Studie zur diplomatischen Vorgeschichte des Zweiten Weltkrieg*, Tübingen 1962.(『ナチス・ドイツと軍国日本』金森誠也訳，自治通信社，1964年).

Ostasiatischer Verein Hamburg-Bremen e.V.(Hrsg.), *Ostasiatischer Verein Hamburg-Bremen zum 60 jährigen Bestehen*, Hamburg 1960.

3. ナチ党外国組織部と海外支部

Barthelt, Dawid, „Fünfte Kolonne“ ohne Plan. Die Auslandsorganisation der NSDAP in Brasilien, 1931–1939. in : *Ibero-Amerikanisches Archiv* N.F. 19(1993).

Hausmann, Frank-Rutger, *Ernst-Wilhelm Bohle*, Berlin 2009.

McKale, Donald. M., The Nazi Party in the Far East 1931–1945, in: *Journal of Contemporary Hisotry*, 12(1977).

McKale, Donald. M., *The Swastika Outside Germany*, Kent State University Press 1977.

Jacobsen, Hans-Adolf, *Nationalsozialistische Außenpolitik 1933–1938*, Frankfurt am Main, Berlin 1968.

Jacobsen, Hans-Adolf/Smith, L. Arthur, *The Nazi Party and the German Foreign Office*, New York, 2007.

Koop, Volker, *Hitlers Fünfte Kolonne*, Berlin 2009.

Müller, Jürgen, *Nationalsozialismus in Lateinamerika: Die Auslandsorganisation der NSDAP in Argentinien, Brasilien, Chile und Mexiko, 1931–1945*, Stuttgart 1997.

4. 東アジアのドイツ人学校

Amrhein, Hans, *Die Deutsche Schule im Auslande*, Leipzig 1905.

Lehmann, Jürgen, *Zur Geschichte der Deutschen Schule Kobe*, Tokyo 1988.

Lehmann, Jürgen, *100 Jahre Deutsche Schule Kobe 1909 bis 2009*, Tokyo 2009.

Weber, Dietrich, *40 Jahre Deutsche Schule in Shanghai 1895–1935*, Shanghai 1935.

Weidenfeller, Gerhard, *VDA-Verein für das Deutschtum im Ausland, Allgemeiner Deutscher Schulverein(1881–1918)*, Frankfurt am Main 1976.

Baumann, Jochen/Dietl, Andreas/Wippermann, Wolfgang, *Blut oder Boden*, Berlin 2002.

Jahresbericht der Kaiser-Wilhelm-Schule Shanghai, Shanghai(1920–1943)

Jahresbericht des Deutschen Schulvereins Kobe, Kobe(1922–1943)

Die Deutsche Schule in Kobe 1909–29, Deutsche Schule Kobe (DSK), Kobe 1929.
Deutsche Schule Tokyo Yokohama, *70 Jahre Deutsche Schule 20. Jahresbericht des Deutschen Schule Tokyo*, Tokyo 1974.
Deutsche Schule Kobe, *Deutsche Schule Kobe 75 Jahre 1909–1984*, Deutsche Schule Kobe (DSK), Kobe 1984.
VDA, *Wegweiser durch das Grenz- und Auslandsdeutschtum*, Dresden 1930.
VDA, *Verein für das Deutschtum im Ausland*, Berlin 1993.

5. 日独交流，日本在留ドイツ人

イリス商会『イリス商会創業百年史：日独貿易に対する一寄与』イリス商会，1959 年.
上田浩二・荒井訓『戦時下日本のドイツ人たち』集英社新書，2003 年.
小宮まゆみ「太平洋戦争下の『敵国人抑留』――日本国内に在住した英米系外国人の抑留について」『お茶の水史学』第 43 号，1999 年.
中道寿一『ヒトラー・ユーゲントがやってきた』南窓社，1991 年.
早崎えりな『ベルリン・東京物語』音楽之友社，1994 年.
藤田真人「神戸における在日ドイツ人の土地取得と居住形態」『佛教大學大學院紀要』第 28 号，2000 年.
山下利昭『セピア色の空白：日独同盟下の文化交流 1938～1941 年』ドイツ刊行企画，1997 年.
山本尚志『日本を愛したユダヤ人ピアニスト　レオ・シロタ』毎日新聞社，2004 年.
クラウス・H・プリングスハイム『ヒトラー，ゾルゲ，トーマス・マン』池内光久訳，彩流社，2007 年.
ジャパン・クロニクル紙ジュビリー・ナンバー『神戸外国人居留地』堀博／小出石史郎訳，神戸新聞総合出版センター，1993 年.
ジョゼフ・ローゼンストック『ローゼンストック回想録：音楽はわが生命』中村洪介訳，日本放送出版協会，1980 年.
Dirksen, Herbert, *Moskau, Tokio, London. Erinnerungen und Betrachtungen zu 20 Jahren deutscher Außenpolitik*, Stuttgart 1949.
Generalkonsulat der Bundesrepublik Deutschland Osaka-Kobe (Hrsg.), *1874–1974 Hundert Jahre Deutsches Konsulat Kobe*, Osaka 1974.

Haasch, G., *Die Deutsch-Japanischen Gesellschaften von 1888 bis 1996*, Berlin 1996.

Hempenstall, Peter J./Tanaka Mochida, Paula, *The Lost Man Wilhelm Solf in German History*, Wiesbaden 2005.

Löwith, Karl, *Mein Leben in Deutschland vor und nach 1933: Ein Bericht*, Stuttgart 1986.(『ナチズムと私の生活――仙台からの告発』秋間実訳，法政大学出版局，1990 年).

Meißner, Kurt, *Die Deutschen in Yokohama*(Alt Yokohama), OAG Hamburg 1956(「横浜のドイツ人――1859 年以後，旧き横浜への回想」『居留地の窓から』第 4 号，田中美津子訳，神戸外国人居留地研究会，2004 年).

Meißner, Kurt, *Deutsche in Japan 1639–1960*, Wiesbaden 1941(1961).

OAG-Tokyo(Hrsg.), *Deutsche Botschaft in Japan 1860–1973*, Tokyo 1974.

Schinzinger, Robert, *Aus meiner OAG Mappe*, OAG Tokyo 1981.

Juchheim, Elise, *Dennoch bleibe ich standhaft: Die Geschichte der Konditorei Juchheim's*, Juchheim Kobe 1976；エリス・ユーハイム『デモ私立ッテマス』株式会社ユーハイム，1966 年.

Pantzer, Peter/Ehmcke, Franziska(Hrsg.), *Gelebte Zeitgeschichte. Alltag von Deutschen in Japan 1923–1947*, München 2000.

Refardt, Otto, *Die Deutschen in Kobe*, OAG. Tokyo 1956(「神戸のドイツ人――1868 年以後，旧き神戸への回想」『居留地の窓から』第 3 号，田中美津子訳，神戸外国人居留地研究会，2003 年).

Vietsch, Eberhard, *Wilhelm Solf. Botschafter zwischen den Zeiten*, Tübingen 1961.

Weber, Arthur Richard, *Kontorrock und Konsulatmütze*, Tokyo 1973.

Wickert, Erwin, *Mut und Übermut: Geschichte aus meinem Leben*, Stuttgart 1992(『戦時下のドイツ大使館』佐藤眞知子訳，中央公論社，1998 年).

Williams, Harold S., The Kobe Club, Kobe Club 1975(『居留地の窓から』第 6 号，呉宏明・黒澤一晃・桑田優・升本匡彦・弓倉恒男訳，神戸外国人居留地研究会，2006 年).

内務省警保局編『外事警察資料』(復刻版，全 4 巻)，不二出版，1994 年.

内務省警保局編『外事警察概況』(復刻版，全8巻)，不二出版，1987年.
内務省警保局編『外事月報』(復刻版，全11巻)，不二出版，1994年.

6. 膠州湾租借地

参謀本部編『大正三年日獨戰史』東京偕行社，1914年.
富田弘『板東俘虜収容所——日独戦争と在日ドイツ俘虜』法政大学出版局，1991年.
鳴門市ドイツ館『どこにいようと，そこがドイツだ』鳴門市ドイツ館，2003年.
Burdick, Charles/Moessner, Ursula, *The German prisoners of war in Japan 1914–1920*, Lanham 1984.
Barth, Johannes, *Als deutscher Kaufmann in Fernost. Bremen-Tsingtau-Tokyo 1891–1981*, Berlin 1984.
Leutner, Mechthild (Hrsg.), *„Musterkolonie Kiautschou“: Expansion des Deutschen Reiches in China. Deutsch-chinesische Beziehungen 1897–1914*, Bd.1, Berlin 1997.

7. 日本占領軍

History of the Nonmilitary Activities of the Occupation of Japan, 1945–1951, Tokyo 1900 (竹前栄治／中村隆英監修『GHQ日本占領史』[全55巻]，日本図書センター，1996年).
竹前栄治監修『GHQ指令SCAPIN-A総集成』[全18巻]，エムティ出版，1997年.
竹前栄治監修『GHQ指令総集成』[全15巻]，エムティ出版，1995年.
竹前栄治監修『GHQへの日本政府対応文書総集成』[全24巻]，エムティ出版，1995年.
Burdick, C., The Expulsion of Germans from Japan 1947–1948, *Transaction of Asiatic Society of Japan*, Vol.2. OAG. Tokyo 1996.

8. 人口統計，住所録

上原蕃『上海共同租界誌』丸善株式会社(横浜開港資料館所蔵)，1942年.
上海共同租界『工部局年報』生活社(横浜開港資料館所蔵)，1941年.

横浜市「日本貿易統計(資料編 2)」『横浜市史』(全 21 巻), 1958 年.
神戸市「歴史編①, ③」「産業経済編」『新修　神戸市史』(全 16 巻), 1989 年.
兵庫縣『兵庫縣統計書』, 1904-1934 年.
神戸市『写真集・神戸 100 年』, 1989 年.
神戸新聞社編『神戸新聞重要紙面に見る兵庫の 100 年』神戸新聞総合出版センター, 2001 年.
Max Nössler&Co. GmbH.(Hrsg.), A.D.O.(Adreßbuch für das Deutschtum in Ostasien)1928 - 1929, Jg., IV., Shanghai 1928, in: SBB.
Max Nössler&Co. GmbH.(Hrsg.), A.D.O.(Adreßbuch für das Deutschtum in Ostasien)1929 - 1930, Jg. V., Shanghai 1929, in: SBB.
Max Nössler&Co. GmbH.(Hrsg.), A.D.O.(Adreßbuch für das Deutschtum in Ostasien), Shanghai Juni 1939(東京大学史料編纂所所蔵).
Ostasiatischer Verein, A.D.O.(Adreßbuch für das Deutschtum in Ostasien), Hamburg 1956, in SBB.
Adressen der im Amtsbezirk des Generalkonsulats Kobe wohnenden Deutschen(Kobe, Osaka und Umgegend), Osaka 1930 in: Universitätsbibliothek Göttingen.

9. 事典類

ウォルター・ラカー編『ホロコースト大事典』井上茂子／芝健介／永岑三千輝／木畑和子／長田浩彰訳, 柏書房, 2003 年.
Benz, Wolfgang(Hrsg.), Enzyklopädie des Nationalsozialismus, München 2007.
Schmitz-Berning, Cornelia, *Vokabular des Nationalsozialismus*, Berlin 2000.

図版出典一覧

図 1　『獨逸事情』6 月特別号（日独親善号）　獨逸事情社，1937 年 5 月 30 日発行.
図 2　Wiedemann's papers and photogtaphs, photocopy, Jan. 1942–Aug. 1945, File 26, Box 42, Entry 182, Shanghai Intelligence Files, OSS, RG226, NARA.
図 3　Vereine im Ausland e.V., *Wir Deutsche in der Welt*, Berlin 1937.
図 4　*Ostasiatischer Beobachter*, Folge 13. Shanghai 1. Juni 1934, S.8.
図 5　クラブ・コンコルディアの舞踏会（個人所蔵）
図 6　Weber, Dietrich, *40 Jahre Deutsche Shule in Shanghai 1895–1935*, Shanghai 1935.
図 7　Weber, Dietrich, *40 Jahre Deutsche Shule in Shanghai 1895–1935*, Shanghai 1935.
図 8　Weber, Dietrich, *40 Jahre Deutsche Schule in Shanghai 1895–1935*, Shanghai 1935.
図 9　*Ostasiatischer Beobachter*, Folge 47. Shanghai 1. April 1937, S. 4.
図 10　*Ostasiatischer Beobachter*, Folge 13. Shanghai 1. June 1934, S.11.
図 11　*Ostasiatischer Beobachter*, Folge 16. Shanghai September 1934, S.4.
図 12　*Ostasiatischer Beobachter*, Folge 13. Shanghai 1. Juni 1934, S.11.
図 13　The Nazi Party in China, File 134, Box 25, Entry 182, Shanghai Intelligence Files, OSS, RG226, NARA.
図 14　*Ostasiatischer Beobachter*, Folge 11. Shanghai 1. April 1934, S.3.
図 15　*Ostasiatischer Beobachter*, Folge 18. Shanghai 1. November 1934, S.11.
図 16　*Ostasiatischer Beobachter*, Folge 14. Shanghai 1. Juli 1934, S.8.
図 17　*Ostasiatischer Beobachter*, Folge 75. Shanghai 1. September 1939, S.26.
図 18　*Ostasiatischer Beobachter*, Folge 75. Shanghai 1. September 1939, S.27.
図 19　*Ostasiatischer Beobachter*, Folge 33. Shanghai 1. Mai 1936, S. 3.

図 20　*Ostasiatischer Beobachter*, Folge 37. Shanghai 1. Juni 1936, S. 26.

図 21　*Ostasiatischer Beobachter*, Folge 14. Shanghai 1. Juni 1934, S. 8.

図 22　*Ostasiatischer Beobachter*, Folge 52. Shanghai 1. November 1937, S. 23.

図 23　『獨逸事情』6 月特別号（日独親善号）　獨逸事情社，1937 年 5 月 30 日発行．

図 24　Meissner, Kurt, *Deutsche in Japan*, 1639–1939, Berlin 1940.

図 25　NS20 127–4d, BA/L.

註

プロローグ

1 Wickert, Erwin, *Mut und Übermut: Geschichte aus meinem Leben*, Stuttgart 1991, S. 435. 同書の一部を翻訳したものとして,『戦時下のドイツ大使館』(佐藤眞知子訳, 中央公論社, 1998 年)を参照.

2 以下, ヴィーデマンの講演録を参照(Wiedemann's papers and photographs, photocopy, Jan. 1942 - Aug. 1945, File 26, Box 42, Entry 182, Shanghai Intelligence Files, OSS, RG226, NARA).

3 Ursula Bacon, *Shanghai Diary*, Milwaukee 2002, S. 31(『ナチスから逃れたユダヤ人少女の上海日記』和田まゆ子訳, 祥伝社, 2006 年, 55 頁).

4 同上, 55 頁.

5 Ephraim, Frank, *Escape to Manila: From Nazi Tyranny to Japanese Terror*, Chicago 2003. pp. 22–23.

6 Freyeisen, Astrid, *Shanghai und die Politik des Dritten Reiches*, Würzburg 2000, S. 57.

第一章

1 Ostasiatischer Verein Hamburg-Bremen e.V.(Hrsg.), *Ostasiatischer Verein Hamburg-Bremen zum 60 jährigen Bestehen*, Hamburg 1960, S. 41.

2 同上, S. 56.

3 同上, S. 45.

4 同上, S. 46–47.

5 イリス商会の社史として, イリス商会編『イリス商会百年史』(イリス商会, 1959 年)を参照.

6 前掲 Ostasiatischer Verein Hamburg-Bremen e.V.(Hrsg.) 1960, S. 63–68. オイレンブルク使節団については, 鈴木楠緒子「オイレンブルク使節団の訪中と条約締結交渉」(『史潮』第 52 号, 2002 年)を参照.

7 大西健夫『オイレンブルク伯「バンコク日記」』(リブロポート, 1990 年), 82–85, 109–111 頁を参照. 同書は, 東アジア遠征の最後の目的

地となったシャムにおいて，オイレンブルクが記した日記，家族や知人に宛てた書簡をまとめ，東アジア遠征をプロイセンの海運政策と植民地政策の面から位置づけている．

8 小風秀雅「1870，80年代における東アジア海運市場と日中汽船海運」(『横浜と上海』横浜開港資料館，1995年，239–270頁)．

9 横浜居留地のドイツ系商社については，ディルク・ファン・デア・ラーン「幕末・明治期の横浜のドイツ商社」(『横浜居留地と異文化交流』横浜開港資料館，1996年，81–94頁)とクルト・マイスナーの『日本のドイツ人』を参照(Meissner, Kurt, *Die Deutschen in Yokohama,* Tokyo 1956, S. 10f)．

10 The Directory and Chronicle for China, Japan, Korea, etc. 1881, pp. 309–310(横浜開港資料館所蔵)．

11 同上，pp. 309–310(横浜開港資料館所蔵)．

12 同上，pp. 309–310(横浜開港資料館所蔵)．

13 Refardt,Otto, *Die Deutschen in Kobe*, OAG Tokyo 1956, S. 20(田中美津子訳「神戸のドイツ人」『居留地の窓から』第3号，2003年，4頁)．

14 ジュビリー・ナンバー『神戸外国人居留地』(堀博・小出石史郎共訳，神戸新聞総合出版センター，1993年)，140頁.

15 神戸市役所編『神戸市史』(名著出版，1971年)，707頁.

16 同上，701頁.

17 Lehmann, Jürgen, *Zur Geschichte der Deutschen Schule Kobe,* Tokyo 1988, S. 6f.

18 前掲 Refardt 1956, S. 22.

19 同上，S. 352. ただ『神戸市史』には，1868年9月に行なわれた第1回競売の落札者のなかにエヴァースの名前は記されていない(前掲『神戸市史』653–656頁)．

20 *Ostasiatische Rundschau,* Jg. 14. Hamburg 16. Januar 1933, S. 25–29.

21 Weber, Arthur Richard, *Kontorrock und Konsulatmütze,* Tokyo 1973.

22 Williams, S. Harold, The German element in the foreign community of Kobe, in: Generalkonsulat der Bundesrepublik Deutschland Osaka-Kobe(Hrsg.), *1874–1974 Hundert Jahre Deutsches Kon-*

sulat Kobe, Osaka 1974(頁なし).

23 前掲 Refardt 1956, S. 24.

24 同上, S. 29f.

25 Meissner, Kurt, *Deutsche in Japan 1639–1960*, Tokyo 1961, S. 60.

26 前掲 Refardt 1956, S. 30.

27 同上, S. 32(田中美津子訳 72 頁).

28 同上, S. 32(田中美津子訳 72 頁).

29 同上, S. 32–33(田中美津子訳 72 頁).

30 Satzungen des Club Concordia in Kobe, Japan Chronicle Press, Kobe 1935, Osaka 4, PA-AA.

31 Leutner, Mechthild(Hrsg.), *„Musterkolonie Kiautschou": Die Expansion des Deutschen Reiches in China*, Bd. 1. Berlin 1997.

32 同上, Leutner(Hrsg.)1997, S. 46.

33 同上, Leutner(Hrsg.)1997, S. 36.

34 Gouvernement Kiautschou an das Kaiserliche Generalkonsulat vom 8. Januar 1902, Tsingtau, Gouvernement Kiautschou Buch-Nr. 275B, Bl. 21, R9208/1238, BA/L.

35 Pachtgebiet Kiautschou, Schulwesen, R9208/ 1258–1259, BA/L.

36 Gouvernement Kiautschou an das Kaiserliche Generalkonsulat vom 3. Februar 1902, Tsingtau, Gouvernement Kiautschou Buch-Nr. 275B. Bl. 22–24, R9208/1238, BA/L.

37 Schülerverzeichnis vom 1. Juni 1906, Gouvernement Kiautschou 197, S. 11. Buch - Nr. 275B, R9208/1238, BA/L.

38 同上.

39 『神戸新聞』1914(大正 8)年 8 月 4 日.

40 同上.

41 同上.

42 前掲 Meissner 1961, S. 73.

43 青島要塞のドイツ軍が降伏した後, 日本の陸軍参謀本部では戦史の編纂に取りかかっている. この戦史は, 大正 5 年に『大正三年日獨戰史』として上下 2 巻で刊行された. 参謀本部編纂『大正三年日獨戰史』(東京偕行社, 1916 年)を参照.

44 同書(上巻), 45 頁.

45 富田弘『板東俘虜収容所』(法政大学出版会, 1991[2006]年), 267–

268 頁.

46 Juchheim, Elise, *Dennoch bleibe ich standhaft: Die Geschichte der Konditorei Juchheim's*, Juchheim, 1976. エリス・ユーハイム『デモ私立ッテマス』(株式会社ユーハイム，1966 年).

第二章

1 Weber, Dietrich, *40 Jahre Deutsche Schule in Shanghai 1895–1935*, Shanghai 1935. 中国の他都市のドイツ人学校については，ドイツ外務省政治資料館の所蔵文書を参照(Schulwesen R9208/3435–3493, PA-AA). またハンブルクで刊行された月刊の経済誌『東アジア・ルントシャウ』の 1934 年 3 月号および 1937 年 12 月号には，東アジアのドイツ人学校の学校史および在籍生徒の調査記録が掲載されている. *Ostasiatische Rundschau*, Hamburg, Nr. 5. 1. März 1934, S. 93–113; *Ostasiatische Rundschau*, Hamburg, Nr. 23. & 24. Dezember 1937, S. 606–633.

2 前掲 Weber 1935, S.1–4. *Ostasiatische Rundschau*, Jg. 15. Nr. 5. Hamburg 1. März 1934, S. 93–113.

3 前掲 Weber 1935, S. 2.

4 同上，S. 1–6.

5 前掲 Weber 1935, S. 40.

6 Entwurf für die Hauptversammlung vom 20. Juli 1909, Osaka 4, PA-AA.

7 Amrheim, Hans, *Die Deutsche Schule im Auslande*, Leipzig 1905, S.62–89.

8 *Ostasiatische Rundschau*, Jg. 15. Nr. 5. Hamburg 1. März 1934. S. 98f, S. 105.

9 拙稿「ハーケンクロイツと日の丸のあいだ」(『みすず』みすず書房，495 号[2002 年 6 月]17–33 頁，496 号[2002 年 7 月]14–21 頁. 神戸ドイツ学院の学校史については以下参照. 前掲 Lehmann 1988; *Die Deutsche Schule in Kobe 1909–29*, Deutsche Schule Kobe(DSK), Kobe 1929.

10 望田幸男・田村栄子『ハーケンクロイツに生きる若きエリートたち』(有斐閣選書，1990 年)，62 頁，望田幸男「帝政期の教育と思想文化」(成瀬治／山田欣吾／木村靖二編『世界歴史体系　ドイツ史

③』山川出版社，1997 年），62–67 頁.

11 Müller, Detlef K. / Zymek, Bernd, *Sozialgeschichte und Statistik des Schulsystems in den Staaten des Deutschen Reiches, 1800–1945*, Göttingen 1987, S. 64; Müller, Detlef K., *Sozialstruktur und Schulsystem*, Göttingen, 1987, S. 175.

12 Christa Berg (Hrsg.), *Handbuch der deutschen Bildungsgeschichte*, Bd.IV 1870–1918, München 1991, S. 185.

13 同上，S. 209.

14 前掲 Weber 1935, S. 8; *Ostasiatische Rundschau*, Jg. 15. Nr. 5. Hamburg 1. März 1934, S. 93–97.

15 前掲 Weber 1935, S. 11.

16 同上，S.12f.; *Ostasiatische Rundschau*, Jg. 15. Nr. 5. Hamburg 1. März 1934, S. 96.

17 前 掲 Weber 1935, S. 12–14; *Ostasiatische Rundschau*, Jg. 15. Nr. 5. Hamburg 1. März 1934. S. 94f.

18 Leutner, Mechthild (Herg.), *Deutsch-chinesische Beziehungen 1911–1927*, Berlin 2006, S. 37. 川島真・服部龍二編『東アジア国際関係史』（名古屋大学出版会，2007 年），101–102 頁.

19 同上，Leutner (Herg.), S. 410–411.

20 前掲 Weber 1935, S. 41–44; *Ostasiatische Rundschau*, Jg. 15. Nr. 5. Hamburg 1. März 1934. S. 94f.

21 *Ostasiatische Rundschau*, Jg. 15. Nr. 5. Hamburg 1. März 1934. S. 95.

22 前掲 Weber 1935, S. 20f.

23 前掲 Leutner, Mechthild (Herg.), S. 34, 189.

24 前掲 Weber 1935, S. 21.

25 前掲 Lehmann 1988, S. 20.

26 東日出男「ヴァイマル憲法教育条項成立の前後（Ⅰ）（Ⅱ）」（『研究年報』Vol. 5/7, 1961/3 年，奈良女子大学）.

27 M・クラウル『ドイツ・ギムナジウム 200 年史』（望田幸男他訳，ミネルヴァ書房，1985 年），133 頁.

28 *Ostasiatische Rundschau*, Jg. 15. Nr. 5. Hamburg 1. März 1934, S. 109.

29 *Ostasiatische Rundschau*, Jg. 14. Nr. 1. Hamburg 1. Januar 1933, S.

17.

30 Deutsche Schule Peking, Bericht des Schulleiters über die Schuljahre 1934–1937, Peking 1938.

31 *Ostasiatische Rundschau*, Jg. 14. Nr. 1. Hamburg 1. Januar 1934, S. 17.

32 26. Jahresbericht des Deutschen Schulvereins Kobe für das Jahr 1935, Kobe 1936.

33 *Ostasiatische Rundschau*, Jg. 15. Nr. 5. Hamburg 1. März 1934. S. 100.

34 Jahresbericht für das 43. Schuljahr(1937–1938), Kaiser-Wilhelm-Schule Shanghai, Shanghai 1938, S. 19, Peking 69, PA-AA.

35 以下,『東アジア・ルントシャウ』1934年3月号と1937年12月号で組まれた特集記事「東アジアのドイツ人学校」を参照(*Ostasiatische Rundschau*)Nr. 5. Hamburg 1. März 1934, S. 93–133; *Ostasiatische Rundschau*, Nr. 23. & 24. Hamburg Dezember 1937, S. 606–633).

第三章

1 Allgemeine Korrespondenz der Zentrale mit bzw. über Landesvertretungen der AO außerhalb Europas, 1931–1942, NS9/296a., BA/L.

2 Die Leitung der AO der NSDAP, *Jahrbuch der AO der NSDAP für das Jahr 1939*, Berlin 1939, S. 45f.

3 同上, S. 28–35.

4 McKale, Donald. M., The Nazi Party in the Far East 1931–1945, in : *Journal of Contemporary History*, 12(1977), pp. 83–84.

5 Jacobsen, Hans-Adolf, *Nationalsozialistische Außenpolitik 1933–1938*, Frankfurt am Main 1968, S. 107–108; 前掲 Die Leitung der AO der NSDAP 1939, S. 28–35.

6 Gesuche von Ausländern um Aufnahme in die NSDAP, 1934–1944, R99272, PA-AA; Aufnahme von Ausländern in die NSDAP, 1934–1944, R99271, PA-AA; Aufnahmeverfahren deutscher Volksgenossen in die NSDAP im Ausland, 1934, NS9/ 185, BA/L.

7 Weidenfeller, Gerhard, *VDA - Verein für das Deutschtum im Aus-*

land, Allgemeiner Deutscher Schulverein(1881–1918), Frankfurt am Main 1976.

8 前掲 Freyeisen 2000, S. 66–75.

9 *Ostasiatischer Beobachter*, Folge 13. Shanghai 1. Juni 1934, S. 10; Max Nössler & Co.(Hrsg.), ADO(Adreßbuch für das Deutschtum in Ostasien 1929–1930), Shanghai, 1930.

10 *Ostasiatischer Beobachter*, Folge 11. Shanghai 1. April 1934, S. 7.

11 *Ostasiatische Rundschau*, Jg. 24. Nr. 7. & 8. Hamburg 1. September 1943, S. 108f.

12 Martin, Bernd, Die deutsche Beraterschaft - Überblick, in: Martin, Bernd(Hrsg.), *Die deutsche Beraterschaft in China 1927–1938*, Düsseldorf 1981, S. 15–53. なお同書の巻末には，蔣介石軍事顧問団134名と南京政府に雇用されていた文官8名の氏名と在職期間が記されている．

13 同上，Martin(Hrsg.)2003, S. 121–123. なおクリーベルの領事就任については，『東アジア・ベオーバハター』の1934年3月号でも取り上げられ，彼の略歴が紹介されている(*Ostasiatischer Beobachter*, Folge 10. März 1934, S. 14f).

14 *Ostasiatischer Beobachter*, Folge 13. Shanghai 1. Juni 1934, S. 11.

15 Nazi party members, File 132, Box 24, Entry 182, Shanghai Intelligence Files, OSS, RG226, NARA.

16 Wickert, Erwin, *John Rabe: Der gute Deutsche von Nanking*, Stuttgart 1997, S. 64, 80, 287–291. 同書の日本語訳として『南京の真実』(平野卿子訳，講談社，1997年)を参照.

17 前掲 McKale 1977, p. 292.

18 *Ostasiatischer Beobachter*, Folge 9. Shanghai, 1. April 1934, S. 9f.

19 以下，ナチ党外国組織部が党本部に宛てた報告書(1932年9月16日付)を参照(Bericht an Herrn Reichsorganisationsleiter vom 16. September 1932, S. 3–29. NS9/259, BA/L).

20 前掲 Leutner(Hrsg.)1998, Bd. 4. S. 372. なお外国組織部の1939年度『年鑑』では，東アジアのドイツ人社会の人口規模が記されている．同書によれば東京・横浜地区が約400名，阪神地区が約300名のドイツ人で構成されていた(前掲 Die Leitung der AO der NSDAP 1939, S. 75f).

21 Bericht an Herrn Reichsorganisationsleiter vom 16. September 1932, NS9/259, BA/L.

22 OAG-Tokyo(Hrsg.), *Deutsche Botschaft in Japan 1860–1973*, Tokyo 1974.

23 Daerr, Hans-Joachim, Die Geschichte der deutschen konsularischen Vertretung in Kobe, 前掲 Deutsches Generalkonsulat Kobe(Hrsg.) 1974(頁なし).

24 Ellen Schulze an Wilhelm Solf vom 10. April 1934, Bl. 74–77, Nr. 94, N1053, Nachlass Solf, BA/K.

25 以下，リヒャルト・クリューガーの書簡(1934年4月10日付)を参照(Richard Krüger an Wilhelm Solf vom 20. November 1934, Bl. 177–180, Nr. 94, N1053, Nachlass Solf, BA/K).

26 Satzungen des Club Concordia in Kobe, Japan Chronicle Press, Kobe 1935, Osaka 4, PA-AA.

27 Adressen der im Amtsbezirk des Generalkonsulats Kobe wohnenden Deutschen(Kobe, Osaka und Umgegend), Osaka 1930.

28 *Ostasiatischer Beobachter*, Folge 11. Shanghai 1. April 1934, S. 8f.

29 *Ostasiatischer Beobachter*, Folge 18. Shanghai 1. November 1934, S. 46.

30 NS Party Membership Records Japan, NS9/ 292, BA/L.

31 *Mitteilungs- und Verordnungs-Blatt*, Folge 5. Shanghai 1. April 1933, S. 9–16.

32 *Mitteilungs- und Verordnungs-Blatt*, Folge 7. Shanghai 1. Dezember 1933, S. 9.

33 *Mitteilungs- und Verordnungs-Blatt*, Folge 8. Shanghai 1. Januar 1934, S. 8.

34 *Ostasiatischer Beobachter*, Folge 11. Shanghai 1. April 1934, S. 8.

35 *Ostasiatischer Beobachter*, Folge 15. Shanghai 1. August 1934, S. 12.

36 *Mitteilungs- und Verordnungs-Blatt*, Folge 5. Shanghai 15. Oktober 1933, S. 9–16.

37 *Mitteilungs- und Verordnungs-Blatt*, Folge 7. Shanghai 1. Dezember 1933, S. 11–13.

38 *Deutsche Shanghai Zeitung*, Jg. 2. 14. Februar 1933, S. 2.

39 Memorandum on the Affairs of the Local Nazi Party, Report of Shanghai Municipal Police, Shanghai April 8, 1936, SMP Files, RG263, NARA.

40 内務省警保局編『月報』1942年3月分(1942年3月20日刊行), 80–82頁;前掲 Freyeisen 2000, S. 330–353.

41 *Mitteilungs- und Verordnungs-Blatt*, Folge 1. Shanghai 8. Juni 1933, S. 9.

42 *Israel's Messenger*, Shanghai, June 5, 1936.

43 The Local Nazi Party in Shanghai, Report of Shanghai Municipal Police, Shanghai June 12, 1933, SMP Files, RG263, NARA.

44 以下, ナチ党機関誌(1933年6月8日刊行)を参照(*Mitteilungs- und Verordnungs-Blatt*, Folge 1. Shanghai 8. Juni 1933, S. 1f).

45 *Mitteilungs- und Verordnungs-Blatt*, Folge 2. Shanghai 10. Juli 1933, S. 5.

46 *Mitteilungs- und Verordnungs-Blatt*, Folge 7. Shanghai 1. Dezember 1933, S. 9.

47 *Ostasiatische Rundschau*, Jg. 14. Nr. 18. Hamburg 16. September 1933, S. 408.

48 *Deutsche Shanghai Zeitung*, Shanghai 17. März 1933; *Mitteilungs- und Verordnungs-Blatt*, Folge 9. Shanghai 1. Februar 1934, S. 18.

49 *Mitteilungs- und Verordnungs-Blatt*, Folge 9. Shanghai 1. Februar 1934, S. 18; *Ostasiatischer Beobachter*, Folge 10. Shanghai 1. März 1934, S. 10.

50 以下,『上海ドイツ日報』(1933年3月17日付)を参照(*Deutsche Shanghai Zeitung*, Shanghai 17. März 1933).

51 *Ostasiatische Rundschau*, Jg. 14. Nr. 18. Hamburg 16. September 1933, S. 406–407.

52 同上, S. 406.

53 *Ostasiatischer Beobachter*, Folge 10. Shanghai 1. März 1934, S. 10.

54 『東アジア・ベオーバハター』1934年6月号では, 創刊から1周年を記して「極東におけるナチ党機関誌の1年」と題した特集記事を組んでいる(*Ostasiatischer Beobachter*, Folge 13. Shanghai 1. Juni 1934, S. 1–2).

55 *Mitteilungs- und Verordnungs-Blatt*, Folge 1. Shanghai 8. Juni

1933, S. 1f.

56 *Mitteilungs -und Verordnungs-Blatt*, Folge 3. Shanghai 15. August 1933, S. 2f.

57 *Ostasiatischer Beobachter*, Folge 10. Shanghai 1. März 1934, S. 1f.

58 *Ostasiatischer Beobachter*, Folge 14. Shanghai 1. Juli 1934, S. 8.

59 *Ostasiatischer Beobachter*, Folge 35. Shanghai 1. April 1936, S. 1f.

60 *Ostasiatischer Beobachter*, Folge 49. Shanghai 1. Juni 1937, S. 49.

61 前掲 Lehmann 1988, S. 41.

62 Affairs of the local branch of the Nazi Party, Report of Shanghai Municipal Police, Shanghai March 18, 1935, SMP Files, RG263, NARA.

63 Communist pamphlet in German distributed through the post to non-Nazi members of the German community, Report of Shanghai Municipal Police, Shanghai February 25, 1937, SMP Files, RG263, NARA.

第四章

1 前掲 Die Leitung der AO der NSDAP 1939, S. 84–92.

2 *Ostasiatischer Beobachter*, Folge 39. Shanghai 1. August 1936, S. 42–47.

3 成瀬治・山田欣吾・木村靖二編『世界歴史体系　ドイツ史③』(山川出版社，1997 年)，210–212 頁.

4 *Ostasiatischer Beobachter*, Folge 33. Shanghai 1. Februar 1936, S. 24f.

5 *Ostasiatischer Beobachter*, Folge 74. Shanghai 1. August 1939, S. 65.

6 以下，『東アジア・ベオーバハター』1937 年 5 月号を参照(*Ostasiatischer Beobachter*, Folge 48. Shanghai Mai 1937, S. 8f.).

7 *Ostasiatische Rundschau*, Jg. 17. Nr. 13. Hamburg 1. Juli 1937, S. 358.

8 *Ostasiatischer Beobachter*, Folge 50. Shanghai Juli 1937, S. 49.

9 Schmitz-Berning, Cornelia, *Vokabular des Nationalsozialismus*, Berlin 2000, S. 349 f.

10 *Ostasiatischer Beobachter*, Folge 67. Shanghai 1. Januar 1939, S. 57.

11 前掲 Schmitz-Berning, Cornelia 2000, S. 695–697.

12 Richard Krüger an Wilhelm Solf vom 20. November 1934, Bl. 177–180, Nr. 94, N1053, Nachlass Solf, BA/K.

13 前掲 Die Leitung der AO der NSDAP 1939, S. 48–50.

14 *Ostasiatischer Beobachter*, Folge 43. Shanghai 1. Dezember 1936, S. 48.

15 *Ostasiatischer Beobachter*, Folge 88. Shanghai Januar 1940, S. 37.

16 同上，S. 37; 前掲 Die Leitung der AO der NSDAP 1939, S. 51–53.

17 *Ostasiatischer Beobachter*, Folge 88. Shanghai Januar 1940, S. 37.

18 原田一美『ナチ独裁下の子どもたち』(講談社，1999年)および平井正『ヒトラー・ユーゲント』(中公新書，2001年).

19 以下，1933年度の上海カイザー・ヴィルヘルム・シューレ『年次報告』を参照(Jahresbericht für das 39. Schuljahr (1933–1934) Kaiser-Wilhelm-Schule Shanghai, Shanghai 1934, S. 30–32, Peking 69, PA-AA).

20 同上，S. 4–29.

21 以下，1937年度の上海カイザー・ヴィルヘルム・シューレ『年次報告』を参照(Jahresbericht für das 43. Schuljahr(1937–1938), Kaiser-Wilhelm-Schule Shanghai, Shanghai 1938, S. 4–15, Peking 69, PA-AA).

22 *Ostasiatische Rundschau*, Jg. 15. Nr. 5. Hamburg 1. März 1934, S. 97.

23 AA an den deutschen Botschafter in Tokyo vom 10. Mai 1944, Peking 69, PA-AA.

24 Jahresbericht für das 44. Schuljahr(1938–1939), Kaiser-Wilhelm-Schule Shanghai, Shanghai 1938, S.9, Peking 69, PA-AA; Jahresbericht für das 46. Schuljahr(1940–1941), Kaiser-Wilhelm-Schule Shanghai, Shanghai 1941, S.19, Peking 69, PA-AA.

25 以下，北京で開催されたドイツ人学校の校長会合の報告書を参照(Der Direktor der KWS, Bericht über die Tagung der Leiter der deutschen Auslands-Schulen in China und Mandschukuo in Peking vom 8. - 10. April 1939 vom 27. April 1939, Peking 68, PA-AA).

26 以下，1940年度の上海カイザー・ヴィルヘルム・シューレ『年次報告』を参照(Jahresbericht für das 46. Schuljahr(1940–1941)

Kaiser-Wilhelm-Schule Shanghai, Shanghai 1941, S. 14–16, Peking 69, PA-AA).

第五章

1 前掲 Jacobsen 1968, S. 666.
2 Otto von Erdmannsdorf an Wilhelm Solf vom 20. Juli 1933, in: BA/K, N1053, Nachlass Solf, Nr. 94, Bl. 36–37.
3 内務省警保局編『概況』1935(昭和 10)年度分, 153 頁.
4 *Ostasiatischer Beobachter*, Folge 11. Shanghai 1. April 1934, S. 7.
5 内務省警保局編『概況』1935(昭和 10)年度分, 153 頁.
6 同上, 155 頁.
7 Namenlisten der AO der NSDAP Japan, NS9/292, BA/L.
8 内務省警保局編『概況』1935(昭和 10)年度分, 154 頁.
9 同上, 91 頁.
10 Ostasiatischer Verein Hamburg - Bremen, Protokoll über die Sitzung des Beirates, Hamburg 12. Januar 1935, BA-MA, RW19 Anh., I/1393.
11 独「満」通商協定(1936 年 4 月)の成立過程については, 以下を参照(田嶋信雄『ナチズム外交と「満洲国」』千倉書房, 1992 年, 166–237 頁).
12 *Ostasiatische Rundschau*, Jg. 18. Nr. 6. Hamburg 16. März 1937, S. 141–147.
13 *Ostasiatische Rundschau*, Nr. 2. Hamburg 16. Januar 1937, S. 29–31.
14 内務省警保局編『概況』1940(昭和 15)年度分, 267–268 頁.
15 前掲 Die Leitung der AO der NSDAP 1939, S. 75f.
16 内務省警保局編『概況』1935(昭和 10)年度分, 153–157 頁.
17 内務省警保局編『概況』1936(昭和 11)年度分, 370 頁.
18 内務省警保局編『概況』1939(昭和 14)年度分, 170 頁 ; *Ostasiatische Rundschau*, Jg. 24. Nr. 7. & 8. Hamburg September 1943, S. 109.
19 以下, エレン・シュルツェの書簡(1934 年 4 月 10 日付)を参照(Ellen Schulze an Wilhelm Solf vom 10. April 1934, Bl. 74–77, Nr. 94, N1053, Nachlass Solf, BA/K).
20 Hack, Annette, Botschafter Wilhelm Solf und die ersten Jahre der

Nazizeit in Berlin und Tokyo, in: Wolfgang Brenn, Marie-Luise Goerke, *Berlin-Tokyo im 19. und 20. Jahrhundert*, Berlin 1997, S. 305;「ヴィルヘルム・ゾルフ大使とナチ初期時代の東京とベルリン」(藤野哲子/関川富士子訳，ヴォルフガング・ブレン，マリー=ルイーゼ・ゲールケ編『東京・ベルリン：一九世紀～二〇世紀における両都市の関係』ベルリン日独センター，1997年，305頁).

21 Ellen Schulze an Wilhelm Solf vom 10. April 1934, Bl. 74–77, Nr. 94, N1053, Nachlass Solf, BA/K.

22 Hermann Schulze an Wilhelm Solf vom 5. Januar 1935, Bl. 7–10, Nr. 95, N1053, Nachlass Solf, BA/K.

23 H. Uyeno an Wilhelm Solf vom 23. Oktober 1934, Bl. 161–164, Nr. 94, N1053, Nachlass Solf, BA/K.

24 Wilhelm Solf an Aihiko Sata vom 7. August 1933, Nr. 94, N1053, Nachlass Solf, BA/K.

25 Wilhelm Solf an Herbert von Dirksen vom 23. Februar 1934, Bl. 45–46, Nr. 94, N1053, Nachlass Solf, BA/K.

26 Ellen Schulze an Wilhelm Solf vom 10. April 1934, Bl. 74–77, Nr. 94, N1053, Nachlass Solf, BA/K.

27 OAG-Tokyo(Hrsg.), *Deutsche Botschaft in Japan 1860–1973*, Tokyo 1974. S. 99–107.

28 内務省警保局編『概況』1938(昭和13)年度分，176頁.

29 内務省警保局編『概況』1937(昭和12)年度分，358頁.

30 前掲 Wickert 1992，S. 348.

31 内務省警保局編『概況』1942(昭和17)年度分，512–600頁.

32 Josef Meisinger, Box 362, IRR Personal Name File, RG319, NARA.

33 ジョゼフ・ローゼンストック『ローゼンストック回想録――音楽はわが生命』中村洪介訳，日本放送出版協会，1980年，77–79頁.

34 内務省警保局編『概況』1942(昭和17)年度分，371頁.

35 内務省警保局編『月報』1942(昭和17)年4月分(1942年5月20日発行)，72頁.

36 内務省警保局編『概況』1942(昭和17)年度分，380頁.

37 内務省警保局編『概況』1939年(昭和14)年度分，159–160頁.

38 同上，159頁.

39 内務省警保局編『月報』1942(昭和17)4月分(1942年5月20日発

行)，72 頁.

40 内務省警保局編『概況』1939(昭和 14)年度分，168 頁.

41 同上，68 頁.

42 内務省警保局編『月報』1939(昭和 14)年 9 月分(1939 年 10 月 30 日発行)，5 頁.

43 内務省警保局編『月報』1942(昭和 17)年 5 月分(1942 年 6 月 20 日発行)，44 頁.

44 内務省警保局編『月報』1939(昭和 14)年 3 月分(1939 年 4 月 30 日発行)，40 頁.

45 内務省警保局編『概況』1937(昭和 12)年度，358 頁.

46 内務省警保局編『概況』1942(昭和 17)年度，372–374 頁.

47 内務省警保局編『月報』1942(昭和 17)年 3 月分(1942 年 5 月 20 日発行)，72 頁.

48 シュタインフェルトの略歴およびユダヤ人排斥についての彼の見解が『月報』1939 年 4 月分に掲載されている(内務省警保局編『月報』1939[昭和 14]年 5 月 30 日発行，45 頁)を参照.

49 Ellen Schulze an Wilhelm Solf vom 10. April 1934, Bl. 74–77, Nr. 94, N1053, Nachlass Solf, BA/K.『概況』1942 年度分には，ドイツ大使館より国籍剥奪の通告を受けたユダヤ系ドイツ人の一覧がある(内務省警保局編『概況』1942[昭和 17]年度，372–374 頁).

50 ハインツ・アルトシュールのアメリカ国籍の取得，渡米のための手続き書類を子息ディーター・アルトシュールが保管しており，同書類によれば 1942 年にドイツ国籍を剥奪された旨が記されている.

51 内務省警保局編『概況』1942(昭和 17)年度，372 頁.

52 ハインツ・アルトシュールの回想は，子息のディーター・アルトシュール(1933 年生まれ)の口述筆記からの引用である.

53 内務省警保局編『概況』1942(昭和 17)年度分，387 頁.

第六章

1 GHQ 占領下で行なわれた日本のドイツ人の本国送還を，初めて歴史研究の俎上にのせたのがチャールズ・バーディック(Charles Burdick)である．バーディックは，本国送還の当事者への聞き取り調査を実施している(Burdick, C., The Expulsion of Germans from Japan 1947–1948, *Transaction of Asiatic Society of Japan*, Vol. 2. OAG.

Tokyo 1996).

2　本章では，主にアメリカ政府内の極東委員会，統合参謀本部とGHQの往信・来信記録，日本政府に発令されたGHQ指令およびGHQ内部の伝達文書，日本政府の終戦連絡中央事務局(C.L.O.)の覚書(以下，C.L.O. Memorandumと略す)を参照していく．GHQは1945年9月から1952年4月まで6年8か月の占領期に日本政府に対して，覚書や書簡のかたちで指令を発令しており，その数は2044通に及ぶ．この総司令部覚書は，竹前栄治監修『GHQ指令総集成』全15巻(エムティ出版，1994年)に指令(覚書)の索引番号＝SCAP Index(以下，SCAPINと略す)，指令日および指令元の部局，指令の原文が収録されている．またSCAPIN-Aは，SCAPINを実施するために発令された運用上の指令である．1945年9月2日から1952年4月28日の期間，日本政府がGHQに送った往信をまとめた外務省記録「連合軍司令部往信綴」は公開外交記録であり，英文で約3万2000本に及ぶ．

3　Löwith, Karl, *Mein Leben in Deutschland vor und nach 1933: Ein Bericht*, Stuttgart 1986. S. 119f；秋間実『ナチズムと私の生活――仙台からの告発』法政大学出版局，1990年，195–196頁.

4　内務省警保局編『月報』1939年5月分(1939年6月30日発行)，23–24頁.

5　Egon Hessel an Ortsgruppe Kobe vom 10. Oktober 1933 in: Gemeindekirchenrat(Hrsg.)，*100 Jahre Evangelische Gemeinde Deutscher Sprache Tokyo-Yokohama Jubiläumsfestschrift*, Tokyo 1985. S. 82–84.

6　Otto von Erdmannsdorf an Wilhelm Solf vom 20. Juli 1933, Bl. 36–37, Nr. 94, N1053, Nachlass Solf, BA/K.

7　Netke an Wilhelm Solf vom 4. Dezember 1933, Bl. 86–88, Nr. 92, N1053, BA/K.

8　Ellen Schulze an Wilhelm Solf vom 10. April 1934, Bl. 74–77, Nr. 94, N1053, Nachlass Solf, BA/K.

9　内務省警保局編『概況』1942(昭和17)年度分，391頁.

10　内務省警保局編『月報』1942年10月分(1942年11月20日発行)，52–54頁.

11　同上，52–53頁.

12 同上，53頁.

13 内務省警保局編『概況』1942(昭17)年度分，391頁.

14 内務省警保局編『月報』1944年2月分(1944年3月20日発行)，36–37頁.

15 Josef Meisinger, Box 362, IRR Personal Name File, RG319, NARA.

16 前掲 Wickert 1992, S. 458. なお引用は，前掲『戦時下のドイツ大使館』の該当箇所の日本語訳に従った.

17 竹前栄二監修『GHQ日本占領史』26巻(日本図書センター，1998年)，110頁.

18 C.L.O. Memorandum. No. 157: Re. AG091.112(13. Sep. 1945), MG, Tokyo October 3, 1945.

19 Confiscation of Nazi Party Assets, GHQ/SCAP Records, Tokyo October 1945 - Januar 1946, GHQ/SCAP Records, シート番号：ESS(C)00654，ボックス番号：6063(8)(国立国会図書館憲政資料室所蔵).

20 Treatment of German Property in Japan, Washington DC, 27. April 1946, Far Eastern Commission Records, Serial No. 41. FEC(A)0166(国立国会図書館憲政資料室所蔵).

21 SCAPIN-87: Authorization No.1: Living Expense Allowance to Axis Nationals domiciled in Japan, ESS, Tokyo October 2, 1945.

22 C.L.O. Memorandum. No. 241: Re. AG091,112(13. Sep. 1945), C.L.O., Tokyo October 12, 1945. SCAPIN-184: Application of German Nationals for Release of Property and other Assets, ESS, Tokyo, October 24, 1945. SCAPIN-270: Release of Property of German Nationals, ESS, Tokyo November 12, 1945.

23 SCAPIN-1946-A: Release of Funds of German Society, CPC/EP, Tokyo August 8, 1946.

24 C.L.O. Memorandum. No.1232: Application for Release of Funds, C.L.O., Tokyo December 20, 1945. C.L.O. Memorandum. No. 1423: Application of Release of Funds by German Firms, C.L.O., Tokyo December 28, 1945. SCAPIN-692: Request for Use of yen Bank Accounts by German concerns for the Purpose Paying Salaries and incidental Expenses. ESS, Tokyo February 1, 1946.

25 SCAPIN-318: Release of German official Funds, ESS/FI. Tokyo

November 20, 1945, SCAPIN-319: Release of Impounded Funds of the Reichsdeutsche Gemeinschaft, ESS/FI, Tokyo November 20, 1945. SCAPIN-612-A: Application for Release of Funds of German Society for East-Asiatic Natural History and Ethnography, ESS/FI, Tokyo February 23, 1946.

26 前掲 Lehmann 1988, S. 49.

27 前掲，竹前栄二監修『GHQ 日本占領史』1996 年，137–140 頁.

28 内務省警保局編『概況』1936(昭和 11)年分，371 頁.

29 前掲，竹前栄二監修『GHQ 日本占領史』1996 年，140 頁.

30 Josef Meisinger, Box 362, IRR Personal Name File, RG319, NARA.

31 C.L.O. Memorandum No.727(5.3): List of Anti-Nazi German Nationals in Tokyo-Yokohama Area, C.L.O., Tokyo November 26, 1945. プリングスハイムの伝記として，早崎えりな『ベルリン・東京物語』(音楽之友社)がある．なお息子のプリングスハイム・ジュニアの回想録『ヒトラー，ゾルゲ，トーマス・マン，クラウス・プリングスハイム二世回想録』(池内光久訳，彩流社，2007 年)を参照.

32 SCAPIN-638: Repatriation of German Nationals in Japan, GC, Tokyo January 21, 1946.

33 SCAPIN-769: Repatriation of German Nationals and Nationals who claim Austrian or Czechoslovakian Citizenship now in Japan, GA, Tokyo February 23, 1946.

34 SCAPIN-1000: Repatriation of German Nationals in Japan, GA, Tokyo June 5, 1946.

35 SCAPI-1016: Non-eviction of German Nationals from Homes now Occupied, GB/CIS, Tokyo June 12, 1946.

36 German Community, CPC, Tokyo October 1951, GHQ/SCAP Records, シート番号：CPC-25948, ボックス番号：9963(6)(国立国会図書館憲政資料室所蔵).

37 Repatriation of Helmut Schulze, G1, Tokyo March 26, 1947, GHQ/SCAP Records, シート番号：G100259–00263, ボックス番号：216(6)(国立国会図書館憲政資料室所蔵).

38 Repatriation of German Nationals, G2, Tokyo March 14, 1947. GHQ/SCAP Records, シート番号：G100259–00263, ボックス番

号：216(6)(国立国会図書館憲政資料室所蔵).

39 Repatriation of Karl Gilbert, G1, Tokyo March 3, 1947,GHQ/SCAP Records, シート番号：G100259-00263, ボックス番号：216(6)(国立国会図書館憲政資料室所蔵).

40 『読売新聞』1947年2月13日.

41 Repatriation of German Nationals, G1, Tokyo March 6, 1947. シート番号：G100259-00263, GHQ/SCAP Records, ボックス番号：216(6)(国立国会図書館憲政資料室所蔵).

42 SCAPI-1750: Repatriation of German and Austrian Nationals, GA, Tokyo July 21, 1947.

43 SCAPI-1750: Repatriation of German and Austrian Nationals, GA, Tokyo July 21, 1947.

44 Nominal Rolls of German and Austrian Nationals Repatriated Aboard the Marine Jumper, CPC, Tokyo 1947. シート番号：CPC36401-36402, GHQ/SCAP Records, ボックス番号：10113(17)(国立国会図書館憲政資料室所蔵).

45 SCAPIN-1750/1: Repatriation of German and Austrian Nationals, GA, Tokyo July 21, 1947.

46 『朝日新聞』1948年3月16日.

エピローグ

1 以下『中国週刊レビュー』1947年6月7日号を参照(*China Weekly Review*, Shanghai, June 7, 1947).

2 中国のドイツ人の資産管理および本国送還については，ロイトナーとマルティンらによって編集されている独中関係の資料集シリーズの第4巻『ドイツと中国　1937–1949年』を参照(Leuthner, Mechthild(Hrsg.), *Deutschland und China 1937–1949: Politik, Militär, Wirtschaft, Kultur: Eine Quellensammlung*, Bd. 4. Berlin 1998, S. 435–483).

3 *China Weekly Review*, Shanghai, June 14, 1947.

4 *New York Times,* February 21, 1939.

5 アメリカのナチズム運動の概要については，以下の研究文献および米国国立公文書館と米国議会図書館の所蔵資料を参照(Carlson, John Roy, *Under cover: my four years in the Nazi underworld of*

America, New York 1943, p.111; Diamond, Sander A., *The Nazi Movement in the United States 1924–1941*, New York 1974, pp. 85–103; A History of the FBI in W.W. 2, FBI Case File 66, Entry 38B, RG65, NARA; German American Bund, RG59, 811. 43; German American Bund, *Jahrbuch des Amerikadeutschen Volksbundes für das Jahr 1937*, New York 1937, L. C.).